논쟁하는
정치 교과서
1

논쟁하는 정치 교과서 ❶

ⓒ 웅진환 외 5인, 2015

2015년 8월 5일 1쇄 찍음
2015년 8월 10일 1쇄 펴냄

지 은 이 | 웅진환 김유란 이상인 임정인 정원규 황정숙
펴 낸 이 | 김성배
주   간 | 홍석봉
편집 책임 | 정은희
표지 디자인 | 구수연
본문 디자인 | 임채영
일러스트 | 남동윤 함정선
관   리 | 유현미
제작 책임 | 이헌상

펴 낸 곳 | 신인문사
출판등록 | 제301-2009-125호(2009년 6월 25일)

주   소 | 서울특별시 중구 필동로 8길 43
전   화 | 02-2275-8603(대표)
팩   스 | 02-2275-8604
전자우편 | humantao@naver.com

ISBN 978-89-94070-18-6 04340
      978-89-94070-17-9 04340 (세트)
값 16,000원

일방적인 주장만 주입하는 교과서는 동작 그만

"논쟁하는" 정치 교과서 1

옹진환 김유란 이상인 임정인 정원규 황정숙

신인문사

우리는 새 정치 교과서가
필요해요.

이 책은 2013년에 출판된『논쟁하는 경제교과서』에 이어 두 번째로 기획된
『정치대안교과서(개념편)』이다. 처음「논쟁하는 ~」시리즈를 기획했을 때 필
진 및 함께 공부 모임을 진행했던 사람들이 희망한 것은 대략 다음 세 가지 정
도로 간추릴 수 있다.

1. 논쟁적인 것을 논쟁적으로 다루는 교과서 | 학교에서 다루는 교육내용들,
특히 사회과의 교육내용들은 본질적으로 논쟁적인 성격을 띠고 있는 경우가
많다. 예를 들어 '자유'의 경우만 하더라도 정작 자유가 왜 중요한가, 어떤 것
이 진정한 자유인가, 자유가 다른 가치(가령 평등)에 우선하는가 등의 질문에
마주치게 되면 사람들의 생각이 엇갈리기 마련이다. 하지만 한국의 기존 교과
서는 이처럼 논쟁적인 주제를 제대로 다루지 못하고 있다. 입시 위주의 교육
시스템 하에서 시험에서 논란이 발생할 소지가 있는 내용을 교과서에 포함시
키는 것이 여러모로 부담스럽기 때문이다. 그래서 논쟁적인 주제를 다룰 때조
차도 다양한 입장들을 단편적으로 소개하고, 이들 입장들 간의 무조건적 타협
과 조화만을 강조하는 식으로 기계적 중립성을 유지하는 경우가 대부분이다.
이런 상황에서 저자 및 동참자들은 교육 내용의 적절성이나 풍부함 이전에 사
회 현실을 있는 그대로, 즉 논쟁적인 것을 논쟁적인 것으로 드러내는 것이 가
장 시급한 문제라고 판단했다. 그 첫 번째 결과물이 전술한『논쟁하는 경제교
과서』이고, 이번에 두 권으로 발행되는『논쟁하는 정치교과서』가 두 번째 결

과물이며, 이어서 『논쟁하는 환경교과서』를 준비하고 있다.

2. 충분히 이해되고 깊이 있는 교과서 | 우리나라의 교과서는 다른 OECD 국가들의 교과서에 비해 상대적으로 분량이 적은 편이다. 이는 학생들의 학습 부담을 줄이려는 의도에서 비롯된 것이지만, 정작 내용 요소를 줄이지 않은 채 교과서의 분량만을 제한하면서 여러 가지 문제가 발생하였다. 특히 교과서의 좁은 지면에 방대한 학습 내용을 담아내다 보니 학생들이 이해하기 어려운 추상적인 표현이나 진술이 증가하였다. 이렇게 되면 학생들의 실제 학습량은 오히려 늘어난다. 학생들은 원래의 학습량 외에 축약된 표현을 풀어서 이해하는 부담까지 떠맡게 되기 때문이다. 이런 상황에서 많은 학생들은 주요 어휘나 개념의 의미를 심도 있게 이해하기보다는 피상적으로 암기하는 방식을 선택할 가능성이 크다. 또한 깊이 있는 이해를 원하는 학생이라고 해도 다른 참고자료에 의존하거나 사교육의 도움을 받는 등으로 다시 많은 시간을 투자해야 한다. 저자 및 동참자들은 이런 문제의식에 근거하여 이 책에서는 주제의 목록을 확장하기보다는 각 주제를 충실하게 다루는 데 주안점을 두었다. 그래서 해당 개념과 주제의 등장 배경에서부터, 그에 대한 다양한 입장, 그리고 이를 둘러싼 논쟁점들을 세밀히 짚어나가는 방식으로 각 단원을 구성하였다. 그 외에도 풍부한 사례와 읽을거리, 탐구활동 등을 포함하여 독자들의 실제적 이해를 돕고자 하였다.

3. 스스로 생각하고 판단하는 능력을 길러주는 교과서 | 세월호 참사 이후, 우리 사회에서는 교육과 학교 시스템의 중요성이 더욱 부각되고 있는 듯하다.

그러나 역사교과서나 무상급식을 둘러싼 논쟁을 통해 알 수 있는 것처럼 무엇을 어떻게 가르쳐야 하는지에 대한 이견은 여전하다. 이러한 상황에서 우리에게 주어진 선택지는 몇 개 되지 않는다. 이견을 무시하고 일방의 입장만 가르치는 것, 이견이 존재하는 주제는 아예 가르치지 않는 것, 그리고 이견의 존재를 인정하고 관련된 사항을 모두 가르치는 것 중 하나를 선택할 수 있다. 이때 일방의 입장만 가르치는 것은 편파적일 뿐 아니라 다른 의견을 지닌 사람들의 저항을 불러오기 때문에 일관성 있는 교육을 하기 어려울 수 있다. 또, 이견이 존재하는 주제를 아예 가르치지 않으면 우리 사회와 개인적 삶에 매우 중요한 문제들을 교육내용에서 배제할 가능성이 크다. 따라서 일방적 교육을 자제하면서도 풍부한 교육내용을 제공하기 위해서는, 논쟁의 여지가 있는 내용을 모두 가르치고 학생들로 하여금 스스로 생각하고 판단하여 실천에 이르게 하는 방법이 유일하다. 이는 교육과 관련하여 현재 진행되고 있는 정치이념이나 가치관의 차이에서 비롯되는 소모적 논쟁을 실천적으로 종식시킬 수 있는 실효성 있는 방법이기도 하다는 것이 우리의 생각이다.

이러한 저자들의 바람이 이 책을 통해, 이 시리즈를 통해 충실히 이루어질 것인가에 대해서는 저자들로서도 확신할 수 없다. 그것은 일차적으로 저자들의 역량과 관련된 문제이기 때문이기도 하지만, 실제로 열린 결론을 예비하는 저작의 완성은 독자들의 몫이기 때문이다. 그런 면에서 이 책과 이 시리즈의 저자들은 독자들의 비평과 보충을 언제나 환영하며, 가능하다면 이 책 자체가 논쟁거리가 되기를 기대한다.

저자 일동

Contents

차 례

01 프롤로그

다원주의

때 2010년대의 어느 날

장소 중학교 교실. 이 학교는 존 듀이와 셀레스탱 프레네의 정신에 입각한 혁신
학교를 지향하고 있다. 수업은 일방적인 시간표가 아니라 매주 학생들의
신청에 따라 강좌가 개설되고 폐지되는 형식이다. 오늘은 정치학 강좌를
신청한 학생들의 첫 번째 수업이 있는 날이다. 교실에는 전자 칠판이 설치
되어 있다. 또 심령학의 도움을 받아 이미 세상을 떠났거나 멀리 떨어진
나라에 있는 정치학자들을 30분 동안 소환할 수 있는 마법 장치(소환기)도
비치하고 있다.

나오는 사람들

반갑습니다.

사회샘(사회 선생님)
사회를 담당하고 있는 교사

제가 좀 똑똑해요.

장공부 공부를 잘하는 학생이지만
교과서를 너무 믿는 경향이 있다.

제 생각이
날카롭죠.

모의심 교과서에 나오는 내용을 포함해 모
든 것을 의심하는 경향이 있다.

정치학 배우면 대통령이
될 수 있나요?

진단순 매사를 단순하게 생각하며 편하고
노는 것이 마냥 좋은 학생이다.

남들과 다른 게 나쁜 거야?

장공부 의심아, 무슨 일 있었어? 기분이 안 좋아 보여.

모의심 응. 요즘 내 성격에 대해 진지하게 고민하고 있어.

진단순 성격? 그래, 네가 좀 까칠하긴 하지. 근데 그걸 이제 알게 된 거야?

모의심 야, 나 장난할 기분 아니거든!

장공부 그래. 단순이 넌 분위기 좀 봐가면서 말해. 근데 의심아, 넌 왜 갑자기 그런 고민을 하게 된 건데?

모의심 솔직히 너희들 말대로 내가 좀 삐딱선을 잘 타잖아. 좋게 말하면 비판적이고 예리한 거라고 하는데, 요새 이 성격 때문에 다른 친구들이랑 트러블이 많아.

장공부 애들이랑 싸웠어?

모의심 대놓고 싸운 것도 아니야. 그냥 내가 무슨 이야기를 하면 애들이 입 다물고 가만히 있으라는 거야. 내가 자꾸 분란을 일으킨다는 거지.

장공부 아……. 너 아까 체육대회 반티 고르는 것 때문에 그러는 거야?

모의심 좋아하는 디자인이 다를 수도 있잖아. 취향이 다른 것뿐인데, 그렇다고 말도 못하나? 그럼 회의를 뭐 하러 해? 그냥 회장, 부회장이 정하고 말지.

진단순 넌 뭘 그런 걸 아직도 마음에 담아 둬? 빨리빨리 결정하고 주문해야 되는데, 네가 자꾸 딴죽을 거니까 애들이 짜증나서 그런 거잖아. 그냥 잊어 버려.

모의심 너, 남 얘기라고 쉽게 말한다. 오늘만이 아니라 수업 시간에도 내가 무슨 말만 하면 다 조용히 있으라고 하는데, 자꾸 그런 일이 반복되니까 점점 아무 말도 하기 싫어지잖아.

진단순 애들이 너무 놀렸나? 암튼, 수업 시간에도 너 때문에 수업이 빨리 안 끝나고 길어지니까 솔직히 아이들 입장에서는 그럴 만하지.

장공부 단순이, 너도 같이 놀린 거야?

진단순 뭐……. 다시 생각해 보니 좀 미안한걸. 근데 의심아, 너 그 성격 안 고치
면 나중에 군대 가서 고생할 거 같은데! 삼촌이 그러는데 군대 같은 데서
는 시키면 시키는 대로 해야 한대. 자꾸 딴죽 걸면 완전 끝장이라고!

장공부
하지만 의심이가 다른 의견을 얘기
해서 결국 도움이 되었잖아.

진단순
뭐가 도움이 돼?

장공부
디자인 말고도 다른 여러 가지를 생각할 수 있게
해줘서 결국 더 좋은 선택을 하게 된 것 같은데?

모의심 됐어. 다들 그만 둬. 암튼 여기서는 다른 생각을 이야기하면 싫어하는 분
위기야.

진단순 사람들이 다 그렇지 뭐……. 그러고 보면 우리 담임 선생님도 자기랑 생각
이 다르면 완전 싫어하더라니까. 독재자가 따로 없어.

장공부 넌 여기서 왜 담임 선생님 욕이 나오는 건데?

모의심 단순이 네가 듣기 싫은 특별 보충수업 들으라고 한 것 때문에 그러는 거지?

진단순 그래. 지난 번 시험 성적이 좋지 않다고 나보고 방과 후에 남아서 수업을
들으라잖아. 내가 소중하게 여기는 친구와의 만남, 가족과의 관계, 여가
생활……. 뭐, 그런 건 하나도 중요하게 여기지 않더라니까. 나는 나대로
의 삶의 방식이 있는 건데 다양성을 인정해 줘야지.

장공부 그러게 평소에 시험공부 좀 하지 그랬어. 그리고 네가 정말 친구와 가족
관계가 소중해서 공부 안 하는 거야? 음, 그건 담임 선생님이 네가 추구하
는 삶의 다양성을 인정하지 않은 게 아니라, 거짓말과 잔머리를 간파하신
것 같은데?

진단순 (째려보며) 공부는 좋아하는 너나 실컷 하라고. 우리 할머니 말씀이, 난 옛날로 치면 한량 스타일이래. 사람이 타고난 대로 살아야지. 왜 나를 자기 스타일로 바꾸려고 하는 거야? 솔직히 내가 공부를 못해서 그렇지, 게임으로 성적을 매겼으면 전국 수준에서 놀고 있을 걸. 이런 다양성을 인정해 주지 않다니, 우리나라 교육은 문제가 많아!

모의심 좀 전엔 나보고 대충 남들한테 맞춰 살라고 말하지 않았어? 너도 다른 애들처럼 적당히 맞춰주면 되잖아. 담임 선생님이 네가 말한 군대 스타일이라고 생각하면 되잖아. 뭘 불평을 하고 그래, 그냥 시키는 대로 하면 되지!

진단순 너랑 나랑은 다르지! 솔직히 의심이 너는 좀 심하잖아.

모의심 그것 봐. 결국 자기한테 유리한 쪽으로만 해석하잖아. 정말 단순이 네가 다양성을 존중하기는 하는 거야?

장공부 그만하자. 선생님 오셨어.

다양한 가치를 인정하는 문제는 결코 간단하지 않다

사회샘 너희 오늘 무슨 일 있었니? 어쩐지 평소와 다르게 분위기가 싸늘한데?

장공부 아니에요. 선생님, 그냥 수업해요.

진단순 아니긴 뭐가 아니야? 선생님! 의심이가 까칠한 성격 때문에 애들하고 사이가 안 좋아서 고민이래요.

모의심 뭐야? 그 얘길 왜 수업 시간에 하고 그래?

진단순 미안. (속삭이며) 그래도 수업 좀 덜 하면 좋잖아.

사회샘 의심이 성격이 까칠해?

진단순 에이, 선생님도 모르는 척 하시기는…….

장공부 까칠하다기보다는 보통 애들보다는 확실히 의심도 많고, 비판도 많이 하고, 다른 의견을 많이 말하다 보니 종종 트러블이 생기거든요.

모의심 그런데 단순이는 저보고 그냥 입 다물고 남들 따라 살래요. 안 그러면 군대 가서 고생한다느니, 그러면서 자기는 특별 보충하기 싫다고 담임 선생님 보고 독재자라고 하더라고요.

사회샘 뭐?

진단순  아이, 그건 농담이죠, 선생님. 그래도 다 같이 하는 일에서는 의견 일치가 이뤄지면 더 좋은 건 맞잖아요. 너도 나도 다 다른 이야기 하면 언제 결론이 나겠어요? 중국집 가서도 짜장면으로 통일해야 음식이 빨리 나오죠. 짬뽕, 볶음밥, 간짜장……. 다들 그러고 있으면 언제 밥을 먹느냐고요.

모의심 어떻게 내 고민을 짜장면, 짬뽕에 비유할 수가 있어? 이건 그렇게 간단한 문제가 아니라고!

사회샘 짜장면, 짬뽕도 절대 간단히 무시할 문제가 아니지.

　　　음, 근데 어쩌지? 단순이는 이 이야기로 수업을 안 하고 다른 길로 새어나갈 생각이었나 본데, 너희 이야기가 오늘 수업 주제하고 딱 맞아떨어지니 말이야.

진단순 예? 뭐라고요? 망했다!

장공부 잘됐다. 선생님, 의심이랑 단순이 이야기가 오늘 수업 주제랑 어떤 관계가 있어요?

사회샘 마침 오늘 공부할 주제가 '다원주의'거든.

학생들 다원주의요?

사회샘 그래, 너희들 "현대 사회는 다원주의 사회다."라는 말 많이 들어 봤지?

장공부 네, 당근이죠. 엄청 많이 쓰는 말인데…….

사회샘 그런데 다원주의의 의미가 무엇인지, 왜 우리가 다원성을 인정하고 존중해야 하는지, 그런 것에 대해서 생각해 본 적 있니?

진단순 당연히 없죠. 복잡하게 그런 걸 뭐하러 생각해요? 그냥 하면 되는 거지.

사회샘 음……. 선생님 생각엔 이걸 제대로 이해하는 게 의심이한테도 중요하지만 특히 단순이 네 인생에 중요할 것 같은데……. 제대로 이해하고 가면 담임 선생님이 특별 보충에 대한 네 생각이 다르다는 것을 인정해서 당장 오늘부터 보충 수업을 안 들어도 된다고 허락해 주실 수도 있잖아?

진단순 예? 진짜예요? 이거 배운다고 국·영·수 성적이 오르는 것도 아니잖아요.

사회샘 그게 아니라, 담임 선생님이 "아, 우리 단순이가 생각보다 똑똑하구나!"라고 설득 당하실 수도 있다는 거지. 어때? 오늘 1시간 열심히 하고, 지옥 같은 특별 보충에서 탈출하는 거?

진단순 좋아요! 어서 빨리 시작해요, 선생님!

사회샘 그래. 너희들이 느끼는 것처럼 사람들이 원하는 삶의 방식이나 추구하는 가치, 문화는 각기 달라. 하지만 이건 옳고 그름의 문제가 아니라 그냥 있는 그대로의 '사실'이란다. 중요한 건 이렇게 서로 다른 가치들을 똑같이 인정하고 존중할 것이냐, 아니냐 하는 거지. 머릿속으로만 생각하면 "똑같이 인정하고 존중해요."라고 쉽게 말할 수 있지만 자기 문제가 되면 그렇게 쉽게 답할 수 없을 거야. 왜냐하면 다양성을 인정하는 데는 실제로 상당히 복잡한 문제들이 얽혀 있기 때문이지.

사랑도 죄가 되나요?

사회샘 자, 우선 너희들에게 질문 하나 해볼게. 사랑도 죄가 될 수 있다고 생각하니?

진단순 사랑이요? 당근 죄가 아니죠! 사람이 사람을 사랑한다는 건 좋은 거잖아요?

모의심 그렇지만 드라마 같은 데서 보면 사회·경제적으로 지위 차이가 많이 나는 사람들이 서로 사랑을 하는 경우, 지위가 낮은 쪽은 죄인 취급을 받기도 하던데요. 대부분 재벌집 아들을 좋아하는 가난한 여주인공을 남자 집안에서 반대하고 괴롭히잖아요.

사회샘 음, 그런 경우도 있겠구나. 그런데 단순히 죄인 취급을 받는 정도가 아니라 진짜 범죄자로 규정되어 형벌을 받는다면 어때? 의심이 네가 말한 것처럼 가난한 여주인공이 부잣집 남자를 사랑한 이유로 사형을 받는다면?

진단순 에이, 말도 안 돼요. 그건 초막장 드라마예요. 정말 비현실적이다. 소설 쓰는 것도 아니고…….

사회샘 그럼 이건 어때? 10대 소년이 동성애자라는 이유로 사형을 당하는 건?

모의심 사형이요?

진단순 동성애자를 사형시켜요?

사회샘 그래. 2005년 이란에서 10대 소년 2명이 동성애자라는 이유로 교수형에 처해졌지. 2011년 우간다에서는 최초로 커밍아웃을 하고 동성애자들의 인권 보호를 위해 애쓰던 카토라는 남자가 괴한의 습격을 받아 죽은 일도 있었어. 이건 막장 드라마도 소설 속 이야기도 아닌 사실이란다.

장공부 그런 제도를 가진 나라들이 많나요?

우간다의 동성애자 카토의 삶을 그린 영화 〈나는 쿠추다〉의 포스터입니다.

이슬람권 국가들의 동성애 처벌 규정

국가	법적 상태	처벌
나이지리아	불법(시리아 통치 지역)	사형
말레이시아	불법	징역
모로코	불법	벌금
사우디아라비아	불법	사형, 태형, 벌금 결혼한 남성에게는 사형 적용
요르단	합법	다른 법으로 기소
이라크	불법으로 명시되어 있지 않음	일부 판사는 동성애에 사형을 제안 무장단체가 동성애자를 살해 · 납치
이란	불법	사형, 태형
이집트	불법으로 명시되어 있지 않음	징역, 다른 법으로 기소
인도네시아	불법(시리아 통치 지역)	징역
터키	합법	동성애 단체 활동 가능하나 경찰의 동성애자 학대 빈번
파키스탄	불법	징역 일부 부족에서는 어른과 미성년자와의 관계 용인

사회샘 아프리카나 이슬람 문화권에서는 동성애를 불법으로 규정하고 심지어 동성애자에게 형벌을 가하는 경우도 있지. 합법인 경우에도 공공연하게 비난이나 학대를 하기도 하고.

모의심 나도 동성애라고 하면 조금 거부감이 들긴 하지만……. 그래도 처벌하는 건 너무 한 것 같아.

장공부 전 세계 193개국 중 76개국(2011년 5월 세계 성 소수자 연합 발표 기준)이 동성애를 불법으로 간주하고 있네요. 최근에는 미국이나 유럽 일부 국가에서 동성결혼이 합법화된 곳도 있다고 한 것 같은데, 또 한편에서는 사형까지 시킨다고 하니 충격이에요.

진단순 선생님! 그런 건 일부 나라에서만 그런 거 아닌가요? 우리나라만 해도 동성애를 처벌하지 않잖아요.

이반 살이

형님, 형님 사촌 형님 이반 살이 어떻소.
말도 마라. 이반 살이 개집 살이 살 떨린다.
온종일 살얼음 디디듯 불안해서 못살겠다.

부모님은 충격새요. 친구들은 놀림새요.
목사님은 설득새요. 나 혼자만 미운 오리 새끼.
힘겨운 하루하루가 아수라의 귀신같구나.

형님, 형님 어쩌겠소. 우리 팔자 다 그렇지.
종로에서 술이라도 한 잔 하십시다.
그러자. 오랜만에 잔뜩 취해나 보자꾸나.

– 고(故) 육우당 추모 시집 〈내 혼은 꽃비 되어〉 중에서 –

사회샘 물론 우리나라에서는 동성애자라고 사형에 처하지는 않지. 하지만 그렇다
고 동성애자들이 우리나라에서 살아가는 데 어려움이 없을까?
자, 앞의 시(詩)를 읽어 봐. 어떤 느낌이 드니?

장공부 어디서 많이 본 시 같은데요. 국어책에서 봤는데……. 아! 〈시집살이 노래〉를
패러디한 거 아닌가요?

진단순 근데 이반이 뭐예요?

모의심 동성애자를 부르는 말이라고 들었는데.

사회샘 그래. 의심이 말대로 성 소수자들을 의미하는데, 이성애자들을 일반(一般)
인이라고 칭하는 것에 빗대어 만들어진 말이라고 해.

진단순 근데 누가 이런 시를 썼어요? 이런 것도 시집에 실려요? 우리도 시집살이
노래 가지고 패러디 많이 했는데, "시험 온다, 시험 온다. 낼 모레에 시험
온다. 시험, 시험 기말고사 난이도는 어떠한가? 얘, 얘, 말도 마라, 기말고
사 일등하면 앞반에는 사탕주고 뒷반에는 아이스크림, 사탕 아이스크림
달다 해도 기말고사 못 보겠다."

장공부 야, 그만해. 지금 장난칠 때가 아니야. 이건 심각한 문제라고.

사회샘 음, 단순이도 제법인데? 그런데 안타까운 건 이 시를 쓴 사람이 스스로 목
숨을 끊었다는 사실이야. 너희보다 5~6살 많은 정도의 어린 나이였는데
말이야.

장공부 이렇게 패러디한 시로 써 놓으니까 별 것 아닌 것 같지만, 자살을 택할 정
도였다니 불안하기도 하고 정말 많이 힘들었나 봐요……. 우리나라는 동
성애자에게 법적으로 형벌을 가하지 않아도, 이들을 부정적으로 보고 차
별하는 문화가 분명 존재하는 것 같아요. 그런 혐오감이나 차별적인 문화
때문에 동성애자가 자살을 택하는 끔찍한 일도 벌어진 거겠죠?

모의심 얼마 전에 텔레비전을 보니까, 영화 〈매트릭스〉로 유명한 영화감독 있죠?
워쇼스키라고 했나? 아무튼 그 분이 토크쇼에 나왔는데요, 어렸을 때 자기
가 동성애자라는 것을 알고는 엄청 괴로워서 죽으려고 했다 하더라고요.

성 소수자가 되면 영화감독이 되고 싶은 꿈을 못 이룰까 봐 그랬대요. 그 말을 들으니까 뭔가 기분이 이상했어요.

사회샘 어떻게 이상했는지 좀 자세히 이야기해 줄 수 있을까?

모의심 음……. 솔직히 그 사람이 뭘 잘못한 게 아니잖아요. 생각해 보면 남들 미워하고 괴롭히는 게 나쁜 거지, 사람이 사람을 좋아한다는데, 그 대상이 동성이라는 게 뭐가 문제인지 모르겠어요. 남들과 다르다는 이유로 사회에서 거부당하고 자신이 이루고 싶은 꿈도 못 이루게 된다면 얼마나 슬플까요?

장공부

미국은 그런 거 다 인정하는 줄 알았는데…….
아직 아닌가 봐요.

모의심

워쇼스키 감독이 커밍아웃했어도 그 영화는
사람들이 좋다고 인정해 주고 많이 보잖아.

장공부

우리나라에서는 한 영화감독이 커밍아웃 선언하고
동성 결혼했을 때 댓글을 보니까 장난 아니던데.

사회샘 과거에 비해 커밍아웃하는 사람들도 늘어나고 성 소수자를 보는 시각이 조금씩 나아지고 있긴 하지만 여전히 부정적인 편견이 더 많은 게 사실이지. 우리나라도 몇 해 전 한 가족 드라마에서 동성애 커플이 등장해서 이슈가 됐는데, 아직도 **차별 금지법**을 둘러싸고 논란이 많으니까.

다음 신문 기사를 보면 알겠지만 프랑스처럼 비교적 개방적이라고 하는 나라에서도 실제 생활에서는 동성애자에 대한 차별과 편견이 남아 있다는구나. 동성 결혼 합법화 법안(2013년 5월 18일 공포)이 통과되고, 제도적으로는 다양성을 존중한다고 해도 그것이 일상생활 속에 녹아들기까지는 많은 시간과 노력이 필요하다는 걸 잘 알 수 있지.

동성애를 보는 프랑스의 두 얼굴

다양성 라벨

2008년 프랑스에서 실시한 '직장에서의 동성애 혐오증에 관한 보고서'에 따르면 설문에 응답한 동성애자의 12%가 직장에서 커밍아웃한 후 직급 상승에서 제외됐다고 한다. 또 8%는 고용 시 차별을 경험했고 4.5%는 자신의 지위보다 월급을 적게 받았거나 성 정체성 때문에 일자리를 잃었다고 답했다. 프랑스 기업들은 직원 고용 시 차별을 하지 않는다는 인증 마크인 '다양성 라벨 (Label diversité)'을 획득하기 위해 노력하면서도 내부에서는 이 같은 차별을 계속하고 있는 것이다. 동성애자의 실업률이 이성애자보다 2배 이상 높다는 통계도 있다.

동성애 차별 금지의 사각지대는 특히 청소년층이다. 이들은 학교나 집에서 받는 놀림이나 따돌림 등으로 인한 자살률이 성인 동성애자보다 11~13% 높다고 한다. 일상생활에서도 동성애자를 비하하는 표현들이 스스럼없이 사용되고 있어 '호모'라는 뜻의 '페데(PD)'나 '남색가 · 바보'라는 뜻의 '당퀼레(d'enculle)'와 같은 단어를 자주 들을 수 있다.

– 〈시사 IN〉, 2013년 5월 9일 –

진단순 음, 장난이긴 하지만 애들끼리 그런 거 이야기하면서 많이 놀리는데, 이제 그러면 안 되겠다 싶어요.

모의심 저는 예전에 봤던 〈천하장사 마돈나〉 같이 재미있게 만들어진 영화가 더 많이 나왔으면 좋겠어요. 사람들이 두려움이나 거부감을 가지는 건 그에 대해 잘 모르고 낯설기 때문이기도 하거든요. 그래서 사람들이 편견이나 거부감을 갖지 않게 하려면 좀 익숙해지는 게 필요할 것 같기도 하고, 또 너무 심각하면 부담스러우니까 재미있으면서도 편견을 깰 수 있는 기회가 많았으면 좋겠어요.

한 종류만 계속 심다가, 결국 대기근을 맞게 된 아일랜드

반 고흐의 1885년 작품 〈감자 먹는 사람들〉입니다.

사회샘 이번엔 그림을 보고 이야기를 시작해 볼까?

진단순 어, 이 그림은 뭐예요? 사람들이 뭔가 먹고 있는 거 같은데…….

장공부 고흐의 〈감자 먹는 사람들〉 아닌가요?

사회샘 오, 공부가 제대로 알고 있구나.

진단순 그런데 이 그림이 다원주의하고 무슨 상관이 있어요? 괜히 배만 고프
　　　 게…….

모의심 아! 알 것 같다! 예전에 생물 선생님께서 말씀해 주신 적이 있어요. 옛날에
　　　 아일랜드에서 감자 대기근이 일어나서 사람들이 엄청나게 많이 죽었는데,
　　　 그 이유가 다양성을 제대로 보존하지 못해서라고 했던 것 같아요.

사회샘 그래, 1845년 아일랜드에서는 당시 주식으로 먹던 감자에 심각한 병충해
　　　 가 발생해서 수많은 사람들이 굶어 죽고, 굶주림을 피하기 위해 미국이나
　　　 다른 나라로 이민 가는 사건이 있었어.

진단순 에이, 선생님도 뻥이 심하세요. 감자가 병충해에 걸렸다고 다 굶어 죽는다
는 게 말이 돼요? 감자가 없으면 다른 거 먹으면 되잖아요.

사회샘 그게 오늘의 주제와 관련되는 부분이야. 당시 아일랜드는 영국으로부터
각종 수탈을 당하던 열악한 상황이었단다. 영국이 값나가는 곡식을 빼앗
아 가는 상황에서 아일랜드 사람들이 먹고 살기 위해 그나마 심을 수 있었
던 것이 바로 값싼 감자였던 거지. 감자가 유럽에 처음 소개되었을 때, 사
람들은 감자를 제대로 먹을 줄 몰랐고 그리 좋아하지도 않았거든.

진단순

> 그래도 한꺼번에 모든 감자가 다 똑같은
> 병에 걸려서 썩는 건 좀 이상한데요?

사회샘

> 그런 일이 터질 줄은 상상도 못하고 다들 아일랜드 땅에서 잘 자라
> 는 단일 품종을 재배했던 거지. 만약 품종이 다양해서 병충해에 좀
> 더 강한 작물들도 섞여 있었다면 그렇게 피해가 크지는 않았을 거야.

모의심 맞아요, 그래서 우리가 사는 세상이나 생태계도 다양성을 보존하는 게 예
상치 못한 위기에 대응하는 데 더 좋대요.

장공부 그래서 동물이나 식물 중에서도 희귀종을 보호하는 거구나. 우리도 의심이
를 보호해 줘야겠다. 그래야 우리 반에 문제가 닥쳐도 잘 살아남는 거잖아.

사라지는 소수 언어

진단순 아, 선생님! 오늘 수업 주제가 다양성을 존중하고 보존하려고 적극적으로
노력해야 한다는 거잖아요? 그런 점에서 제기하고 싶은 문제가 하나 있
어요.

장공부, 모의심 우와! 단순아, 네가 어쩐 일이야?

사회샘 그러게, 단순이가 수업과 관련된 질문도 다 하고. 선생님도 감동인데.

진단순 음……. 제가 문제 제기하고 싶은 게 뭐냐 하면요. 바로 영어 공부예요!

장공부 영어 공부?

진단순 예. 다양성을 존중한다고 하면, 그 대상에는 언어도 포함되는 거겠죠?

사회샘 물론 그렇지!

진단순

 그런데 왜 영어를 공용어로 하겠다느니, 세계 공통어니까 영어 공부는 꼭 해야 한다느니 하는 이야기가 나오는 거죠? 다양성 면에서 보자면 세계인들이 공통적인 언어를 쓰는 것보다 제각기 다른 언어를 쓰는 게 좋잖아요? 세종대왕님이 만든 한글, 얼마나 좋아요?

모의심 너. 그거, 영어 공부하기 싫어서 하는 소리지?

진단순 야, 날 뭐로 보고! 진심으로 소수 언어가 사라지는 것이 안타까워서 하는 얘기야. 이러다가 우리말이 사라지면 그땐 어떻게 할 거야?

장공부 그런 걱정 말고 세계화 시대에 맞춰서 공부나 하시지.

사회샘 단순이가 영어 공부를 하기 싫어서 한 이야기라고 해도 이 시간에는 아주 적절한 지적이야. 세계화로 서로 다른 나라 사람들 간에 소통이 중요해지면서 영어 같이 세계적으로 많이 쓰는 언어를 강조하게 된 게 사실이지. 하지만 언어는 단순히 의사소통의 기능만 하는 게 아니라, 그 속에 그 문화의 생각, 가치, 정체성 등이 담겨 있어. 사실 다른 나라 언어로 우리나라 문화의 독특한 정서를 표현하는 게 쉽지 않거든. 그런 점에서 각 나라의 언어들을 보존하는 것은 무척 중요한 일이지.

장공부 저도 소멸되는 소수 언어가 증가하고 있다는 기사는 본 것 같아요.

모의심 그런데 국어 선생님 말씀으로는 우리나라도 예외가 아니라고 하던데요. 제주도 말이 소멸 위기 언어로 등록되었다고 하시더라고요.

진단순 거 봐, 내 말이 맞잖아. 이러다가 우리말이 사라질 수도 있다고.

사회샘 나도 그 이야기는 들은 것 같구나. 유네스코에서 지정한 기준에 따르면 제주어가 '아주 심각한 위기에 처한 언어'로 규정되었다고 해. 그리고 우리나라 언어 말고도 세계적으로 수많은 언어들이 사라질 위기에 처해 있다고 하는구나.

장공부 세계화가 가속화되면서 다양성이 증가할 줄 알았더니 문화적 다양성은 오히려 줄어드는 면도 있네요.

24

상당수의 소수 민족 언어 소멸 위기

(2009년 기준)

근거	• 유엔 산하 유네스코(UNESCO)의 소멸 위기 언어 연구 프로젝트 '아틀라스'(2009년 2월)
현황	• 2천 4백 개의 언어가 사라질 위기 • 시베리아, 호주 북부, 북미 북서부, 안데스 산맥, 아마존 등지의 소수민족 언어가 대부분을 차지하고 있음 • 현재 199개 언어는 해당 언어를 사용하는 사람이 10명도 되지 않는 '심각한 소멸 위기'
원인	• 과거 유럽의 식민지 팽창과 국제적인 이민, 도시화, 정부의 표준어 확산 정책 등
사례	• 영어와 스페인어, 러시아어의 확산으로 소수 민족 언어 점차 소멸 • 러시아 : '러시아어만을 사용하도록 하는 정책'을 전개하면서 토파(Tofa)어를 비롯한 많은 시베리아 토착 언어 소멸 • 프랑스 : 브르통어, 노르망어 등 13개 언어가 심각한 소멸 위기 • 미국 : 지난 500년 동안 115개 언어가 사라졌으며, 이 가운데 53개의 언어는 1950년대 이후에 소멸

스크린쿼터제 폐지 후 무너진 멕시코의 영화 산업

모의심 스크린쿼터제와 같은 문제도 다양성과 관련되지 않나요?

사회샘 그래. 의심이가 잘 지적했구나.

진단순 스크? 뭐? 모의심. 너, 지금 언어의 다양성 얘기하는 데 영어를 쓰는 건 좀 자제해야 되지 않겠어?

장공부 단순아, **스크린쿼터제는 우리나라 영화관에서 일정 기간 의무적으로 한국 영화를 상영하도록 하는 제도야.**

진단순

> 아니, 영화관에서야 재미있는 영화를 상영하면 되지. 왜 꼭 한국 영화를 일정 정도 상영해야 해? 이게 오히려 다양성을 해치는 거 아냐?

사회샘 오……. 단순이가 그 정도까지 생각을 하다니! 그렇게 생각할 수도 있겠지. 그런데, 일반적으로 많은 자본을 들여서 만든 외국 영화들이 국내에 수입되면서 비교적 적은 예산으로 만드는 국내 영화들의 설 자리가 많이 줄어드는 경향이 있단다. 그래서 국내 영화도 일정 정도는 반드시 상영하도록 하는 스크린쿼터제를 도입했던 거지. 실제 스크린쿼터제가 있다가 폐지된 나라들 중에 그 나라 영화 산업이 완전히 몰락한 경우가 꽤 많단다.

모의심 어떤 나라가 그런가요?

사회샘 멕시코가 대표적인 경우지. 멕시코는 원래 연간 수백 편에 이르는 영화를 만들었는데, 스크린쿼터제 폐지 후에는 연 10편 내외로 줄어서 자국 영화 시장이 거의 파괴되었다고 하는구나.

장공부 아……. 지난번에 부산국제영화제인가? 그때 멕시코 영화감독이 1인 시위를 한다는 얘기를 들은 적이 있는 것 같은데…….

사회샘 그래. 알프레도 구롤라 감독을 말하는 거구나. 그때 인터뷰했던 기사를 한 번 살펴볼까?

알프레도 구롤라, 멕시코 영화감독 노조 위원장 인터뷰

기자 : 감독님은 지난 11회 부산국제영화제에 참석해서 스크린쿼터 축소를 반대하는 시위도 하시고, 여러 차례 이와 관련된 문제를 제기하셨는데요. 멕시코의 현재 영화 산업은 어떤 상황입니까?

감독 : 일부 멕시코 역사학자들은 1994년 체결한 북미자유무역협정(NAFTA)으로 인해 "16세기에 이어 멕시코가 또 한번 정복당했다."라고 이야기합니다. 협정 전 연간 600여 편에 이르던 영화 제작 편수가 협정 체결 후, 20여 편으로 줄었고, 멕시코 영화관의 80% 이상이 미국 영화로 채워졌기 때문입니다. 미국 업체가 운영하는 극장에서는 멕시코 영화의 상영 기회를 거의 주지 않고 있죠. 당시 많은 영화인들이 다국적 독점 기업의 손에 영화 산업이 넘어가는 것을 막기 위해 영화를 협정에서 제외해 달라고 요구했지만, 관료들은 들어 주지 않았지요. 한국이라고 예외는 아닐 것입니다. 한국 정부는 왜 멕시코의 전철을 밟으려 합니까?

기자 : 하지만 한국 영화는 이제 어느 정도 경쟁력을 갖추었다고 보는 사람도 있어요. 해외 영화와 경쟁해서도 살아남을 수 있다는 거죠. 이에 대해서는 어떻게 생각하십니까?

감독 : 한국 정부가 '한국 영화의 경쟁력'을 주장하는 것처럼, 멕시코 정부도 '멕시코 영화의 경쟁력'을 주장했습니다. 하지만 20년 가까이 지난 지금 멕시코 영화

산업은 철저하게 파괴됐습니다. 영화 제작 편수만 감소한 것이 아니라, 영화사의 도산, 영화 수출 감소 및 수입 증가 등이 이어지면서 영화 산업 종사자들은 실업자가 되었습니다. 아카데미 골든 글로브 상과 오스카 상, 칸 영화제 황금종려상까지 받은 유명한 영화감독 까를로스 까레라스의 경우만 봐도 지금은 영화를 전혀 만들지 못하고 있으니 얼마나 통탄할 일입니까?

기자 : 그 정도로 유명하고 유능한 감독이면 할리우드에서도 연출 제의가 들어오지 않나요?

감독 : 물론 들어왔지요. 까를로스 감독은 "1년에 영화 두 편만 만들면 소원이 없겠다."고 말했습니다. 미국에서 연출 제의를 받았지만 영화가 나라의 정체성을 표현해야 한다는 생각에서 거부하고 있는 거죠. 자신만의 영화 세계를 지키며 영화를 만들고 싶은 건 모든 영화감독들의 바람일 겁니다. 2003년에 영화계 인사들과 일부 정치인들이 영화 관람료 중 1페소씩 걷어 국산 영화 지원 기금으로 쓰자는 방안을 추진했지만, 이마저도 미국영화협회의 압력으로 무효화되었으니 기가 막힐 노릇이지요.

진단순 아니, 좋은 영화를 만들고 있는 데도 영화관에서 상영할 수가 없다니…….

장공부 생각했던 것보다 심각하네요. 저는 영화가 정체성을 표현한다는 말에 동의하는데……. 만약 이런 식이라면, 강대국의 정체성이 전 세계를 휩쓸 것 같은 위협이 드는데요.

진단순 나는 한국 영화밖에 안 보는데……. 영어 나오는 영화는 자막 때문에 보기 힘들거든요. 한국 영화 살려야 해요.

모의심 근데 우리나라 영화계 내에서도 문제가 있는 것 아닌가요? 최근 극장에 가면 상영관은 많아도 거의 한두 개 영화만 반복해서 보여 주는 것 같아서요. 전에 인터넷에서 평이 괜찮아서 보고 싶었던 영화가 있었는데, 상영하는 극장이 별로 없을 뿐더러 상영한다고 해도 거의 사람들이 보기 힘든 시간에 편성하더라고요. 이것도 다양성 보존과는 거리가 멀잖아요.

사회샘 　그렇지. 다양성을 보존하려면 외국 영화로부터 우리 영화를 보존하는 것뿐만 아니라, 우리 영화계 내에서도 저예산 영화지만 수준 높은 작품들을 잘 보존하는 운동으로 이어질 필요가 있는 것이지.

장공부 　그런데요. 현실에서 다양성을 존중하는 것은 말처럼 쉽지 않은 것 같아요. 다양성을 존중해야 한다는 생각에는 동의할 수 있겠지만……. 만약 그 때문에 수익성이 떨어지고, 또 상대적으로 피해를 보는 사람들이 있다면 또 다른 문제가 생기는 거잖아요.

사회샘 　그래. 아까도 얘기했지만 현실 문제랑 얽히면 결코 쉬운 이야기가 아니지. 하지만 우리가 다양성을 존중해야 한다는 그 의미를 분명하게 이해한다면 그런 문제를 해결해 나가는 데도 분명 도움을 받을 수 있을 거란다. 그래서 이번 시간에는 '다원주의'에 대해 본격적으로 배워 보자꾸나. 분명 우리 단순이도 구제하고, 의심이의 괴로움도 덜 수 있는 방법이 있을 거야.

진단순 　다 좋은데 선생님 말씀에서 딱 한 가지가 걸리는데요.

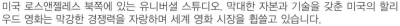
미국 로스앤젤레스 북쪽에 있는 유니버설 스튜디오. 막대한 자본과 기술을 갖춘 미국의 할리우드 영화는 막강한 경쟁력을 자랑하며 세계 영화 시장을 휩쓸고 있습니다.

사회샘 그게 뭔데?

진단순 '본격적으로'라니요? 그럼 지금까지는 워밍업이었나요? 워밍업이 왜 이리 길어요?

장공부 야, 시간 간다. 빨리하고 끝내는 게 더 좋잖아.

모의심 그래. 어차피 할 거 얼른 해요, 선생님!

다원주의는 언제 어떻게 등장했을까?

진단순 그런데 선생님! 다원주의는 언제부터 등장했어요? 저희 할머니는 항상 저한테 "남들만큼만 해라. 모난 돌이 정 맞는다."라고 말씀하시던데요. 그거 남들하고 똑같이 행동하면서 살라는 이야기 아닌가요?

장공부 맞아요, 교과서에서는 매번 현대 사회는 다원주의 사회라고 하는데요. 제가 볼 때 아직 우리 사회는 통일성을 강조하는 분위기가 더 큰 것 같거든요. 어쩐지 옛날에는 더 그랬을 것 같고요. 도대체 다원주의는 언제 어떻게 생겨나게 된 거죠?

사회샘 솔직히 선생님도 확실하게 "몇 년도부터 다원주의가 생겨났다."고 단정하기는 어렵구나. 여러 가지 관점에서 생각할 수 있는 문제라서 말이야.

진단순 왜요? 한마디로 딱 정해 줘야 공부하기 편한데…….

사회샘 알았다. 단순이 때문에라도 조금 구체적으로 설명해 보자꾸나. 일단, 다원주의의 기원은 종교적인 측면에서 살펴볼 수가 있어. 먼 옛날에는 서로 다른 종교를 믿는 것을 인정하지도 존중하지도 않았지.

모의심 그거야, 뭐 요즘도 서로 다른 종교들끼리 싸우는 걸 보면 굳이 과거만의 문제는 아닌 것 같은데…….

사회샘 물론 그런 측면이 있지. 하지만 과거에는 이런 다툼이 훨씬 더 심했단다. 다른 종교나 믿음을 가진 사람들을 마녀로 몰아서 죽이기도 했고, 심지어 종교 개혁 과정에서는 수많은 전쟁까지 일어나 많은 사람들이 죽기도 했지. 그런 아픔을 겪은 후 **인권 의식이 신장되면서 신앙의 자유와 종교적 관용에 대한 요구**가 생겨났고, 종교에 있어서 다원주의가 등장하게 되었

가톨릭을 전피하기 위해 스페인 정복자들과 함께 남미로 간 란다 신부가 악마의 자취라고 하여 마야 문화를 파괴하는 장면을 그린 그림입니다.

단다. 그러다가 **20세기 후반 북미에서 다문화주의, 문화 다원주의에 대한 논쟁**이 증가하면서 다원주의에 대한 관심이 늘어났지.

장공부 선생님. 제2차 세계 대전 당시에는 **전체주의**도 있었잖아요. 저는 전체주의에 대한 반발로 다원주의가 생겨난 게 아닌가 생각했어요. 나치 독일은 유대인을 학살했고, 아시아에서는 일본이 우리나라를 침략하고 우리 문화를 없애려 했잖아요? 그에 대한 비판과 반성으로 다원주의가 성장한 것 아닌가요?

사회샘 물론 그런 점도 있었을 거야. 전체주의에서 비롯된 제2차 세계 대전을 겪은 후 분명 많은 사람들이 획일적인 사회의 문제를 인식하고 다양한 가치를 인정하고 존중하는 것이 중요하다는 생각을 갖게 되었지.

모의심 세계화가 되면서 국가 간 교류가 활발해진 것도 원인이 되었을 것 같아요. 실제로 다른 종교나 문화, 생각을 가진 사람들과 많이 마주치면 아무래도 다양성에 대한 고민을 하게 되잖아요.

진단순 아……. 내가 영어에 거부감을 갖듯이?

사회샘 하하……. 그것도 그렇겠네. 빠른 속도로 세계화가 진행되고 있는 것은 사실이지만 여전히 자기 집단 고유의 가치관이나 전통을 더 중요하게 생각하는 사람들도 많이 남아 있단다. 중요한 것은 이렇게 다른 문화를 가진 사람들과 어떻게 함께 살아갈 수 있을까 하는 점이야. 요즘 많이 이야기되는 다문화주의는 바로 이 문제를 직접적으로 다루려는 시도라고 할 수 있단다.

우리는 왜 다원주의를 이해해야 하는 걸까?

장공부 상당히 복합적이네요. 정말 한마디로 말하기 어렵다는 선생님 말씀이 이해가 되네요. 그럼 굳이 지금 우리가 다원주의를 이야기해야 하는 이유가 뭔가요? 다양성을 존중해야 한다는 건 다 알잖아요?

진단순 공부, 너 간만에 얘기 잘했다. 이미 오늘날의 사회는 다원주의 사회인데, 그게 당연한 사실이라면 오늘 공부는 여기서 끝내도 되지 않을까 싶네요. 다원주의는 획일적인 사회에서나 공부하는 거죠. 지금은 다원주의를 공부할 타이밍이 아닌 것 같아요.

사회샘 그럴까? 왜 우리는 다원주의를 공부해야 하는 걸까? 거꾸로 생각해 보기 좋아하는 의심이 생각은 어떠니?

진단순 에이, 선생님은 꼭 그러시더라. 앞에서 다 그렇게 해야 된다고 가르쳐 놓고 나중에 가서 꼭 왜 그렇게 해야 하는 건지 물어 보신단 말이죠! 그냥 그렇다고 끝내면 좋잖아요.

사회샘 내가 그랬나? 하하, 너희를 혼란스럽게 했다면 미안해. 하지만 당연하다고 생각하는 것일수록 왜 그렇게 해야 하는 것인지 한 번쯤 뒤집어 생각해 보는 것이 여러 모로 좋단 말이야.

모의심 그런데 저는 오늘날의 사회가 과거보다 더 다원적인 사회인지도 의문이 들어요.

진단순 응? 그건 또 무슨 말이야? '현대 사회=다원주의 사회'라고 누누이 배웠 잖아.

모의심 그렇게 다양성을 강조하는 건 맞는데, 하지만 어떤 면에서는 더 획일화된 측면도 있다고……. 예를 들면 요즘은 모든 가치가 돈으로 환산되니까 정 작 돈이 안 된다 싶은 가치는 인정받지 못하는 경우가 많잖아.

장공부 그리고 보니 좀전에 살펴본 영화만 하더 라도 미국의 블록버스터 영화가 시장을 장악하는 건 그런 영화가 돈이 되기 때문 이잖아. 돈이 안 되는 영화들은 상영조차 할 수 없으니 다양성이 사라지는 거지.

진단순 그 말을 들으니까 저도 생각나는 게 있어 요. 저희 누나가 그러는데요. 요새는 공 부도 돈이 되는 학과만 인기가 있대요. 취 업률이 낮거나 돈벌이에 도움이 되지 않 는 학과는 통폐합을 많이 해서 전공하는 학문도 다 비슷하고, 생각도 다 비슷비슷 해진다고요.

많은 자본을 투자한 미국의 블록버 스터 영화들이 전 세계에서 상영되 고 있습니다.

사회샘 그래. 오늘날의 사회가 각 개인의 선택이나 다양성을 존중하는 것 같지만 시장 질서가 지배하는 사회에서는 경제적인 부분이 다양성을 압도하는 경 향이 있는 게 사실이지.

모의심 세계화도 어떤 면에서 보면 다양성과 거리가 있는 것 같아요.

진단순 그건 무슨 얘기야? 세계화를 통해서 다양한 나라의 물건을 사용할 수 있어 서 얼마나 좋은데! 내 볼펜도 외제라고…….

모의심 언뜻 보면 세계화를 통해 다양한 문화를 접하는 것 같지만 막상 미국이나 유럽의 유명한 도시를 가보면 우리나라의 도시와 큰 차이가 없다는 얘기 도 하더라고요.

사회샘 그래, 분명 그런 면이 있단다. 의심이의 말처럼 오히려 세계는 더 비슷해지고 있는 것이 사실이야. 언어도 점점 통일되는 경향이 있고, 전 세계 사람들이 같은 영화를 보고, 같은 음악을 즐기며, 같은 춤을 추는 거지. 반대로 이와 다른 문화들은 점점 사라지게 되는 거야. 그래서 세계화를 반대하는 사람들 중에는 세계화의 획일성을 우려하는 사람들도 많단다.

진단순 그런데 그렇게 비슷해지는 거야 어쩔 수 없잖아요. 스스로가 동의해서 비슷해지는 건데 문제될 게 없잖아요.

사회샘

> 사람들이 다 동의했다고 말할 수 있을까? 그건 그런 문화를 받아들이는 다수자 입장에서 하는 얘기가 아닐까?

모의심 맞아요. 오히려 대다수가 비슷한 생각을 가지고 있으니까 그에 반대되는 이야기를 하기가 더 어렵죠. 제가 그런 경우라니까요.

장공부 소수자의 관점에서도 생각해 봐야 하는 거군요.

사회샘 그래. 다수의 사람들이 속한 주류 문화의 입장에서는 문화적 통일성을 당연하게 여길 수도 있지만 소수자들의 입장에서는 그러한 통일성이 엄청난 폭력이 될 수 있단다. 예를 들면 소수 종교를 믿는 사람이라든지 다문화 가정의 구성원들, 성 소수자들은 아직도 우리 사회의 수많은 편견과 차별로 고통받고 있지.

진단순

> 그런 고통이야 이해는 하지만 그래도 그런 것을 다 인정해 주면 사회가 무척 혼란스럽지 않을까요? 상당히 복잡해질 것 같은데, 제 입장에서는 단순한 게 좋다고요.

사회샘 다원성을 존중했을 때 현실적으로 혼란이나 비용, 불안 등이 있을 수 있지. 하지만 그건 민주주의 사회에서는 너무나 당연한 것이란다. 우리가 고민할 것은 바로 그런 **다원성을 존중하면서도 안정적이고 지속적인 공동체를 만들어 가는 것**이지.

장공부 그렇다면 지금 우리가 다원주의를 공부하는 건 진정한 다원주의 사회를 만들기 위해서라고 정리할 수 있을까요?

진단순 장공부, 너 또 모범생 같은 얘기하는구나. 사회 시간이 모범생들의 이야기로만 채워지는 걸 막기 위해서라도 다원주의를 공부해야겠다.

모의심 오호, 단순이 입에서 공부하겠다는 말을 듣다니, 세상 오래 살고 볼 일이야.

사실로서의 다원주의 vs. 규범으로서의 다원주의

사회샘 자, 그럼 다원주의를 공부해야 하는 이유는 모두 이해했을 테니까, 다원성을 인정하고 존중한다는 것이 무엇을 의미하는지 좀 더 자세히 이야기해 보자.

진단순 잠깐만요. 선생님! '다원성'이랑 '다원주의'는 같은 말 아닌가요? 선생님께서 자꾸 섞어서 말씀하시니까 머릿속이 뒤죽박죽 헷갈려요.

사회샘 아차차, 그럴 수도 있겠다. 음, 단순이가 오랜만에 수업에 도움이 되는 좋은 질문을 해줬어. '다원성'과 '다원주의'는 실제로는 거의 같은 의미로 사용되는데, 간단하게 정리하면 일단 **'다원성'은 현실적으로 존재하는 사람이나 사물, 가치, 문화 등이 다양하다는 사실**을 말하는 거란다.

모의심 사실 세상에 똑같은 사람이 있을까요? 여기 있는 저랑 공부, 단순이만 해도 무척 다르잖아요. 그걸 모르는 사람이 있나요?

진단순 뭐, 인간만 다른가? 다른 생물도 마찬가지로 다르니까……. 세상이 원래 다양하게 이뤄져 있는 거지.

사회샘 그래, 너희들 말이 맞단다. 인간은 물론이고 어쩌면 모든 생물이나 현상 등은 다 다양하지. 다원성은 사실적인 측면을 지적하는 거고 그걸 부정할 사람은 거의 없을 거야.

진단순 그럼 다원주의는 뭔가요?

사회샘 '다원주의'는 그러한 사실에 대한 우리의 관점이나 태도라고 할 수 있지. 예를 들면 앞에서 말한 **다양한 사람들이나 가치를 우리가 왜 존중해야 하는지, 그리고 어떻게 존중해야 하는지와 같은 문제가 바로 다원주의의 관심사**란다. 그런 점에서 보면 다원주의는 규범적인 측면을 말하는 거란다.

모의심 그럼, **다원성을 인정하고 존중하자는 게 다원주의**가 되는 건가요?

사회샘 그렇다고 볼 수 있지. 단순이도 이해되었니?

진단순 물론이죠. 저도 그 정도는 이해한다고요.

장공부 선생님. 그럼 우리가 이번 수업에서 주목할 것은 사실적인 측면의 '다원성'보다는 규범적인 측면을 다루는 '다원주의'가 되겠네요?

사회샘 그래. 맞아. 역시 공부가 잘 정리해 주는구나.

다원주의는 '절대주의'를 추구하지 않는다!

모의심 근데 선생님. 다원주의는 다원성을 존중하자는 규범적인 주장이라고 하셨는데, 그럼 다원성을 존중하지 말자는 주장도 있나요?

사회샘 물론 있지. 이름만 들어도 다원주의와는 전혀 반대일 것 같은 절대주의가 대표적인 거지.

장공부 절대주의라면 역사 시간에 들어본 적이 있어요. 17~18세기 왕의 힘이 강하던 시대를 절대주의 시대, 절대 왕정기라고 하죠.

사회샘 그래, 그 말도 맞아. 하지만 선생님이 얘기하려고 하는 건 철학적인 관점으로서의 절대주의란다. **절대주의에서는 절대적으로 올바른 가치나 선, 관념이 존재**한다고 생각하지.

장공부 아! 그럼 사회·문화 시간에 배웠던 문화 상대주의랑 관련지어 생각해도 되나요? 절대주의니까 상대주의랑 반대말이잖아요?

사회샘 그래. 문화로 예를 들어 설명하면 더 이해하기가 쉽겠구나. **문화 상대주의는 각 문화의 고유성을 인정하고 존중해야 한다는 입장**이고, 문화 절대주의는 그 반대라고 할 수 있어. **문화 절대주의는 문화에도 절대적으로 우수한 문화나 열등한 문화가 존재한다고 보는 것**으로 절대적인 기준이 내 것이면 자문화 중심주의, 남의 것이면 문화 사대주의적인 경향이 나타나게 되지.

진단순

절대적으로 올바른 가치나 선, 관념, 진리? 뭐 그런 것들이 있다고 보는 게 왜 문제가 되는 거죠? 올바른 게 여러 가지면 더 골치 아픈데, 진리가 하나라야 그걸 찾아나가고, 또 시험 문제 풀 때도 더 쉽잖아요.

사회샘 플라톤과 같은 유명한 철학자들을 비롯해 많은 사람들이 절대적으로 올바른 가치나 진리가 존재한다고 믿어 왔지. 그런데 만약 그런 것이 존재한다면 그와 다른 나머지 것들은 모두 잘못된 것이 될 수밖에 없단다. 그렇다면 그런 잘못된 것은 억압하거나 무시할 수 있다는 견해도 가능해지는 거지.

장공부 그런 생각이 극단적으로 심해지면 **전체주의**로 빠질 수도 있을 것 같아요. 히틀러 같은 사람들이 유대인들을 탄압하고 그랬던 게 자기 민족이 절대적으로 우월하다고 생각했던 데서 비롯된 것 아닌가요? 그러니까 다른 민족은 하찮은 존재라고 생각했을 거고.

모의심 자기 생각과 다르면 모두 다 잘못된 거라고 생각하는 사람은 정말 싫은데……. 특히 그런 사람이 지도자가 된다면…….

자신의 문화가 절대적으로 우수하다는 생각이 극단화될 경우 유대인을 탄압한 히틀러나 나치당과 같은 태도를 낳을 위험이 있습니다.

진단순 야! 상상도 하기 싫어! 잘못하면 완전 독재가 되잖아.

사회샘 그래서 다원주의는 절대주의와는 완전히 다른 입장을 취하는 데서 시작한
단다.

다원주의는 상대주의와도 다르다

장공부

그럼 사회·문화 수업 시간에 배운 대로 절대주의와
반대되는 상대주의적인 태도를 취하면 되겠네요?

진단순 그렇지. 모두 다 나름의 가치와 의미를 가진다고 보는 거, 절대적인 잣대
와 기준으로 우열을 평가하지 않는 게 문화 상대주의라고 했지? 그래, 그
게 좋겠다.

모의심

아니, 그렇게 끝내면 안 될 것 같은데? 수업 시간에 문화 상대
주의가 극단적으로 가는 것도 문제가 있다고 배우지 않았어?
예를 들면 상대주의식으로 모든 것을 다 인정하다 보면 인류의
보편적 가치를 훼손하는 문화도 인정할 수밖에 없는 거잖아.

사회샘 맞아. 문화 상대주의는 그런 문제가 있지.

장공부 그렇다면 마찬가지로 상대주의도 문제가 있을 거 같은데요. 그럼 혹시 다
원주의는 상대주의와 다른 건가요? 상당히 비슷하게 느껴지는데…….

사회샘 상대주의와 다원주의는 다원성을 인정한다는 점에서 공통점이 있지. **상대
주의는 절대적으로 올바른 진리란 존재하지 않으며, 인식이나 가치가 그
것을 정하는 기준이나 상황에 따라 상대적이라고 보는 입장**이야. 의심이
가 말한 대로 지식이나 가치의 보편타당성이 인정되지 않기 때문에 모든
게 다 옳거나 모든 게 다 그르다는 식의 논리로 빠질 위험도 있지.

장공부 상대주의로 해석하면, 사실상 진리는 없는 거나 마찬가지네요? 아니, 상대
주의자는 자기 입장이 옳다는 말도 못하는 거 아닌가요?

모의심 어? 진짜 그럴 수도 있겠다.

사회샘 음……. 극단적이고 근본적인 상대주의는 그런 비판을 받을 수도 있지. 하지만 일부 상대주의자들은 사실과 가치의 문제를 구분해서, 사실 문제에 있어서는 진리의 존재를 인정하기도 해. 그들이 강조하는 건 가치의 측면에서 다원성을 존중해야 한다는 거지. 공부는 상대주의가 마음에 안 드는 모양인데……. 우리가 절대적인 진리는 하나라는 생각을 갖고 있어서 상대주의가 어색하게 느껴지고, 회의주의적인 태도로 빠지게 되는 것 아닐까?

모의심 그럼 다원주의는요? 다원적인 가치나 문화를 인정하게 되면, 결국엔 상대주의와 똑같아지는 것 아닌가요?

사회샘 물론 다원주의를 주장하면서 상대주의를 피할 길은 없다고 보는 사람들도 있긴 해. 하지만 많은 학자들이 두 개념을 구분하고 있어. 예를 들면 존 롤스 같은 사람은 기본적으로 다원성을 인정하지만 모든 입장을 다 인정하는 게 아니라 **'합당한(reasonable) 다원주의'**만을 인정하지.

징공부 합당한 다원주의요? 그게 무슨 말인가요? 좀 더 자세히 설명해 주세요.

사회샘 음……. 롤스는 사적인 영역과 공적인 영역을 구별해서 설명해. 내가 슈베르트의 음악을 좋아하고 단순이가 걸 그룹의 음악, 의심이가 록 음악을 좋아하는 것처럼 지극히 사적인 차원에서의 문제는 가치의 다원성을 전적으로 인정한다. 사실 그렇게 해도 아무 문제 없고, 굳이 취향의 합의를 이룰 필요도 없어. 하지만 공적인 영역에서는 이야기가 달라져. 공동체의 의사 결정을 위해서는 합의가 필요하고, 이 과정에서 모든 가치를 무조건 다 인정할 수는 없거든. 이때 중요한 기준이 되는 것이 바로 '합당성'이야. 롤스는 서로 다른 가치를 추구하는 사람들이라 할지라도 공적인 이성을 통해 최소한의 목표나 가치에 있어서 합의점을 찾을 수 있다고 보았거든.

존 롤스(John Rawls)

모의심 그런 기준이 있다면 롤스의 입장은 결국 다원주의라고 할 수 없는 것 아닌가요? 다양성 자체를 존중하는 건 아니니까요.

사회샘 물론 그렇게 비판하는 사람들도 있어. 하지만 롤스가 말한 합당성은 "이것은 합당하고 저것은 합당하지 않다."는 식으로 어떤 기준이 미리 정해져 있는 건 아니야. 오히려 공론장에서 사람들이 합의를 통해 만들어 갈 수 있는 어떤 것으로 보고 있지.

모의심 결국 아무리 가치의 다원성을 인정해도, 절대로 인정받을 수 없는 것이 있고, 또 지켜야 할 최소한의 가치 같은 게 있다는 거네요.

사회샘 그렇게 볼 수 있지. 다원주의를 강조한 대표적인 학자인 칼 포퍼는 상대주의와 다원주의의 혼동을 피하기 위해 '비판적 다원주의(critical pluralism)'라는 개념을 사용하는데, 상대주의와 비판적 다원주의의 결정적인 차이는 진리에 대한 관념이라고 보고 있어. 상대주의는 모든 것을 주장할 수 있기 때문에, 결국 모든 것이 참이 된다는 거야. 그런데 모든 것이 참이라는 말

칼 포퍼(Karl Raimund Popper)

은, 아무 것도 참이 될 수 없다는 말과 같기 때문에 진리라는 것 자체가 무의미해지거든.

장공부 그러니까요! 그럼 사는 게 얼마나 허무해요!

사회샘 공부가 이렇게 흥분한 건 처음 보는데? 끝까지 들어 봐. 포퍼가 말하는 **비판적 다원주의는 진리의 존재를 부정하는 게 아니라, 진리 탐구를 위한 다양한 입장과 이론은 서로 경쟁하도록 되어 있으며, 합리적인 토론과 다양한 이론에 대한 비판적인 검토를 통해 진리를 찾아갈 수 있도록 하자**는 입장이야.

상대주의는 아무 것도 참된 진리라고 주장할 수 없어서 오히려 무질서와

폭력으로 이어질 수 있는 반면, 비판적 다원주의는 폭력을 억제하는 기제가 되는 거지. 상대주의에 대해서는 상대방에 대한 무관심이나 회의주의로 이어진다는 비판도 있지만 선생님 생각에 다원주의는 오히려 서로 관심을 갖고 의견을 교류할 수 있는 공통의 토대를 마련해 주는 것 같아.

모의심
어쨌거나 절대적인 진리가 있다는 걸 부정하는 건 똑같은 거 아닌가요? 조금 알듯 말듯, 애매하네요.

사회샘
음……. 이렇게 정리해 보면 어떨까? 상대주의와 다원주의의 결정적인 차이점은, 다원주의는 다원주의 자체를 거부하는 입장까지는 인정하지 않는다는 거야.

진단순 다원주의 자체를 부정하는 입장이요?

사회샘 그래. 다원주의는 상대주의처럼 모든 가치나 모든 입장을 수용하는 게 아니라, 적어도 다원성을 존중해야 한다는 그 생각만큼은 받아들여야 한다고 주장하지. 다원주의의 최소한의 기준이랄까. 그래서 다원주의에 따르면 모든 의견이 다 잘못이라든지 반대로 모든 의견이 다 옳다는 식으로 말할 수 없단다. 특히 한 발 더 나아가서 단순히 다원성을 인정하는 것만이 아니라 좀 더 적극적으로 다원성을 유지하고 보존해야 한다고 주장할 수 있게 되는 거지.

장공부
그렇다면 이슬람의 명예 살인 같은 경우를 다원주의에서는 어떻게 보나요? 전 말도 안 되는 거라고 생각하는데, 이런 것도 다양한 문화니까 적극적으로 보존해야 하는 건가요?

모의심
음……. 내 생각에는 명예 살인은 남성 중심의 문화에서 나온 거고, 남자를 기준으로 사회적 약자이자 소수자인 여성에 대한 억압이자 폭력을 행사하는 거니까 다원주의에서는 받아들이지 않을 것 같아. 오히려 남성 중심의 절대주의적 관점에서나 옹호될 수 있는 거 아닐까?

장공부 그렇게 볼 수 있겠다. 상대주의라면, 그런 문화를 비판하기가 어려울 텐데……. 다양한 가치를 존중하는 다원주의가 꼭 상대주의가 되지 않을 수도 있다니……. 아직 분명하게 와 닿지는 않지만 둘이 서로 다르다는 건 알 것 같아요.

다원주의를 향한 노력은 지금도 계속되고 있다

장공부 선생님. 그럼 실제 다원주의를 잘 실현해 낸 사례에는 어떤 것이 있나요?

사회샘 여러 가지 사례가 있겠지만 아까 얘기했던 언어를 보존하기 위한 노력이 대표적이지.

진단순 한글날을 다시 공휴일로 하는 것 말이죠? 저도 진심으로 찬성합니다.

사회샘 꼭 그런 것만을 이야기하는 건 아니야. 최근에 세계적인 인터넷 기업인 구글이 멸종 위기에 놓인 언어를 보존하기 위해 온라인 운동을 펼치고 있다고 하던데, 그런 활동도 좋은 사례가 될 수 있지.

호주의 언어학자 니컬러스 에번스는 그의 저서 『아무도 모르는 사이에 죽다』에서 존폐 위기에 처한 소수 언어의 실체를 보여 주고 있습니다.

구글의 '멸종 위기에 처한 언어 프로젝트'

세계 최대의 인터넷 기업인 구글은 2012년 6월 12일 전 세계의 언어학자들과 함께 이색적인 캠페인을 시작했다. 소멸 위기에 처한 언어나 사라져 가는 방언과 관련된 자료를 찾아 저장하고 공유하는 이 프로젝트의 이름은 '멸종 위기에 처한 언어 프로젝트(Endangered Languages Project)'이다. 구글은 'Endangeredlanguages.com'라는 누리집을 개설하여 일반인들도 관련된 자료를 올림으로써 운동에 동참할 수 있도록 하였다.

모의심 구글만 그런 건 아니고, 애플에서도 인디언의 언어를 사용할 수 있는 소프트웨어를 개발했다고 들었어요.

사회샘 그래, 잘 알고 있구나. 체로키 부족이 체로키 문자를 개발해서 사용해 온 것이 1800년대 초반으로 알려져 있는데, 다른 인디언 부족들처럼 체로키족의 언어도 수십 년 동안 사용되지 않으면서 사라

북아메리카의 원주민이었던 인디언. 유럽인들이 몰려 오면서 많은 인디언들의 언어와 문화가 사라졌습니다.

질 위기에 처하게 되었지. 현재(2010년 말 기준) 체로키인이 29만 명가량 되는데 그중에서 체로키 부족어를 사용할 수 있는 사람은 8천 명에 불과하다고 하는구나. 게다가 이 사람들도 모두 50세를 넘긴 상황이라 체로키 부족어가 살아남기는 어렵다고 생각되었지.

진단순 그런데 어떻게 애플에서 사용하게 된 거죠?

사회샘 체로키 부족 추장이었던 채드 스미스가 체로키족의 언어를 보존하기 위해 애플사와 수차례에 걸쳐 협의를 했고 그것이 결실을 맺은 거라고 하더구나. 체로키족 어린이들이 학교에서 체로키족 문자가 지원되는 기기를 사용할 수 있게 되면서 이들 부족의 언어를 살릴 수 있는 가능성이 열리게 된 것이지.

장공부 언어 말고도 다원주의를 실현하기 위한 노력이 또 있나요?

사회샘

물론이지. 너희들 '문화 다양성 협약'이라고 들어 봤니?

모의심 과학 시간엔가 **생물 다양성 협약**에 대해서 들어 본 적은 있는데…….

42

사회샘 **문화 다양성 협약은 문화 콘텐츠와 예술적 표현의 다양성 보호를 위한 협약**을 줄여서 부르는 말인데, 2001년 세계 문화 다양성 선언을 기초로 해서 2005년 유네스코에서 채택된 거란다. 우리나라도 2010년부터 공식적인 비준국으로 참여하고 있지.

진단순 참……. 별별 선언이 다 있네요.

사회샘 그만큼 다양한 문화의 가치에 대해 전 세계가 주목하고 있다는 거지. 이 협약에서는 각 나라가 문화 정책을 수립할 수 있는 자주권을 보장하고, 문화 약소국에 대한 지원도 명시하고 있단다. 앞에서 말했던 우리나라의 스크린쿼터제와 같은 것도 이 협약에 따라 지원을 받고 있는 것이지.

장공부 생각했던 것보다 다원주의를 실현하기 위해 많은 노력이 이뤄지고 있네요.

다원주의를 받아들이는 데 어려움은 없을까?

진단순

선생님. 다원주의가 실현되면 좋기야 하겠지만, '그게 잘 될까?' 하는 생각도 들어요. 특히 서로 다른 사람들이 분열되지 않고 한 사회에서 함께 잘 살아갈 수 있을지 의문이에요. 당장 의심이만 봐도 그렇잖아요.

모의심 사실 며칠 전에 지하철을 탔다가 옆에 앉은 나이가 지긋하신 아주머니 한 분과 이야기를 나눈 적이 있어요. 그때 그 아주머니 말씀이 지금 이 나라가 시끄럽고 경제가 어렵게 된 것이 모두 젊은 사람들에게 너무 많은 자유를 줬기 때문이라는 거예요. 젊은이들이 자꾸 개성만 찾다 보니 사회가 제멋대로 흘러간다는 거죠. 다 함께 한 길로 가면 더 빨리, 아무 문제없이 가지 않겠냐고 하시는데, 할 말이 없더라고요.

장공부 솔직히 제 생각도 그래요. 다원성을 인정하면 좋을 거 같기는 한데……. 우리는 함께 살아가야 하잖아요. 다 인정해 주면, 현실적으로 어떤 결정이나 합의를 이루는 데 시간과 비용이 너무 많이 들 것 같아요. 그리고 사람들 간에 연대 의식도 별로 없을 것 같고요. 극단적인 전체주의만 아니라면 애초부터 같은 나라 국민들끼리는 비슷한 가치나 삶의 태도를 갖게 하는 게 더 낫지 않나요?

모의심 시간과 비용도 그렇지만, 완전히 이상한 주장을 펴는 사람들도 가끔 있잖아요. 말도 안 되는 얘기를 하는 비합리적인 사람들이요. 그런 사람들의 의견까지도 다 받아들여야 하는 것인지는 의문이에요.

진단순 야, 너 이 수업이 어떻게 해서 여기까지 오게 된 건지 기억 안 나? 우리는 몰라도 너만은 다원성을 받아들여야 한다고 해야지!

장공부 의심이는 말도 안 되는 이야기를 하면서 존중해 달라고 하는 게 아니잖아. 들어 보면 다 나름의 일리가 있는 말이었다고.

진단순 그거나, 저거나. 핑계 없는 무덤 없다고, 그런 식으로 말하면 누구나 다 일리가 있지. 하여튼 너무 다양하면 안 된다니까.

사회샘 너희들 지금까지 실컷 다원주의를 옹호하더니, 수업 잘 받고 나서 왜 갑자기 다 반(反)다원주의자가 된 거야?

장공부 아니, 그게 아니라요. 아무래도 현실적인 어려움과 문제를 생각 안 할 수가 없어서 그래요. 의심이 사례만 보더라도 아무래도 남들과 다른 입장을 유지하는 건 쉬운 일이 아니라서…….

모의심 사실……. 요즘은 저도 '제가 조금만 참고 희생하면 나머지 모든 게 쉽게 해결될 수 있지 않을까?' 하는 생각이 들 때도 있거든요.

진단순 의심아. 그런 약한 모습 보이니까 너답지 않잖아…….

사회샘

물론, 다원주의를 받아들이는 데는 현실적으로 그런 어려움들이 있지. 하지만 다원주의를 받아들일 때 발생하는 문제도 우리가 당면한 현실이란다. 아마도 민주주의는 그런 어려움을 함께 이겨내는 과정에서 조금씩 실현되는 거겠지. 그런 점에서 우리가 지금 하는 공부가 의미 있는 거고.

다원주의인가? 절대주의인가?

장공부 선생님. 사실……, 저는 계속해서 다원주의에 대해 찜찜한 부분이 있어요.

사회샘 그게 뭔데?

장공부 다원주의가 다양한 입장이나 가치를 존중하는 것은 좋지만, 진리에 대해서도 절대적인 입장을 취하지 않고, 이것저것 다 옳다고 인정해 준다는 점은 여전히 불편하게 느껴지거든요.

진단순 공부, 너 정말 꽉 막혀 있기는……. 다 좋은 게 좋은 거지. 황희 정승이 말한 "네 말도 옳고, 네 말도 옳다." 몰라? 다들 그렇게 사는 거야.

모의심 갑자기 황희 정승까지…….

장공부 저는 지금 단순이가 말하는 것과 같은 입장을 받아들이기가 어려워요. 1더하기 1은 2잖아요. 그걸 3도 되고, 4도 된다고 하는 것은 말이 안 되죠.

진단순 물방울 1개랑 다른 물방울 1개가 합쳐지면 역시 물방울 1개라고.

장공부 장난치지 말고.

진단순 장난 아닌데……. 내 말도 맞잖아.

장공부

> 솔직히 제가 생각하는 진리는 저 하늘에 떠 있는 별처럼, 혹은 어딘가에 숨어 있는 보석처럼 쉽게 닿을 수 없는 곳에 간직된, 소중한 것. 그것을 찾기 위해 끊임없이 노력해야 하는 거였다고요. 그런데 소중한 진리가 유일한 게 아니고, 이것도 저것도 될 수 있다니…….

모의심 다원주의를 받아들이게 되면 공부도 이제 공부 안 하겠군.

사회샘 앞에서 다원주의가 절대주의와 반대된다고 얘기했지만 이 얘기가 그렇게 쉬운 것은 아니지. 그래서 오늘 너희에게 다원주의에 대해 좀 더 강력하게 설명해 주실 분을 모시려고 해.

진단순 누구예요, 누구? 여자예요?

장공부 단순아, 그만 좀 해. 선생님이 너 때문에 정신없으시겠어.

사회샘 그래, 단순아. 오늘은 여성 정치 철학자분을 모셨어. 유대인 출신으로 전체주의를 비판하는 글을 많이 쓰셨고, 실존주의 철학의 대가인 하이데거의 연인이기도 했지.

진단순 와아, 똑똑한데 예쁘기까지 하셨나 봐요? 빨리 불러 주세요!

사회샘 알았다, 이 녀석아. 오늘의 포인트는 미녀 철학자가 아니라, 다원주의라는 것만 기억해! 아렌트 님! (소환기를 조작하여 아렌트를 부르는데, 플라톤이 갑자기 등장한다.)

절대불변의 진리를 추구해야지

플라톤 (Plato)

플라톤 아니, 누굴 모신다고? 나부터 좀 이야기해야 겠네.

사회샘 아니, 플라톤 님! 지금은 선생님 차례가 아닌 데, 얼른 들어가세요. 저는 아렌트 님을 부르 려고……

플라톤 아니, 내가 뒤에서 '언제쯤 부르려나?' 하고. 기다리다 도저히 더 들어 줄 수가 없어서 나왔소! 선생! 선생은 도대체 애들한테 뭘 가 르치는 거요?

사회샘 예?

진단순 아, 뭐예요. 할아버지, 순서 좀 지키세요. 여자 선생님 나올 거였는데 왜 새치기하고 그러세요? 똑똑하면 그래도 되는 거예요? 딱 봐도 다원성 존 중과는 거리가 멀어 보이는데……

장공부 단순아, 그래도 어른인데……. 말을 그렇게 심하게 하면 안 되지…….

플라톤 공부 학생, 괜찮아요. 무지한 자들에게 일일이 답할 필요는 없으니까.

진단순 아니, 뭐라고요?

플라톤 얘들아, 너희는 무엇을 위해 공부를 하니?

진단순 뭐 뻔한 걸 물으세요? 그냥 부모님이 학교에 가서 일단 배워 두라고 하니 까 와서 배우는 거죠.

장공부 음……. 자아실현을 위해 필요한 준비를 하는 거죠.

진단순 에이……. 너 아무리 그래도 정말 그렇게 생각해? 자아실현은 무슨! 솔직 히 말해 봐!

모의심 그러게, 너무 모범 답안 준비한 거 아니야? 음……. 명목상으로는 자아실
현을 내세우지만 실제로는 높은 사회적 지위와 보장된 미래를 위해 공부
하도록 강요하는 것 아닌가요?

플라톤 흠……. 이런 태도로 공부를 하고 있다니! 그러니 선생, 아이들한테 다원
성을 인정하느니, 어쩌느니 하지 말고 제대로 된 공부를 시키란 말이오.
공부를 하는 이유는 진리를 얻는 데 있다는 것을 알아야 합니다.

장공부 어떻게 하면 진리에 도달할 수 있나요? 사실 다원주의에 대해 수업을 들으
면서 계속 진리가 없는 건가 싶어 혼란스러웠거든요.

플라톤 인식의 영역에는 변화하는 대상들로 구성된 세계와 영원히 변하지 않는
진리인 이데아로 이루어진 세계가 있어요. 앞의 세계는 감정에 의해 인식
되지만, **이데아의 세계는 이성에 의해 절대적인 지식을 제공하는 영역**이
지요. 이데아의 세계를 추구하는 것이 진리로 향하는 길입니다.

진단순 이데아? 무슨 말이 이렇게 어려워요?

플라톤

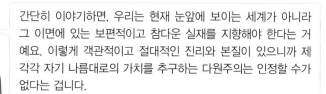

간단히 이야기하면, 우리는 현재 눈앞에 보이는 세계가 아니라
그 이면에 있는 보편적이고 참다운 실재를 지향해야 한다는 거
예요. 이렇게 객관적이고 절대적인 진리와 본질이 있으니까 제
각각 자기 나름대로의 가치를 추구하는 다원주의는 인정할 수가
없다는 겁니다.

(소환기로 불렀던 아렌트가 갑자기 등장한다.)

절대주의는 전체주의로 나갈 위험이 있어

아렌트 아니, 플라톤 님! 제가 연세도 있으시고, 한참 선배님이시라 좀 참고 들어
드리려고 했는데, 도저히 못 참겠네요!

사회샘 아렌트 님까지 이러시면…….

진단순 일 났군!

모의심 조용히 좀 해봐, 이거 흥미진진해지겠는데.

아렌트 플라톤 님은 그런 이분법적인 세계관과 절대
적인 진리관이 개인의 독특성이나 다양성을
구현하는 데 얼마나 방해가 되는지 알고나
계신가요? 종교재판, 홀로코스트(Holocaust)를
비롯하여 서양 역사에 존재해 왔던 수많은
비극적 사건의 배후에 바로 그런 보편주의가
있었던 거죠. 오죽하면 후배 학자들이 '플라
톤의 유령'이라고 부르겠어요?

진단순 와, 세다. 시작부터 세게 나오시는데?

플라톤 아니, 내가 서양 역사의 비극을 낳은 원흉이
라 이거요?

한나 아렌트(Hannah Arendt)

아렌트 직접적으로는 아니라고 해도 간접적으로는 영향을 끼쳤고 어느 정도는 책
임이 있다고 봅니다. 영원불변하고 유일한 선의 이데아라니요? 도대체 그
런 이데아가 있나는 것을 어떻게 확인하나요? 그리고 그린 이데아에 도달
할 수 있는 사람은 누구인가요? 그런 절대적인 관념을 심어 주는 게 악용될
위험의 소지가 크다는 건 선생님도 아실 텐데요. 선생님의 사상은 결국 철
학자들이 공동체를 지배해야 한다는 주장으로 이어지는데, 이건 오늘날의
정치 현실과는 더더욱 맞지 않습니다. 오늘날 민주주의를 주장하는 많은
철학자들이 아무리 연약하고 부족한 존재라고 해도 모든 개인의 독특한 개
성이 존중되어야 한다고 본 것도 저와 같은 맥락에서라고 생각합니다.

플라톤 아무리 부족해도 개성을 존중해라. 허어 참! 어리석은 대중들의 생각을 다
받아들인다면 도대체 우리가 무엇을 할 수 있겠소? 상식적으로 생각하더
라도 대중들이 내리는 판단이나 의견(doxa)을 따르기보다는 지혜와 불변
의 진리를 추구하는 철학자들이 정치를 담당하는 것이 더 바람직하지 않
소? 무지한 이들의 의견에 의존하는 것이 얼마나 위험한 것인지는 나의 스
승이자 고매한 정신의 소유자였던 소크라테스 님의 죽음만 봐도 알 수 있
는 사실이오.

아렌트 물론 소크라테스 님의 죽음에 대해서는 저도 안타깝지만, 그런 개인적인 안타까움 때문에 선생님의 편을 들어드릴 수는 없군요. 선생님께서 주장하시는 그런 진리를 인식할 수 있는 사람들은 소수에 불과하고, 이데아라는 불변적인 세계를 지향하는 태도는 우리가 실제 살아가는 현실 세계나 감각적인 세계를 평가 절하하도록 만들어요. 동굴에 비유하면, 플라톤 님은 여기 있는 우리들 모두가 동굴 속에 살면서 진짜 햇빛을 못 보는 사람들이라고 생각하시지 않나요?

사회샘 아렌트 님. 그건 좀 지나친 말씀 같은데요.

플라톤 아니오. 계속 얘기하게 해봅시다.

아렌트 지나치긴요! 전 플라톤 님의 주장을 요약해서 말씀드리고 있는 것뿐인 걸요. 플라톤 님이 만들어 놓은 세계에서 보통 사람들이 보고 만지고 느끼는 것은 모두 허상에 불과한 것이겠죠. 진리는 우리가 도달할 수 없는 곳에 있고 오직 제대로 된 철학자만이 그것을 볼 수 있겠지요. 이런 생각에 따른다면 철학자 이외의 사람들이 가진 생각이나 가치는 존중받기 어렵고,

다비드의 1787년 작품으로 사형 판결을 받고 독배를 드는 소크라테스의 최후를 그리고 있습니다. 무지한 자들의 어리석은 판단 때문에 스승 소크라테스가 죽었다고 생각한 플라톤은 불변의 진리를 추구하는 철학자들이 정치를 담당해야 한다고 주장했습니다.

다원성은 부인될 수밖에 없다고요. 선생님과 같은 철학자들이 보통 사람을 대하는 태도도 그와 같은 것 아닌가요?

선생님이 그려놓은 동굴 속 사람들은 정치적으로 가장 중요한 '말'과 '행위'를 전혀 하지 않고 그저 벽면만 보고 있는 수동적인 인간이죠. 저는 선생님의 그와 같은 태도가 사람들로 하여금 정치로부터 멀어지게 만들고, 정치를 철학 아래에 두는 문화로 이어질까 두렵네요.

플라톤 아렌트 님은, 나를 엘리트주의자라고 비난하는 것 같군. 굳이 아니라고 말하지 않겠소. 하지만 철학자들이 가진 이성적인 사유 능력이 뒷받침되지 않는다면, 도대체 어떻게 제대로 된 정치가 가능하단 말이오?

아렌트 네, 저는 선생님을 엘리트주의자라고 생각하고, 선생님과는 정반대로 '**인간은 정치적 동물**'이라고 믿어 의심치 않습니다. 사람은 누구나 자신만의 개성을 갖고 있고, 자신의 의견을 타인에게 드러내고 의견이 다르면 서로 설득하는 정치적 행위를 하죠. 제가 생각하는 정치란 바로 이런 거예요.

플라톤 하지만 보통 사람들이 충분한 생각이나 근거 없이 주고받는 의견이 얼마나 불확실하고 변덕스럽고, 오류 가능성이 큰 지는 생각하지 않으시오? 의견의 교환? 설득? 우리 철학자들 눈에는 소크라테스 님의 결백이 그토록 명백하게 보이건만……. 무지한 재판관들은 그런 명백한 사실조차도 제대로 판단하지 못하지 않았소? 그들의 판단에 무슨 이성과 논리, 근거가 들어가 있었다고 생각하시오? 아렌트 님은 사람들이 서로의 의견을 주고받는 행위 자체만으로 의미가 있고 가치가 있다고 생각하는 모양인데, 그 결과에 대해서는 어떻게 책임질 것이오?

정치 공동체가 올바른 진리를 추구하지 않고, 변덕스런 의견에 의존할 경우 빚어지는 참사는 어떻게 막을 수 있단 말이오?

아렌트 어떻게 그 한 가지 사례만을 가지고, 모든 사람들의 정치적 행위를 부정적으로 보시는 건가요? 그거, 지나치게 성급한 일반화 아닌가요?

사회샘 아렌트 님! 많이 흥분하신 것 같은데, 진정하시고요. 플라톤 님께서는 현실이 불완전하기에 끊임없이 완전한 진리의 세계를 향하려고 노력하는 것이 우리들을 위해 더 나은 길이라 생각하셨던 것 같은데, 아렌트 님은 그러한 절대주의를 극단화하거나 오해하고 악용하는 경우 문제가 된다는 점을 지적하고 싶으신 것 같아요. 제 생각에는 정치와 다원성에 대한 두 분의 입장이 너무 달라서, 이 문제를 지금 당장 해결하기는 어려울 것 같습니다. 앞으로 시간이 될 때 논의를 더 이어가도록 하지요.

플라톤 그러지요. 너무 멀리 와서 격론을 펼쳤더니 심신이 피곤하네요. 아렌트 님! 정치 공동체의 유지와 발전을 위해 정말 필요한 게 뭔지 잘 생각해 보시오. (피곤해 보이는 플라톤 형상이 사라진다.)

다원성은 인간 존재의 근본적인 조건이다

아렌트 피곤하시면 선생님은 먼저 가세요. 저는 다원성이 얼마나 중요한지 좀 더 이야기하고 가야겠습니다. 제가 좀 더 늦게 왔으니 조금 더 있다 가도 되겠죠?

장공부 완전 열정적인 스타일이시네요. 무슨 이야기를 더 해주실지 기대돼요.

아렌트 여러분, 잠시만 조용히 제 이야기를 잘 들어 주세요. 저는 플라톤 님과 반대로 **다원성이 인간 존재의 가장 근본적인 조건**이라고 생각합니다. 특히 정치가 가능하기 위해서는 더욱더 필수적인 조건이죠.

우리는 다른 사람과 함께 살면서 말과 행위를 통해 자신을 드러내요. 그 때 말과 행위는 다른 사람과 구별되는 나만의 독특한 생각이나 가치를 보여 주죠. 만약 우리 모두가 똑같은 인간으로 머문다면 자기 실존을 어떻게 확인할 수 있나요?

진단순 실존? 그게 무슨 말이에요? 좀 더 쉽게 이야기해 주시면 안 되나요?

아렌트 생각해 보세요. 여기 한 반에 있는 학생들이 모두 똑같은 목소리를 내고, 모두 똑같이 생각하고 행동해서 아무 말도 없이 동의를 표한다면 자신만의 독특한 존재감을 느낄 수가 있겠어요?

모의심 확실히 존재감은 없을 것 같은데요…….

아렌트 그럼 그런 사람들끼리 모여서 정치를 할 수 있을까요?

장공부 그렇게 똑같은 사람들끼리라면 정치를 할 필요도 없을 것 같은데요…….

아렌트 바로 그거예요! **인간 행위의 근본적인 조건은 보편적 인간(man)이 아니라 복수의 인간들(men)이 지구 상에 살며 세계에 거주한다는 사실**에서 나오는 거예요.

이성과 논리도 중요하지만 이성적인 사유보다 중요한 것은 정치의 영역, 즉 공적인 영역에서 자기 자신의 다름을 드러내는 것 아닐까요? 저는 그게 자유로 가는 길이라고 생각합니다. 플라톤 님 식의 엘리트주의는 오히려 평범한 사람들을 지배에 예속시킬 뿐이지요.

모의심

그런데 아렌트 님, 오늘날은 과거에 비해 다원성도 많이 인정하는 편이고, 오히려 지나치게 개인의 자유나 다원성을 강조하다 보니 공동체 의식이나 뭐 그런 게 더 줄어들어서 문제가 되지 않나요?

아렌트 학생은 오늘날 사회가 우리를 더욱 자유롭게 만들어 준다고 믿고 있는 것 같군요. 그런데 정말 그런가요? 오히려 현대 사회가 언제나 구성원들에게 하나의 의견과 이해만을 갖는, 마치 거대한 가족 구성원처럼 행동하기를 요구하고 있지는 않나요?

장공부 현대 사회의 획일성을 말씀하시는 건가요?

아렌트 네, 우리는 다수의 의견, 공동의 이해와 지배적인 의견에 순응하는 태도를 자신도 모르게 요구하거나 요구받고 있습니다. 물론 옛날처럼 눈에 보이는 통치자가 명령하는 독재가 아니에요. 이제 일종의 '**익명의 지배**'가 이루어지는 거지요.

진단순 익명의 지배……. 뭔가 근사한 말인데요?

아렌트 그런 익명의 지배는 눈에 보이지 않기 때문에 주체도 불분명하고 따라서 그와 맞서 싸우려는 의지도 약해질 수밖에 없어요. 하지만 익명의 지배도 분명히 지배인 겁니다.

모의심 익명의 지배가 계속되면 어떤 일이 생기나요?

아렌트 결정적으로 이것이 행위의 가능성을 배제하게 되죠. 구성원 모두를 표준화시켜 하나의 틀에 맞게 행동하도록 하고, 결국 자발적인 행위나 탁월한 업적은 갖지 못하게 만드는 것입니다.

진단순 그래서 결론적으로 우리는 어떻게 된다는 거죠?

아렌트 '나'라는 존재가 사라지는 거죠. 모두 똑같아져서 구별할 수 없는데, 너와 내가 어디 있겠어요? 그래서 다원성이야말로 인간 존재의 가장 근본적인 조건이라는 것입니다.

사회샘 네, 이제 시간이 꽤 많이 흘렀네요. 오늘 열띤 토론과 다원성에 대한 설명 감사합니다. (시간이 되어 아렌트 형상이 사라진다.)

다원성을 존중하면서 서로 공존할 수 있는 방법을 찾자

사회샘 오늘 공부한 내용을 한번 정리해 볼까? 새로운 용어들이 많이 나와서 어려웠지? 그냥 다원주의를 공부하면서 자신이 느낀 점을 먼저 간단히 이야기해 보자.

장공부 평소 다원주의라는 말은 진짜 많이 사용하는데, 그 의미에 대해 제대로 배워본 건 처음이에요. 저는 그동안 같은 공동체에 속해 있다면 뭐든 어느 정도 통일성을 유지하는 게 좋다고 생각했어요. 그러면 결정도 빨리 이루어지고 서로 싸움도 안 나잖아요. 그런데 그런 통일성을 강조하거나 특정한 가치나 목적을 우위에 두고 이를 개인에게 강요할 경우 문제가 될 수 있겠다는 생각이 들었어요. 특히 국가가 공동체를 위한다는 명목으로 그렇게 할 경우 매우 위험할 수 있겠구나 싶어요.

진단순 전 다양성을 인정해 준다는 것이 모두 자기 마음대로 해도 된다는 것인 줄 알았는데, 그게 아니라는 것, 다원주의가 상대주의와는 다르다는 게 기억에 남아요.

모의심 친구들이 다원주의의 의미를 이해했으니, 이제 저의 남다른 시각도 좀 더 이해해 주겠죠? 하지만 그래도 저는 다원성을 인정하는 속에서 서로 합의점을 찾는다는 게 현실적으로 얼마나 가능할지는 여전히 의문이네요. 단순이와 담임 선생님이 어떻게 합의점을 찾는지 지켜봐야겠어요.

사회샘 단순이의 역할이 중요하겠다. 네가 담임 선생님과 잘 이야기해서 원만하게 합의점을 찾느냐 못찾느냐에 따라서 의심이가 다원주의에 대해 낙관적인 태도를 가질지가 결정되겠는데?

진단순 에이, 선생님! 저만 믿으세요! 그나저나 모의심이 의심 많은 건 알아 줘야 한다니까요. 오늘 이 이야기가 왜 나왔는데요, 우리와 다른 의심이의 다원성을 존중해 줘야 하느냐 마느냐 뭐 그런 문제에서 나온 건데, 막판에 자기가 도리어 다원주의의 미래를 의심하는 말을 하는 거 보면 말이에요.

모의심 학교나 사회에서는 개인의 창의성이나 다양성이 중요하다고 말하지만, 막상 다양한 입장에 맞닥뜨리게 되면 다양성을 싫어하고 획일적인 쪽을 좋아하는 것 같아요. 실제로 튀면 싫어하잖아요. 저만 해도 삐딱선을 잘 타서 가끔 분위기 싸늘해질 때가 많은데, 아직도 다원성을 존중하면 공동체의 화합이나 안정이 무너진다고 생각하는 사람들이 많은 것 같아요.

진단순 그건 의심이 말이 맞아요. 선생님들은 다원주의자가 아닌가 봐요? 아렌트님이 다원성이 인간 행위의 기본 조건이라고 했는데……. 아, 이 말 기억하고 있다가 담임 선생님한테 써먹어야지!

사회샘

그래. 단순이는 그 말 꼭 써먹고, 의심이 말대로 현실적으로는 아직 그런 문제들이 남아 있는 것이 사실이라서 뭐라 할 말이 없네. 그래도 다원성 속에서 교집합을 찾을 수 있지 않을까? 우리가 그런 가능성을 찾아보는 것도 의미 있는 일이지.

진단순 이제라도 우리가 열심히 배워서 다원성을 인정하면서도 잘 살 수 있다는 걸 보여 줘요! 그런 점에서 오늘 수업은 이쯤에서 마치면 어떨까요? 저희에게는 수업 외에도 좋은 삶이 많이 있거든요. 제가 합당한 근거를 들자면 열 개도 더 말할 수 있는데…….

사회샘 하하. 알았다, 알았어. 오늘은 이쯤에서 마무리하자.

(교무실에서 담임 선생님과 대화 중인 단순)

진단순 선생님. 저 특별 보충 수업과 관련해서 드릴 말씀 있어요.

담　임 그래, 뭔데?

진단순 제가 오늘 사회 시간에 공부한 바에 따르면, 인간은 모두 추구하는 가치가 다릅니다. (선생님을 제지하며) 아, 잠깐만요. 선생님, 이 부분에 대해서는 더 이상 반론을 제기하시면 안 돼요. 이건 엄연한 사실의 문제니까요.

담　임 뭐? 그래, 계속 이야기해 보렴.

진단순 저는 사실, 현재 교육 제도가 가진 경쟁 시스템과 맞지 않는 사람이고, 또 장래에 공부를 잘해서 좋은 대학에 가겠다거나 엄청 높은 지위에 올라가서 뭐 어떻게 해보고 싶은……. 아무튼 그런 욕심도 없습니다. 선생님도 아미, 아미, 아, 아미쉬 교도들 아시죠? 저는 그렇게 살고 싶어요. 남들한테 피해는 조금도 안 줘요.

담　임 그래서 결론적으로 하고 싶은 이야기가 뭔지 요점만 말해 봐. 쉬는 시간 다 끝나간다.

진단순 음……. 저, 다원주의 사회에서는 사람들이 추구하는 다양한 삶의 가치를 인정해 줘야 한대요. 그래야 우리 사회도 더 풍부하고, 건강하게 유지될 수 있고요. 그러니까 선생님께서도 저 좀 이해하고 인정해 주세요!

담　임 내가 너를 인정하고 존중하니까 그 많은 헛소리도 일일이 다 대꾸해 주고 들어주는 거지, 이 녀석아!

진단순 그게 아니고요. 선생님과 이 나라가 저를 걱정하는 것은 충분히 이해하지만 꼭 모든 학생들이 특별 보충 수업을 들을 필요는 없지 않을까요? 보충 수업을 듣지 않고 자라난 학생도 있어야 우리 사회의 다양성이 유지되고…….

담 임 단순아, 너 보기보다 말 잘한다. 이 정도면 국어 성적이 그 모양으로 나올 리는 없는데, 음……. 선생님 생각엔 넌 아주 무성의하게 시험을 본 거 같구나. 그게 더 괘씸한데?

진단순 아니에요. 무성의하게 본 거 절대 아니에요. 음……. 제가 다원주의를 공부하면서 곰곰이 생각해봤는데요. 저는 다원주의적인 인간이라 근본적으로 시험을 잘 볼 수가 없는 사람인 것 같아요.

담 임 그건 또 무슨 소리야?

진단순 여러 가치를 존중하려고 하다 보니, 시험지를 보면 이것도 맞는 말 같고 저것도 맞는 말 같아서 선택을 하기가 어려운 거죠..

담 임 음……. 그렇단 말이지? 그 말을 듣고 보니 오히려 네 다원성을 존중하고 키워주기 위해서라도 보충 수업을 듣게 해야겠는걸. 그 동안 공부하는 것이 갖는 가치에 대해서는 너무 모르고 지냈지? 이번에 보충 수업을 통해 공부의 가치에 대해서도 생각해 보렴, 아주 다양한 측면에서.

진단순 아니, 선생님…….

담 임 나를 설득하고 싶거든 조금 더 공부하고 와라, 응?

(교무실 밖)

모의심 야, 어떻게 되었어? 빼 준대?

진단순 아니. 좀 어려울 것 같아. 담임 선생님은 다원주의에 대해 잘 모르는 게 아닌가 싶어. 보충 수업을 듣게 하는 게 내 다원성을 존중하는 거라고 하시니……. 사회 과목이 아니라서 그런가?

장공부 야, 설마……. 너도 아는 걸 모르시겠냐? 내가 아까 옆에 지나다 들으니, 선생님이 한 수 위에 계시던데 뭐. 그리고 너 다원주의자라서 시험을 못

본거라고 했지? 뭐, 이것도 답 같고 저것도 답 같다고, 얘 이거 완전히 상대주의에 빠진 거 아냐? 너 수업 제대로 들은 거 맞아?

모의심 어휴……. 너, 그냥 보충 수업 계속 들어라.

진단순 아니, 조금만 더 공부하고 오면 곧 넘어올 것 같아. 내가 다원주의 어쩌고 하니까 눈빛이 살짝 흔들렸거든. 선생님도 당황한 거지. 내가 이렇게 나올 줄은 몰랐을 테니까. 아, 그러고 보니 아렌트 님 얘길 빼 먹었네. 에이, 그거면 완전 나의 승리였을 수도 있는데……. 자, 친구들, 이제 빨리 가서 짜장면이나 먹자!

모의심 난 짬뽕!

장공부 난 볶음밥 먹을래!

존 듀이, 『The Ethics of Democracy(민주주의의 윤리학)』, 『Pragmatism』

　민주주의는 한마디로 개인성(personality) 이 처음이자 마지막 실재라는 것을 의미한 다. 민주주의는 한 사람의 개인성이 사회 내 에서 객관적인 형태로 그에게 완전하게 보장 되어 있을 경우에만 학습될 수 있다. 또한 개 인성의 실현을 위한 주된 자극과 격려가 사회 로부터 온다는 것도 인정한다. 그러나 그럼에 도 불구하고 민주주의는 아무리 타락하고 연 약한 존재라 하더라도 그의 개인성이 어떤 누 군가를 위해 이용되어서는 안 되며, 아무리 현 명하고 강한 사람이라 하더라도 그 사람에 의 해 이용당해서는 안 된다는 것을 고수한다. 민

존 듀이(John Dewey)

주주의는 개인성의 정수가 모든 개개인의 사람들에게 있으며, 그것을 발달시키기 위한 선택은 그 개인에게서 비롯되어야 한다고 주장한다.

조너선 색스, 『차이의 존중』, 말글빛냄

　인간으로서 우리가 존엄한 것은 어느 누구도 다른 사람과 같지 않기 때문이다. 일란성 쌍둥이라 해도 서로 다르다. 그러므로 우리는 저마다 대체 불가능한 존재이 며, 특정한 유형에 속한 한 가지 사례에 불과한 존재가 아니다. 우리가 단순한 유기 체나 기계가 아니라 사람인 이유가 바로 여기에 있다. 그런데도 우리의 공통성만이 중요한 문제라면, 차이는 극복해야 할 장애 요소에 지나지 않을 것이다.

한나 아렌트, 『정치의 약속』, 푸른숲

정치학이 형성될 수 있는 장소를 철학에서 발견할 수 없었던 데는 두 가지 이유가 있다. 그중 하나는, 단수의 인간 속에 인간의 본질에 속하는 어떤 것이 있다는 가정이다. 간단하게 말해서 이는 그렇지 않다. 단수의 인간은 비정치적이다. 정치는 복수의 인간들 사이에서 생겨나며, 단수의 인간의 외부에서 생겨난다. 그러므로 진정한 정치적 실체란 존재하지 않는다. 정치란 복수의 인간들 사이에 있으며, 관계 속에서 발생한다.

한나 아렌트, 『인간의 조건』, 한길사

행위의 불행은 모두 인간 조건인 다원성에서 발생한다. 다원성은 공론 영역인 현상의 공간을 위한 필수 조건이다. 그러므로 다원성을 제거하려는 시도는 언제나 공론 영역 자체를 제거하려는 시도와 같다. 다원성의 위험으로부터 벗어날 수 있는 가장 분명한 구제책은 전제 정치 또는 일인 통치이다.

활동지

하나의 잣대로만 세상을 보게 된다면?

〈자료〉 사라예보의 총성

병 사 : 1992년 제 고향 사라예보에서 끔찍한 전쟁이 일어나기 전까지 저는 전파
상을 운영하는 평범한 가장이었죠. 1992년부터 2년 동안 인종청소라고 불
릴 만큼 끔찍한 날들이 계속되었는데, 아마 세계 역사에 유례가 없는 일이
었을 거예요. 아……, 20년이 지난 지금 생각해도 정말 괴로워서 떠올리고
싶지도 않네요.

장공부 : 어떤 나라랑 전쟁을 한 거예요? 왜 그렇게 끔찍한 전쟁을 하게 된 거죠?

병 사 : 세르비아인 대 비(非)세르비아인의 인종 갈등이 배경이었죠. 저희 보스니
아는 본래 세르비아계, 크로아티아계, 보스니아계의 세 인종이 섞여 사는
다인종 국가이면서 무슬림, 천주교, 세르비아 정교라는 세 종교가 공존하
는 다종교 국가였어요. 그런데 어느 날 갑자기 세르비아군이 사라예보를
포위하더니 하루 평균 300개 이상의 포탄을 도시에 떨어뜨리는 거예요.
가장 많은 날은 거의 4천 개 가까이 떨어졌다고 들었어요. 당연히 도시는
잿더미가 되었고, 세르비아계를 제외한 다른 민족 여성들을 대상으로 집단
강간도 이뤄졌어요. 내전 전의 보스니아 인구가 499만 명이었는데 이후에
399만 명으로 줄어들었다고 하니 진짜 엄청나게 많은 사람들이 죽은 거죠.

진단순 : 정말 끔찍하네요. 아저씨도 그 전쟁에 참가했나요?

병 사 : 누구나 그 자리에 있었다면 자의든 타의든 전쟁에 개입할 수밖에 없었을
거예요. 하지만 저는 그 때도 뭔가 혼란스러워서 쉽게 총을 들 수가 없었
답니다. 그게……. 인종만 다르다 뿐이지 어제까지 이웃집에서 술친구로
지낸 사람들도 적이 되고, 딸아이의 친구도 적이 되니 뭐라 말할 수 없는
그런 기분이었어요. 그런데 그때 한 장군이 제게 말했어요. ㉠ "이곳의 어
떤 사람들은 전쟁을 실제보다 더 복잡하게 생각하고 싶어 하지. 자네도 그
들 중 하나라면, 내가 사라예보의 현실을 말해 주겠네. 우리가 있고, 저들

60

이 있어. 모든 사람이 이 두 개의 무리 중 하나에 속하지. 자네가 어느 쪽에
서 있는지 잘 알고 있길 바라네." 그 말을 들으니 복잡하던 머릿속이 깨끗
이 비워지는 느낌이었어요.

모의심 : 아……. 그 장군의 말은 뭔가 무섭네요.

병 사 : 네, 무서운 말이었죠. 그 말을 듣고 보니 세상 모든 사람이 둘로 나뉘더라
고요. 더는 고민할 필요가 없었죠.

진단순 : 지금은, 후회하시는군요.

병 사 : 네, 후회해요. 그 전쟁터에서라면 누구나 나처럼 행동할 거라고 생각했는
데, 안 그런 사람을 봤거든요. 한 유명한 첼리스트가 총탄이 오가는 그곳
에서 매일 오후 4시에 죽은 사람들의 넋을 기리는 연주를 했어요. 그리고
그 순간에는 아무도 총을 쏘지 않았
지요. '어떻게 그렇게 할 수 있었을
까…….' 생각하니, 제 자신이 한없이
부끄러워졌어요. ⓒ 저는 그들의 행
동을 미워한 게 아니라, 계속되는 전
쟁 속에서 증오심에 눈이 멀었던 것
같아요. 제 눈을 멀게 했던 건, 그들
을 하나의 집단으로 생각했던 저의
관념이었지요.

전쟁으로 파괴된 사라예보(출처 위
키피디아)

장공부 : 하지만 아저씨도 그 당시엔 어쩔 수
없는 면이 있었잖아요. 너무 괴로워
하지 마세요.

– 스티븐 갤러웨이 〈사라예보의 첼리스트〉 참조, 문학동네 –

1. 밑줄 친 ㉠에서 장군의 말은 어떤 점에서 무섭다고 생각하는가?

   (장군과 같은 태도는 어떤 결과를 낳을 수 있는가?)

2. 아래의 낱말을 활용하여 병사가 가지고 있었을 정체성을 장군의 말을 듣기 전과 후로 구분하여 그림으로 그려 보자.

보스니아인, 세르비아인, 딸의 아버지, 마을 술친구, 전파상, 한 집안의 가장

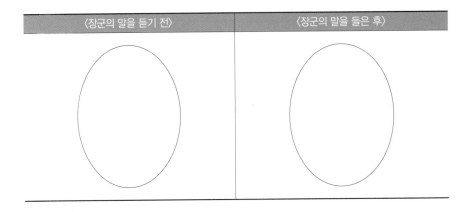

3. 밑줄 친 ⓒ에서 "사람들을 하나의 집단으로 대한다."는 말이 무엇을 의미하는 생각해 보자.

02

개인주의

독서 감상문 숙제 어떡하지?

진단순 어떡하지? 내일까지 독서 감상문 숙제 제출해야 하는데……. 뭘 쓸까? 책 내용은 머리에 떠오르지도 않고, 몇 시간째 이게 뭐하는 거야. 모르겠다. 제출하지 말까? 아니야. 뭐라도 적어서 내는 게 좋겠지. 그럼 뭘 적지? 내가 잘 알고 있는 것 중에서……. 애국가를 써볼까? 아니……. 애국가도 길어. 참, 국기에 대한 맹세가 있었지. 그래, 그거라도 쓰자.

					독	서		감	상	문		숙	제					
															진	단	순	
	나	는		자	랑	스	러	운		태	극	기		앞	에		자	유	롭
고		정	의	로	운		대	한	민	국	의		무	궁	한		영	광	을
위	하	여		충	성	을		다	할		것	을		굳	게		다	짐	합
니	다	.																

진단순 역시 내가 국기에 대한 맹세 하나는 잘 적지. 됐다. 이제 숙제했으니 씻고 자야지! (단순이는 화장실에 간다.)

아버지 이 녀석 요즘은 숙제 잘하고 있는지 궁금하네. 단순아, 방에 있냐? 들어가
도 되겠니? 대답이 없네. 잠을 자나? 단순아, 아버지 들어간다. 얘가 어디
갔지? 화장실에 갔나? 요즘 공부는 어떻게 하고 있나, 어디 한번 보자. 독
서 감상문 숙제라……. 어라, 이게 뭐야? 독서 감상문 숙제에 국기에 대한
맹세를 적어? 이 놈 참, 어이가 없네. 어디 들어오기만 해봐라!

진단순 어? 아버지! 어떻게 제 방에 마음대로 들어오실 수가 있어요? 여기는 엄연
히 제 개인적인 공간이라고요. 제 사생활은 존중해 주셔야죠.

아버지 아니, 노크했는데, 대답이 없어서 무슨 일이 있나 하고 문을 열고 들어온
것뿐이다. 몰래 들어온 게 아니고.

진단순 아버지, 제가 없으면 나중에 오셔야죠. 그리고 제가 없는 사이에 뭐 하신
거예요?

아버지 뭘 하긴……. 아무 것도 손 안 댔다. 그냥 책상에 왔다가 너 감상문 쓴 게
보여서…….

진단순 이럴 줄 알았어요. 제 독서 감상문을 왜 읽어요?

아버지 그건 미안하다. 이 녀석, 하지만 나도 할 말은 해야겠다. 독서 감상문이 그
게 뭐냐? 아무리 쓸 게 없어도 그렇지, 세상에……. 독서 감상문 숙제로 국
기에 대한 맹세를 적는 애가 어디 있냐? 내가 단정하고 순수하게 자라라는
의미로 이름을 단순이라고 지었거늘……. 어째 뭐든지 단순하게만 하려고
하니 걱정이다, 이 녀석아…….

진단순 그건요. 사실, 책을 읽긴 했는데, 재미도 없고 무슨 말인지 잘 모르겠고.
그런데 숙제는 해야 하니까요. 안 한 것보다는 뭐라도 적어서 내는 게 좋
지 않아요? 그래서 제가 잘 알고 있는 것을 적었는데요. 잘못했어요.

아버지 아무리 적을 것이 없다고 독서 감상문으로 국기에 대한 맹세를 적어? 하긴
국기에 대한 맹세도 제대로 못 적으니……. 쯧쯧.

진단순 아버지, 무슨 말씀이세요. 제가 이래 봐도 국기에 대한 맹세 하나는 우리
반에서, 아니 전교에서 제일 정확하게 알고 있다고요. 애국 조회 시간에

딴짓하다가 걸려서 벌로 국기에 대한 맹세를 10번이나 적어서 국기에 대한 맹세는 눈 감고도 줄줄 쓸 수 있어요.

아버지 이놈아, 고작 10번 쓴 것 가지고 번데기 앞에서 주름 잡니? 나는 초등학교 때부터 고등학교까지 무려 12년간 국기에 대한 맹세를 외우고 다녔어. 우리 때는 시험도 봤었지. 외우지 못한 사람은 100번씩 쓰고 그랬단다. 나도 틀려서 얼마나 많이 썼다고, 아마 너보다 더 하면 더 했지…….

진단순 아버지도 참……. 그게 자랑이라고……. 근데 어쨌든 오래돼서 잊어버리셨나 봐요. 제가 틀렸다니!

아버지 아니, 이 녀석이 그래도 아버지를 못 믿겠다는 거냐?

진단순 그럼 아버지가 한번 외워 보세요.

아버지

그래, 그럼. "나는 자랑스러운 태극기 앞에 조국과 민족의 무궁한 영광을 위하여 몸과 마음을 바쳐 충성을 다할 것을 굳게 다짐합니다."

진단순

어? 그게 뭐예요? 완전 이상한데……. 조국과 민족은 뭐고, 몸과 마음을 바쳐요? 그게 국기에 대한 맹세예요?

아버지 이 녀석아! 아버지가 너한테 거짓말을 왜 하겠어? 도대체 너는 독서 감상문 숙제로 국기에 대한 맹세 쓰는 것도 모자라 그것마저도 틀리게 적고……. 어휴! 정말 한심하다.

진단순 아버지, 정말 아니라니까요! 제가 국기에 대한 맹세만큼은 정말 자신 있는데, 아무래도 아버지가 학교를 다니신지 정말 오래되어서 착각하신 게 틀림없어요.

아버지 이 녀석이 그래도, 그럼 우리 내기할까?

진단순 네, 제가 맞으면 용돈을 두 배 올려 주세요.

아버지 그래. 그럼 내가 맞고 네가 틀리면 이번 달 용돈은 없다.

진단순 내일 선생님께 가서 여쭈어 보고 제가 맞다는 걸 꼭 증명해 보이겠어요.

아버지, 딴말하시면 안 돼요.

아버지 너나 딴말하지 말거라.

(다음날)

진단순 모의심, 잘 만났다. 국기에 대한 맹세 한번 외워봐!

모의심 갑자기 국기에 대한 맹세는 왜? 귀찮은데…….

진단순 하라면 좀 해봐. 대답은 나중에 할 테니까. 내가 나중에서 용돈 받으면 맛
있는 것 사줄게.

모의심 좋아. 좀 의심스럽긴 하지만 믿어 보지. 약속 꼭 지켜. "나는 자랑스러운
태극기 앞에 자유롭고 정의로운 대한민국의 무궁한 영광을 위하여 충성을
다할 것을 굳게 다짐합니다."

진단순 역시……. 내가 쓴 것과 똑같잖아.

모의심 뜬금없이 왜 국기에 대한 맹세야? 빨리 이유를 말해 줘.

진단순 (모의심 말 무시하고) 의심이 너 하나로는 불안해. 음……. 이런 건 장공부가
확실하겠지? 장공부한테도 한번 시켜봐야겠다. 공부는 어디 있지? 어, 저
기 오는구나. 장공부!

장공부 어? 단순아. 왜 그렇게 날 반가워하고 그래?

진단순 공부 너한테 내 운명이 달렸다. 너, 국기에 대한 맹세 한번 읊어 봐.

장공부 아니, 오늘 조회도 없는데 국기에 대한 맹세를 읊어 보라니? 설마 너 또 국
기에 대한 맹세로 반성문 쓰니?

진단순 나중에 말할게. 일단 한번 외워봐.

장공부 그래, 알았어. "나는 자랑스러운 태극기 앞에 자유롭고
정의로운 대한민국의 무궁한 영광을 위하여 충성을 다할
것을 굳게 다짐합니다."

진단순 그래, 공부도 내가 쓴 국기에 대한 맹세와 똑같네. 역시 내가 맞았어. 아
자! 용돈이 두 배로 올라가는 소리가 들리는구나.

66

모의심 그런데 정말 무슨 일이냐니까?

진단순 사실 어젯밤에 독서 감상문 숙제로 국기에 대한 맹세를 적었는데, 아버지 께서 그걸 보시고 어찌나 화를 내시던지.

장공부 독서 감상문은 안 적고 국기에 대한 맹세를 적으니 화를 내실 만하네.

진단순 중요한 건 그게 아니라니까. 아버지 말씀이 내가 국기에 대한 맹세를 잘못 적었다는 거야. 너희들도 알겠지만 내가 정말 국기에 대한 맹세만큼은 자 신 있잖아.

모의심 그렇긴 하지. 국기에 대한 맹세할 때 장난치다가 걸려서 벌로 반성문을 10 번이나 적은 게 며칠 지나지도 않았는데. 아무리 단순이 네 머리가 나쁘다 고 해도……. 하하.

진단순 뭐, 놀려도 좋아. 하여튼 내가 확실하게 적었는데, 아버지 말씀은 내가 잘 못 적었다는 거야. 아버지가 학교 다닐 때 외운 '국기에 대한 맹세'는 이게 아니래. 그 사이에 나라나 국기가 바뀐 것도 아닌데 국기에 대한 맹세가 바뀔 리가 없지. 아무튼 너희들 덕분에 내 용돈이 두 배로 올라갈 것 같다.

장공부 그런데 네 아버지가 외운 '국기에 대한 맹세'는 어떻게 되어 있었는데?

진단순 뭐 좀 비슷한데, 이상한 얘기가 많이 적혀 있더라고. 혹시나 해서 여기 어 디 적어 놓았는데, 어……. 여기 있다.

> 나는 자랑스러운 태극기 앞에 조국과 민족의 무궁한 영광을 위하여 몸과 마음을 바쳐 충성을 다할 것을 굳게 다짐합니다.

모의심 어? 진짜 비슷하긴 한데, 좀 다르네.

진단순 '국기에 대한 맹세' 전문가인 내가 한마디하면, 아버지가 말씀하신 걸 보면, **"자유롭고 정의로운 대한민국"** 대신에 **"조국과 민족"**이라 는 말을 썼고, **"몸과 마음을 바쳐"**라는 부분이 들어가 있어.

장공부 진단순, 너 많이 발전했다. 정확하게 비교할 줄도 알고.

진단순 하하, 내가 용돈이 두 배라는 소리에 얼마나 심혈을 기울여 정리한 건데. 이 정도면 아버지와 내기는 나의 승리다!

모의심 그런데, 정말 이상하긴 하다. 단순이 아버지도 지금까지 자연스럽게 외우고 계신 걸 보면 착각하신 게 아닌 것 같기도 한데…….

진단순 무슨 소리야, 모의심! 아버지가 틀리고 내가 맞아! 너희들도 내가 외운 게 맞다고 했잖아.

모의심 그렇긴 한데……. 단순이 네 아버지가 그렇게 단순한 분은 아니실 텐데 말이야.

장공부 혹시 모르니까, 선생님께도 여쭤 보자.

국기에 대한 맹세는 왜 바뀌었을까?

사회샘 너희들 무슨 일인데 오늘도 시끄럽니? 오늘따라 특히 단순이의 눈에 불꽃이 보이네.

진단순 아니, 선생님! 제가 독서 감상문 숙제로 국기에 대한 맹세를 적었는데……. 아, 그 얘긴 됐고요, 하여튼 제가 적은 국기에 대한 맹세가 맞는지 봐주세요.

장공부 단순이 아버지가 알고 있는 국기에 대한 맹세가 저희가 알고 있는 거랑 다른데 어느 게 맞는지 확인 좀 해주세요.

모의심 단순이 아버지가 단순이가 맞으면 용돈을 두 배로 올려 주신다고 했대요.

진단순 네, 선생님! 공정한 판단을 부탁드립니다. 그리고 인증 사진도 꼭 부탁드려요.

사회샘 단순아, 어떡하지? 둘 다 맞아.

진단순 아니, 그게 무슨 말씀이세요?

사회샘 국기에 대한 맹세가 2007년에 바뀌었어. 그러니까 단순이 아버지께서 학창 시절에 외운 국기에 대한 맹세도 맞고 지금 너희가 외운 국기에 대한 맹세도 맞지.

진단순 그런 게 어디 있어요. 그런 걸 왜 바꾼대요? 어쨌든 현재 국기에 대한 맹세는 제가 외운 게 맞지요?

사회샘 그래, 현재를 기준으로 보면 단순이 네가 맞아.

모의심 선생님, 그런데 국기에 대한 맹세가 왜 달라졌어요? 혹시 태극기도 바뀐 거 아냐?

사회샘 태극기는 그대로인데……. 국기에 대한 맹세가 바뀐 이유보다 먼저 바뀐 내용부터 말씀해야겠는데.

진단순 아, 그거야 아까 애들하고도 확인했어요. 아버지가 말씀하신 것에는 '자유롭고 정의로운 대한민국' 대신에 '조국과 민족'이 있고, '몸과 마음을 바쳐'라는 표현도 있던데요?

사회샘 단순이가 국기에 대한 맹세 전문가구나. 단순이 지적이 맞아. '조국과 민족'은 세계화 시대에 부적합하다는 이유로……. 또 '몸과 마음을 바쳐'는 국가가 개인의 희생을 지나치게 강요한다는 비판이 있어서 바뀐 거란다.

장공부 개인이 국가를 위해 희생하는 건 훌륭한 일 아닌가요? 그게 왜 문제가 되는지 잘 모르겠는데요?

사회샘 사람들이 자신이 속한 국가를 위해 자발적으로 희생하는 것은 훌륭한 일이지. 문제는 국가의 이익을 내세워 개인에게 일방적인 희생을 강요하는 경우라고 할 수 있지.

모의심 하긴, 무조건 희생하라고 하는 건 좀 심한 듯.

사회샘 기록에 따르면 '국기에 대한 맹세'는 1968년부터 충남 지역 학교에서 쓰던 거라고 하는구나. 원래는 "나는 자랑스러운 태극기 앞에 조국의 통일과 번영을 위하여 정의와 진실로서 충성을 다할 것을 다짐합니다."였다는데……. 이것이 1972년 박정희 대통령 당시 정치적으로 국민들을 동원할 필요에서 바꿔 사용하게 되었던 거지. '정의와 진실로서' 충성하는 것과 '몸과 마음을 바쳐' 충성하는 것은 좀 다르게 들리지 않니?

진단순 저는 그게 그거 같은데…….

장공부 선생님 얘기를 듣고 보니, 몸과 마음까지 다 바치는 것은 좀 과하다 싶네요.

사회샘 우리 한번 생각해 보자꾸나. 과연 개인의 이익을 고려하지 않는 국가의 이익이란 무엇을 말하는 걸까? 그리고 그런 국익이 있다고 하더라도 국익을 내세워 개인에게 희생을 강요하는 것이 정당화될 수 있을까?

진단순 에이, 선생님. 또 수업하시려는 거죠? 생각할 필요가 없을 텐데. 국가를 위해 개인이 희생하다니요. 솔직히 그런 건 교과서에나 나오는 얘기지. 그런 게 가능할 리가 없잖아요. 그럼, 수업은 이만 끝.

모의심 아니, 국가나 민족을 내세워서 개인을 희생시킨 경우가 있지 않나요? 역사 시간에 배운 적이 있는 것 같은데.

진단순 뭐라구? 그런 경우가 있단 말이야!

사회샘 그럼, 있지. 그리고 사실 많았지.

장공부 단순아, 수업을 일찍 끝내기는 어렵겠는데?

진단순 아……. 또 실패야? 도대체 국가를 위해 개인을 희생시키다니, 그런 말도 안 되는 시례에는 어떤 것들이 있어요?

국가의 전쟁 승리를 위해 자살을 강요하기도 했다

사회샘 그 전형적인 예로 제2차 세계 대전 당시 일본의 '가미카제(神風) 특공대'를 들 수 있지.

모의심 가미카제요? 그게 뭐예요?

사회샘 원래 가미카제는 '신의 바람(神風)'이라는 뜻인데. 과거 몽골이 일본을 침공했을 때 큰 바람이 불어서 몽골군을 침몰시키는 바람에 일본이 위기에서 벗어난 적이 있었거든. 그래서 가미카제라고 하면 일본에서는 나라를 지키는 상징처럼 알려져 있지.

진단순 오! 신의 바람이 나라를 지키다니. 멋있는데요?

사회샘 그래? 하지만 제2차 세계 대전에서 가미카제는 그렇게만 생각할 수 없을 것 같구나. 자세한 얘기는 당시 전쟁에 참전했던 일본 군인 한 분을 불러서 이야기 들어 보도록 하자. (소환기를 조작한다.)

태평양 전쟁 중 출격에 나선 일본 가미카제 특공대 조종사들입니다.

(일본 군인 등장)

일군인 안녕하세요?

진단순 아……. 나는 일본 싫은데…….

장공부 저도요. 심지어 군인이라니……. 일본군은 전쟁을 일으켜서 많은 사람들을 죽였잖아요. 우리나라도 침략해서 국권을 빼앗고…….

사회샘 오늘 모신 분은 당시 일본군에 속해 있었지만 일본군의 행위에 대해 비판적으로 생각하시는 분이란다. 당시 상황에 대해 들어 보기 위한 거니까 너무 반감을 갖고 대하지는 않았으면 좋겠구나.

일군인 네, 여러분들이 일본에 대해 나쁜 감정을 갖고 있는 것은 알고 있습니다. 특히 제2차 세계 대전 당시 일본을 생각하면 그럴 만도 하지요. 충분히 이해는 하고 있습니다.

모의심 그럼 아저씨는 당시 일본군의 행위에 대해 문제가 있다고 생각하시는 건가요?

일군인 네, 그렇습니다. 어떤 식으로든 전쟁을 일으킨 것은 비판받아 마땅하지요.

하지만 모든 일본인들이 그렇게 전쟁을 좋아하고 일본군의 나쁜 행위에 대해 찬성한 것은 아니랍니다. 저희들도 어느 정도는 피해자란 말입니다.

진단순 아니, 전쟁을 일으켜놓고 피해자라니요? 아……. 이래서 일본이 싫다니까…….

일군인 그런 얘기가 아니라……. 사실 수많은 일본인들은 평화를 사랑합니다. 단지 국가를 주도하는 일부 사람들이 전쟁을 택하고 국가라는 이름 아래 다수의 일본 국민들을 그 전쟁에 말려들게 했던 것이죠. 그런 의미에서 저를 포함한 일본 국민들도 피해자라는 것입니다. 절대 전쟁의 잘못을 회피하려는 것이 아닙니다.

모의심 국가라는 이름 아래 전쟁에 말려들게 했다고요?

일군인 네, 그렇습니다. 사실 전쟁을 일으킨 것은 더 많은 영토를 차지하기 위해 대륙을 점령하려는 일부 군국주의자들이었지요. 전쟁을 하려면 수많은 국민들이 동원되어야 하는데, 일본 국민들이라고 해도 그걸 좋아할 리는 없지 않겠습니까?

장공부 그렇게 보면 국가의 이익도 아니네요. 전쟁을 원한 건 일부 사람들이었고 그들이 국가의 이익이라는 미명(美名) 아래 일으킨 전쟁의 승리를 위해 수많은 개인들을 희생시킨 거네요.

일군인 맞습니다. 제가 나오기 전에 가미카제 얘기를 하는 것 같던데, 가미카제 특공대만 해도 이름만 거창하지 분명 전쟁 승리를 위해 수많은 개인들을 희생시킨 것에 불과하죠.

진단순 아저씨, 자세히 설명 좀 해주세요.

일군인 가미카제 특공대가 만들어진 당시는 우리 일본이 전쟁에서 상당히 불리한 입장에 있었을 때였죠. 지금에서야 알게 된 거지만 거의 패색이 짙었다고 할 수 있죠. 당시 미국 함대가 전투기를 동원해서 우리를 공격하고 있었는데, 우리 일본군은 불리한 상황을 극복하기 위해 일종의 자살 특공대를 조직했습니다.

모의심 자살…… 특공대요?

일군인 네, 그렇습니다. 당시 필리핀 근방에서 일본군 중위였던 조종사 4명이 각
각 250kg의 폭탄을 싣고서 미국 항공모함을 향해 돌진했던 게 시작이었습
니다. 엄청난 폭발과 함께 전투기는 흔적도 없이 사라졌고 물론 미국군도
큰 피해를 입었지요.

미국 군함을 향해 돌진하다 사격을 받고 화염에 휩싸인 가미카제입니다.

장공부 폭탄을 싣고 자폭 공격을 한다? 생각만 해도 끔찍해요!

일군인 그것은 시작에 불과한 것이었죠. 그 이후로 우리는 계속해서 특공대를 조
직했고 수많은 일본군 조종사들이 자폭 공격으로 목숨을 잃었답니다. 전
쟁 승리라는 국가의 목표 아래 개인의 목숨은 별로 중요하게 생각하지 않
았던 것입니다.

모의심 하지만 그렇게 자폭 공격이 가능했던 건 그런 자폭을 감행한 사람들이 동
의했다는 거잖아요. 자발적으로 한 거라면 국가가 개인의 희생을 강요한
거라고 보기는 어렵지 않나요?

일군인 물론 그렇게 자발적으로 한 사람들도 있었습니다. 일본의 전쟁 승리를 위
해, 또 천황을 위해 목숨을 바치는 것이 명예롭다고 생각한 사람들이 있었
죠. 하지만 모두가 그랬던 것은 아닙니다. 어쩌면 대부분의 사람들이 그런

생각을 강요당했다고 봅니다.

장공부 생각을 강요당했다고요?

일군인 네, 그렇습니다. 사실 전쟁 상황에서 일본군 지도부는 계속된 정신 교육을 통해 일본의 전쟁 승리를 위해 목숨을 바쳐야 한다고 목소리를 높였지요. 앞서 자폭을 감행했던 사람들은 모두 본보기가 되었습니다. 모두들 무서워하면서도 천황이 주는 술이라면서 그 술을 마시고는 "덴노헤이카 반자이!(천황 폐하 만세!)"를 외치며 비행기를 탔어요. 그런 상황에서 나는 비행기를 타지 않겠다고 말할 수 있었겠습니까? 아마 그랬다가는 군대의 사기를 떨어뜨린다고 바로 처형당했을 것입니다.

진단순 그냥 자폭 안 하고 그 비행기를 타고 도망가면 되지 않나요?

장공부 단순아, 전쟁 중에 전투기를 타고 도망가는 게 가능이나 하겠니? 그렇게 단순하게 생각하다니…….

일군인 참, 그러고 보니 나중에서야 알게 된 것이지만, 당시 비행기를 타고 출격하는데 적지로 날아갈 연료는 있었지만 돌아올 연료까지는 없었어요. 그냥 가서 죽으라는 뜻이었죠.

진단순 예? 연료가 없다고요? 그럼 도망도 못 가고 그냥 목숨을 바치고 죽으라는 거네. 와, 심하다.

사회샘 국가의 전쟁 승리를 위해서라면 개인의 목숨은 별로 중요하지 않다는 생각, 이게 바로 제2차 세계 대전 당시 가미카제 특공대 사례에 드러난 일본의 전체주의적 사고라고 할 수 있지.

장공부 전체를 위해서 일부를 희생시키고 국가를 위해 개인을 희생시킨다는 건데, 만약 자신이 그 일부이고 또 희생당하는 개인이라면 그렇게 쉽게 말할 수 있을지 의문이네요.

모의심 선생님, 저도 물론 가미카제 특공대 사례가 심하다고 생각해요. 그렇지만 전쟁 상황이니까 그런 식으로 개인보다 전체를 우선시하는 생각도 충분히 나올 수 있었던 게 아닌가 싶어요.

사회샘 그래, 의심이 말도 맞는 말이야. 전쟁과 같은 상황은 항상 인간을 극단적
인 선택으로 몰아가는 경향이 있지.

모의심 그래서 말인데요. 전쟁 같은 상황이 아닌 데도 국가의 이익을 위해 개인을
희생시킨 사례가 있나요?

사회샘 음, 이 사례를 살펴보면 좋겠구나.

사회적으로 열등한 사람들은 아이를 가지지 않아야 한다?

벅 대 벨 사건

정신지체자의 딸로 태어난 캐리 벅
은 다른 가정에 입양이 되었다. 그녀
가 6학년이 되던 때 양부모의 조카가
그녀를 성폭행하는 일이 벌어졌다. 그
런데 벅의 양부모는 이 사실을 숨기기
위해 벅을 '정신박약'으로 몰았다. 실
제로는 학교에서 성적도 중간 이상이
었던 벅이었지만 이런 사실은 묻혔고
그녀가 정신적으로 문제가 있다는 점
만 부각되었다. 그 결과 벅은 간질병
환자들이 수용되는 시설에 감금되었
다. 당시 벅의 친어머니는 벅을 수용

왼쪽은 캐리 벅, 오른쪽은 그녀의 어머니인 엠마
벅입니다.

시설에서 구하려고 노력했지만 수용소에서는 벅이 정신박약자여서 같은 증상의 자
녀를 출산할 수 있기 때문에 불임수술을 받아야 하며, 그렇게 하지 않을 경우에는 수
용소에서 나갈 수 없다고 주장했다. 이 문제는 법원으로 가게 되고, 당시 연방대법원
에서는 수용소 측 벨의 주장에 손을 들어 주었고 결국 벅은 불임수술을 받게 되었다.

진단순 아니, 이게 뭐예요? 잘못을 저지르지도 않은 사람에게 이렇게 누명을 씌우
다니!

장공부 벅이 너무 불쌍해요. 결국 불임수술을 받은 거잖아요. 도대체 법원은 어떻게 저런 결정을 내릴 수가 있는 거죠?

사회샘 안타까운 일이지만 당시에는 벅처럼 정신적으로 부족한 사람은 아이를 낳을 권리도 없어야 한다고 생각한 사람들이 많았단다.

모의심 근데 선생님. 벅 대 벨 사건이 매우 충격적이긴 하지만 이 사건이 국가를 위해 개인을 희생시킨 것과 무슨 관계가 있나요?

사회샘 그래, 의심이가 좋은 질문을 했어. 사실 이 벅 대 벨 판결이 내려질 수 있었던 배경에는 '우생학 프로그램'이 있었단다. 특히 주목할 것은 이 판결이 내려진 이후에 '우생학 프로그램'이 미국 전역으로 퍼져 나갔다는 거지.

진단순 우생학이요? 우생순(영화 우리 생애 최고의 순간)인가는 들어 봤는데, 우생학은…….

사회샘 우생학 프로그램에 대해서 알아보기 위해 우생학의 창시자이신 갤턴 님을 한번 불러보자꾸나. 갤턴 님. 나와 주세요. (소환기로 부르자 갤턴이 나타난다.)

갤 턴 안녕하세요? 프랜시스 갤턴이라고 합니다.

사회샘 갤턴 님은 진화론으로 유명한 다윈의 사촌이기도 하지.

진단순 진화론이고 뭐고 딱 보니까 답답해 보이는 게 공부만 하신 분 같네요. 지루하겠다.

장공부 갤턴 님은 도대체 무슨 얘기를 했기에 벅 대 벨 판결과 같은 게 내려질 수 있었던 거죠?

모의심 맞아요. 우생학이 도대체 뭐예요?

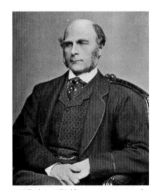

프랜시스 갤턴(Francis Galton)

갤 턴 아이고……. 먼저 한 가지 짚고 넘어가야 할 사실이 있어요. 저는 우생학 이론을 만든 것이지, 실제 이 이론을 바탕으로 우생학 프로그램을 실시한 것은 아니랍니다.

진단순 그게 그거지요. 뭔가……. 뒤가 구린 것 같아요. 갤턴 님, 빨리 말씀해 보세요.

갤 턴 어휴, 조금 진정하고 들어 보세요. 저는 다윈의 진화론에 영향을 받아서 인간도 진화할 것이라는 가설을 세웠습니다. 실제로 저는 영국 상류층을 조사했는데, 그들의 높은 지위 역시 유전적 우월성에 기초하고 있다는 결론을 내리게 되었던 것이죠. 이 결론에 따른다면, 결국 인간이 가진 우수한 속성의 유전자를 발전시킬 때 인간이라는 종 자체가 발전할 수 있다는 말이 되죠. 바로 이게 우생학입니다.

장공부 하지만 갤턴 님, 인간을 발전시키기 위해 우월한 유전자만 발전시켜야 한다면 열등한 유전자를 가진 사람들은 어떡하라는 얘기죠?

갤 턴 그게, 제 입으로 말하기는 좀 그렇지만 그런 열등한 유전자는 인간의 발전에 도움이 안 되죠.

진단순 아니, 선생님! 듣자 듣자 하니까 그럼 저같이 공부 못하는 애들의 유전자는 없어도 된다는 얘기인가요?

모의심 맞아요. 도대체 열등하다는 기준이 뭔데요? 갤턴 님 생각 자체에 문제가 있네요.

갤 턴 역시나 많은 비판을 받을 줄 알았습니다. 하지만 저는 그런 열등한 유전자를 없애야 한다고 말하지는 않았어요. 그런 식의 주장을 한 것은 다시 말하지만 '우생학 프로그램'이랍니다.

모의심 그렇지만 결국 우생학 프로그램이 우생학에 기초하고 있는 건 사실이잖아요?

갤 턴 그건 부인할 수가 없네요. 당시 우생학 프로그램을 진행하던 사람들은 인간 사회에 부적합한 열등한 유전인자를 없앰으로써 골치 아픈 사회 문제를 해결할 수 있다고 생각했죠. 이런 생각이 국가를 운영하는 사람들의 입장에서는 상당히 매력적으로 보일 수 있었으리라는 생각은 듭니다. 결국 그것이 많은 비극을 불러왔지만요.

진단순 어떤 일이 일어났는데요?

갤 턴 벅의 사례처럼 열등한 유전자를 가지고 있다고 판단되는 사람들에게 불임

시술을 강제적으로 시행한 것이죠.

장공부 열등한 유전자를 가지고 있다고 판단되는 사람이 어떤 사람들이었죠?

사회샘 알코올 중독자, 뇌전증 병자, 장애인, 성적으로 문란한 여성, 범죄자, 정신 박약자, 정부 보조금으로 살아가는 사람, 강간 피해 아동 등 수많은 사람들이 바로 그런 사람들로 취급받았지. 물론 이들 모두가 불임수술의 대상자가 되었고 말이야. 그래서 이런 식으로 피해를 입은 사람이 무려 6만 5천여 명에 이른다고 하는구나. 심지어 나중에는 이런 식의 낙인과 비난이 수많은 흑인들에게도 쏟아졌고 이들의 인구 증가를 억제하는 수단으로 악용되기도 했지.

진단순 아니 그런 식으로 막 갖다 붙이면 다 열등한 사람이 되겠네요.

모의심 이번에는 단순이 얘기에 저도 동의해요. 갤턴 님이 우생학 프로그램을 만든 사람은 아니라고 해도 책임을 져야 할 것 같은데요?

갤 턴 네, 저도 많이 늦었지만 안타까운 마음을 갖고 있습니다. 어떤 식으로든지 한 나라나 사회가 우생학 프로그램을 강제적으로 시행해서 개인의 권리를 빼앗는 일이 있어서는 안 되지요.

장공부 대표적인 민주주의 국가인 미국에서도 이런 일이 있었다니 정말 역사를 다시 공부해야겠다는 생각이 드네요.

사회샘 그래. 사실 많은 나라에서 국가나 사회의 이익을 위해 개인을 희생시켰지. 우생학 프로그램은 그런 사례들 중 하나일 뿐이고. (모습이 점점 희미해지며 갤턴이 사라진다.)

매향리……. 국가 안보를 위해 주민들의 고통을 외면하다

모의심 선생님, 그럼 설마 우리나라에서도 국가의 이익을 위해 개인을 희생시킨 사례가 있었나요?

사회샘 없었다면 좋겠지만 우리나라 역시 과거에는 국가나 집단의 이름으로 개인의 권리를 침해하는 경우가 더러 있었지. 물론 지금도 꼭 없다고는 할 수 없고 말이야. 아마 우리 현대사에서는 매향리가 대표적인 사례가 아닐까

하는데…….

진단순 매향리요? 뭐……. 조선 시대 얘긴가 보죠?

사회샘 글쎄……. 매향리 주민 분을 모셔서 자세한 이야기를 들어 보는 게 좋겠지. 오셨나요?

매향민 (매향리 주민 등장) 안녕하세요? 매향리 마을에서 3대째 살아가고 있는 백○○이라고 합니다.

진단순 어? 아저씨 옷이 상당히 현대적인데? 아저씨, 조선 시대에서 오신 거 아니에요?

매향민 예? 조선 시대요? 저는 지금 여러분들과 같은 시대를 살아가고 있는 사람이에요.

사회샘 얘들아, 이 분은 지금 경기도 화성시 매향리에 살고 계신 분이셔. 직접 이 자리에 와서 너희들에게 얘기해 달라고 부탁을 드렸지. 너희들이 소환기에 너무 익숙해졌구나.

장공부 아……. 그래요? 경기도 화성이면 서울에서 그리 먼 곳도 아닌데. 매향리는 어떤 곳이죠?

매향민 매향리는……. 이름 그대로 매화 향기가 가득한 마을이었죠. 적어도 한국 전쟁이 일어나기 전까지만 해도 말이죠.

모의심 전쟁이 일어나고는 무슨 일이 있었는데요?

매향민 한국전쟁이 한창이던 1951년에 미군이 공군 사격 훈련장과 포격 훈련장을 우리 마을에 만들었지요. 그때부터 무려 50여 년이 넘게 매향리는 매화 향기가 아니라 화약 냄새가 가득한 마을이 되어 버렸답니다.

진단순 어떻게 꽃향기 대신 화약 냄새가 가득한 마을이 되었나요?

매향민 밤낮으로 포탄이 떨어지고 훈련장에서 사격하는 소리가 매일 지속되었기 때문이죠.

장공부 어느 정도로 지속되었는지 좀 더 자세히 말씀해 주세요.

매향민 사격 소리가 매주 월요일부터 금요일까지 연간 250일에 걸쳐 하루 평균 11시간 내지 12시간 동안 지속되었지요. 사격은 야간에도 이어졌고 하루에만도 600회를 넘어섰답니다. 조사 결과에 따르면 주민들의 7% 가까이는 난청 증세까지 앓게 되었다니까요.

모의심 정말 끔찍하네요.

매향민 그뿐만이 아닙니다. 마을로 파편이 날아들고, 폭탄이 잘못 폭발하면서 수많은 사람들이 죽고 다쳤지요. 게다가 직접적으로 눈에 드러난 피해는 아니지만 우리 마을 주민들의 체내 중금속 농도 조사를 했더니 실제로 납을 다루는 노동자보다도 훨씬 높은 납중독 증상을 보였다는 거예요. 납이 얼마나 위험한지는 아실 테고……

장공부 그런 피해를 막을 수 있는 안전시설은 없었나요? 그런 피해가 어떻게 계속될 수 있었죠?

매향리에 쌓아 놓은 쿠니 사격장의 포탄들입니다.

매향민 주민들을 위한 안전시설은 없었고 오직 안보란 이름으로 희생만을 요구했었죠. 하지만 주민들이 1988년 대책위원회를 꾸리고 여러 시민 단체 등과 힘을 합쳐 꾸준히 노력한 끝에 2005년에는 쿠니 사격장을 폐쇄할 수 있게 되었답니다.

진단순 아……. 다행이다. 이제는 주민들이 안전하게 살 수 있겠네요.

매향민 그게 그리 단순하지가 않아요. 사격장은 폐쇄되었지만 사격장 주변에 폭발물과 탄알 잔해물이 널려 있어서 여전히 위험하답니다. 얼마 전만 하더라도 인근 농지에서 큰 포탄이 발견되었다니까요.

모의심 어서 빨리 폭발물을 제거해야겠네요.

매향민 네, 맞습니다. 다행히 특별법을 만들어 이곳에 평화 공원을 만든다고 하니 좀 더 지켜봐야겠죠. 빨리 매향리가 예전처럼 매화 향기 가득한 평화로운 마을이 되었으면 하는 바람입니다. 여러분들도 많이 관심을 가져 주세요.

장공부 어서 그런 날이 왔으면 좋겠네요.

진단순 평화 공원에 놀러 갈게요.

매향민 그럼, 저는 이만 가야겠네요. (매향민이 돌아간다.)

모의심 매향리 얘기를 들으니 아주 최근까지도 국가라는 이름으로 개인의 기본적인 권리를 침해하는 경우가 많았다는 게 이해가 되네요.

사회샘 그래. 물론 사격장이야 국가의 안보를 위해 필요하겠지만 이처럼 주민들에 대한 안전시설도 갖추지 않고 무조건적인 희생을 강요하는 것은 문제가 있지.

장공부 국가를 위해 개인을 희생시키는 일이 더 이상은 없었으면 좋겠어요.

사람 한 명 한 명이 모두 소중하다는 생각을 받아들이기까지……

진단순 선생님, 전체를 위해 개인을 희생시키는 사례들을 통해 개인을 일방적으로 희생시키는 국가가 나쁘다는 것을 배웠어요. 이 정도면 충분히 수업하

신 것 같은데, 수업을 위해서 저를 더 이상 희생시키지 않아도 되지 않을
까요?

사회샘 수업 듣는 걸 희생이라고 생각하다니, 선생님은 좀 서운한데? 어쨌든 단순
이 기대대로는 안 되겠다. 실은 오늘 수업은 이제 시작이거든.

모의심 마무리도 아니고, 이제 시작이라고요? 더 할 얘기가 없는 것 같은데
요…….

사회샘

> 우리는 지금 국가를 위해 개인을 일방적으로 희생시키는
> 것은 문제가 있다고 말했는데 그게 왜 문제일까?

장공부 그거야, 사람 한 명 한 명이 모두 소중하니까 그렇죠.

사회샘 그래. 개인이 소중하다는 생각……. 이 생각을 **개인주의**라고 하는데 바로
오늘 우리가 공부할 주제라고 할 수 있지.

모의심 개인이 소중하다는 생각은 어떻게 보면 너무나 당연한 것처럼 보이지만
이런 생각이 자리 잡기까지는 꽤 오랜 시간이 걸렸을 것 같은데요. 이런
생각이 어떻게 등장했는지 궁금해요.

사회샘 그래. 사실 개인주의라는 용어가 자리 잡게 된 과정은 그리 순탄하지는 않
았단다. 어떤 면에서 보면 개인주의라는 용어 자체도 개인주의를 반대하
는 사람들이 만들었으니까.

진단순 개인주의를 반대하는 사람들이 개인주의를 만들었다고요?

사회샘 아니, 개인주의라는 용어를 만들었다고.

장공부 그래도 개인주의라는 용어가 개인주의를 반대하는 사람들로부터 나왔다
니, 그 점은 무척 흥미로운데요?

사회샘 개인주의라는 용어를 만든 사람들은 기존의 사회질서가 무너지는 것을 무
척 불안해했지. 당시 과거 사회는 신분제가 존재하고 종교에 대한 믿음이
사회를 운영하는 데 매우 중요한 요소로 작용하고 있었어. 그런데 당시 사
회에서 주류였던 사람들이 보기에 개인의 자유와 권리를 주장하는 개인주

의는 무척이나 의심스럽고 불안한 사상이었던 거지. 그래서 그 사람들은 개인주의를 무질서와 연결시키면서 극단적으로 비난했지.

진단순 아니, 자기들은 개인이 아닌가?

장공부 기존의 신분제와 종교 사회를 옳다고 생각하는 사람들 입장에서는 개인의 자유와 권리를 중시하면서 기존 질서를 바꾸려고 하니까 그렇게 부정적으로 생각할 수도 있었을 것 같아요.

사회샘 그래, 그랬단다. 그 사람들에게 개인주의는 단순히 기존 사회의 어떤 일부 요소에 대해 반대하는 게 아니라 그들이 세워 놓은 사회 구조 전체를 파괴하는 것처럼 여겨졌으니까 말이지.

모의심 역시 기존 사회에 의문을 품고 비판하는 것이 역사를 발전시키네요. 저처럼요. 하하.

사회샘 그래. 의심이와 같은 관점에서 보면 개인주의의 등장은 사회의 모순과 문제점을 극복하는 과정에서 등장한 것으로 볼 수 있지. 국왕이나 귀족과 같은 특권층이 권력을 마음대로 휘두르는 사회 속에서 자신의 생명이나 재산을 언제든지 빼앗길 수 있었던 불안한 사람들에게 개인주의는 하나의 희망이었을 거야. 늘 사회에 복종만 해야 했던 사람들이 이제는 사회의 출발점으로서 공동체 삶의 규범과 규칙을 만들어 갈 수 있는 소중한 권리를 지닌 개인으로 여겨지게 된 거니까 말이지.

진단순 나는 그렇게 공동체 삶의 규범과 규칙을 만드는 거 귀찮은데, 그냥 적당히 시키는 대로 하는 게 오히려 편하기도 한데 말이지.

모의심 그래? 그럼, 단순이는 오늘 선생님이 시키는 대로 공부만 계속하면 되겠구나. 안 그래?

진단순 아니, 그건 아니지. 개인의 권리가 소중하다고 나도 인정.

장공부 그런데 선생님, 앞에서 살펴본 사례에 따르면 20세기만 하더라도 개인주의를 받아들이지 않는 경우가 있었던 거잖아요.

사회샘 그래. 대표적인 경우가 바로 20세기 초반의 **전체주의**라고 할 수 있지. 당시 전체주의 체제의 대표적인 통치자였던 이탈리아의 무솔리니 같은 경우에는 19세기가 개인의 시대였다면 20세기는 집단의 시대라고 외치면서 구성원들의 자유와 권리를 부정했지.

이탈리아의 파시스트 지도자였던 베니토 무솔리니(Benito Mussolini)

진단순 어떻게 그렇게 생각할 수가 있죠? 말이 안 되는 것 같아요. 개인의 자유와 권리를 부정하다니…….

사회샘 그렇게 우리가 당연하다고 생각하는 개인주의는 비교적 최근에도 쉽게 부정되었어. 그 결과 수많은 사람들이 피해를 입고, 또 세계적인 전쟁도 벌어지게 되었다는 건 너희들도 알잖니?

모의심 그렇다면 그린 끔찍한 일이 다시 일어나지 않으리면…….

장공부 개인주의에 대해 좀 제대로 공부해야 하는 거지.

진단순 아……. 결론은 또 공부야? 선생님! 부디 저도 소중하게 생각해 주시고, 쉽고 빠른 설명을…….

사회샘 그래. 단순이를 위해서라도 좀 더 쉽게 개인주의가 무엇인지 알아보자.

개인은 국가의 도구가 아니다

사회샘 그럼, 개인주의가 구체적으로 무엇을 의미하는지 살펴볼까? 개념의 의미를 알기 위해서는 그 개념과 대비되는 개념이 무엇인지 생각해 보는 것도 좋은 방법이지. 개인주의와 대비되는 개념에는 어떤 것이 있을까?

진단순 비개인주의! 반개인주의! 몰개인주의!

모의심 쯧쯧. 단순아! 그건 아닌 것 같지 않니?

장공부 전체주의나 국가주의 아닌가요?

사회샘 그래, 역시 공부가 잘 알고 있구나. 앞에서 국가를 위해 개인을 희생시킨 여러 사례들을 살펴보았는데 그런 게 국가주의지. 국가주의에서는 국가 자체가 중요하고 개인은 국가의 부속품 중 하나에 불과하다고 본단다.

진단순 개인들이 모여서 국가가 되니까. 뭐……. 개인이 부속품처럼 보일 수도 있잖아요? 뭐가 잘못된 거지?

사회샘 음……. 세밀하게 살펴보지 않으면 그렇게 생각할 수도 있겠지. 우리에게 개인주의가 무엇인지를 설명해 주실 분을 불러야겠다. 이제 오실 때가 되었는데……. (소환기를 조작하자 홉스의 사념파가 형상화된다.)

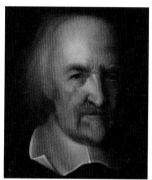

토머스 홉스(Thomas Hobbes)

홉 스 안녕하세요? 토머스 홉스라고 합니다.

장공부 토머스 홉스라면 그 유명한 17세기 영국의 사상가요? 『리바이어던(Leviathan)』인가 하는 책을 쓴?

홉 스 네, 그렇습니다. 아주 똑똑한 학생이네요. 뭐……. 제가 쓴 책이 좀 유명하기는 하죠. 그 책으로 인세도 상당히 받았고, 사람들이 나더러 근대를 연 사상가라고 하죠. 하하. 정치 공부하는 사람치고 제 책 한 번 안 읽어 봤다면 말이 안 되죠.

진단순

하여튼 나오는 분들마다 잘난 척은……. 홉스 님, 리바이…… 하여튼 그게 뭔데요?

홉 스 음……. 학생은 아무래도 공부가 많이 부족한 것 같군요. 이런 서비스는 흔한 게 아닌데……. 이왕 온 거니까 좀 자세히 설명을 하겠습니다. 리바이어던이란 성경에 등장하는 괴물의 이름이죠.

모의심 어? 리바이어던이 괴물 이름이었어요?

진단순 뭐야? 그럼 홉스 님은 판타지 소설 작가인가요?

홉 스 아니, 내 얘기를 좀 더 들어 봐요. 저는 리바이어던이란 비유를 통해서 모든 개인보다 우위에 있는 국가를 표현한 것입니다. 개개인들을 지배하고 통치하는 신과 같은 존재로서의 국가, 그게 바로 리바이어던이죠.

홉스의 저서 『리바이어던』의 표지. 칼과 왕관을 쓴 인간의 몸통과 팔은 수많은 사람들로 이루어져 있습니다.

진단순 아! 그럼, 소중한 개인이 그런 괴물 국가와 싸워서 이기는 스토리인가 보죠? 은근 재미있겠는데.

사회샘 단순아, 자꾸 넘겨짚지 말고 들어 봐. 선생님이 조금 보충하면, 홉스 님은 『리바이어던』이란 책을 통해서 개인이 그런 국가에 절대적으로 복종해야 한다고 하셨단다.

모의심 국가에 절대적으로 복종한다고요? 뭐야. 그럼, 홉스 님은 개인주의를 반대하신 분이군요. 아, 완전 착각했네.

홉 스 아닙니다. 그렇지 않아요. 안 그래도 내 사상에 대한 오해가 너무 많아서 그것도 해명할 겸 나온 건데 내가 개인주의를 반대했다니요? 사실상 개인주의는 내 사상에서 출발한다는 것을 아셔야 합니다.

장공부 홉스 님, 책으로 보니까 홉스 님은 왕과 같은 독재자들 편이었다고 하던데요. 개인주의가 홉스 님에서 시작했다니 저도 잘 이해는 안 되네요. 좀 자세히 설명해 주세요.

홉 스 그럽시다. 많은 사람들이 자꾸 내가 왕권을 절대시하고, 국가에 대한 복종만을 강조했다고 하는데 틀린 말은 아니지만 그렇게 한 이유는 제대로 보지도 않고 비판만 하니 나도 답답할 따름입니다.

모의심 그러니까 왜 그러셨는데요?

홉 스 여러분들은 국가의 목적이 뭐라고 생각합니까?

86

진단순 국가의 목적이요? 그런 게 있어요? 그냥 우리들 잘 먹고 잘 살라고 있는 거 아닌가요?

홉 스 그렇습니다. 제가 볼 때 국가의 목적은 무엇보다도 개인 각자의 안전을 보호하는 것이죠. 사실 국가가 존재하지 않는 자연 상태에서는 그 누구도 안전을 보장받기가 너무 어렵단 말입니다. 그래서 많은 사람들은 안전한 삶을 누리기 위해 계약을 맺어 국가를 만들게 된 것이지요.

장공부
아, 사회 계약론 말씀하시는 거죠?

홉 스 맞아요. **사회 계약론**. 개인들 간의 계약을 통해 국가가 성립되었다는 생각이죠. 내가 사회 계약론을 발표하기 이전까지 사람들은 국가가 신에 의해 생겼다느니, 나라를 다스리는 권력은 하나님이 주었다느니 하는 상식적으로 믿기 어려운 얘기만을 했죠. 나는 **개인의 안전**을 위해 국가가 성립되었다고 한 거니까, 당시에 왕권을 신성하게만 생각하던 사람들은 날 무척 싫어했었죠.

모의심 음……. 그렇다면 홉스 님이 무조건 왕의 편을 들었다고 이해하는 건 좀 문제가 있기는 하네요.

홉 스 그렇습니다. 개인들의 계약에 의해 나라를 통치하는 권력이 주어진다는 생각은 내가 한 거지만 당시로서는 무척 참신했어요.

사회샘 홉스 님 말씀처럼, 왕의 권력이 신으로부터 주어졌다는 생각이 받아들여지던 당시에 홉스 님의 사상은 정말 획기적이었지. 특히 우리 수업이랑 연결 지어 생각해 보면 이전까지는 모든 개인들이 신이 만든 국가를 위해 존재했던 거지만 홉스 님의 사상을 살펴보면 국가가 개인들을 위해 존재하는 것이니까 정말 엄청난 생각의 전환이라고 할 수 있지.

장공부 그러니까 개인은 안전을 위해 계약을 맺어 국가를 만든다는 거죠? 정말 이렇게 보면 국가는 개인을 위해 존재하는 거네요.

홉　스　맞습니다. 그러니까 나야말로 **개인주의**의 관점에서 국가를 바라본 거죠. 이제 이해가 됩니까? 하하.

모의심　근데 뭐 결국 개인이 국가에 절대적으로 복종해야 한다고 말했다고 하지 않았나요? 왜 그러셨어요?

홉　스　어……. 그건 그 정도로 강력한 국가가 있어야 개인을 잘 보호할 수 있을 테니까요.

모의심　

그 국가가 개인을 괴롭히면요?

홉　스　뭐, 그럴 수도 있겠지만……. 그건 어쩔 수 없는 거 같은데요. 불안한 세상에서 사는 것보다는 그게 더 낫지 않을까요?

모의심　그세 뭐예요? 나는 그런 나쁜 국가가 더 싫을 것 같은데요. 선생님, 이상하지 않아요?

사회샘　역시 의심이의 질문은 매우 날카롭구나. 하지만 일단 홉스 님을 부른 건 개인주의의 출발점으로 부른 거니까 긍정적인 측면만 주목해 보자. 분명 개인이 국가의 도구가 아니고 국가를 개인의 도구로 본 점은 긍정적이니까.

홉　스　사회 선생, 고마워요. 내가 꼭 답변을 못 해서 그런 건 아니고 하여튼 개인주의 하면 나를 좀 기억해 주세요. 나는 바빠서 이만. (형체가 희미해지며 홉스가 사라진다.)

진단순　홉스 님, 얘기하시는 게 뭔가 뒤가 구린 거 같은데.

개인의 권리를 침해해서는 안 된다

모의심　선생님, 개인주의에 대한 설명이 홉스 님 얘기로만 끝나는 건 아니겠죠? 개인이 국가의 부속물이나 도구가 아니라는 것은 이해가 되지만 여전히 국가가 개인을 괴롭힐 수 있는 거는 맞잖아요.

88

사회샘 그래, 선생님도 의심이 생각에 동의한단다. 분명 개인과 국가를 분리하고
　　　개인을 국가의 도구로 보지 않은 것은 개인주의에서 중요하지만 이것만으
　　　로 그러한 개인이 국가로부터 얼마나 보호받을 수 있을지는 불분명하니까
　　　말이지.

진단순 아…… . 점점 복잡해지는 느낌이네. 개인이 소중하고, 또 보호받아야 한다
　　　면, 개인을 보호하기 위한 무언가를 확실하게 정해 놓으면 되잖아요.

사회샘 그래, 그렇게 개인을 보호하기 위해 확실하게 정해 놓은 게 있지.

진단순 그런 게 뭔데요?

장공부 선생님, 권리를 말하시는 건가요?

사회샘 그래, 맞아.

개인의 **권리**를 강조하는 것. 이게 바로 개인주의의
두 번째 의미라고 할 수 있단다.

모의심 권리에 관해 설명해 주실 분이 나오시나요?

사회샘 그래, 개인의 권리라고 하면 이 분을 빼놓을 수가 없지. 자, 이제 나오시면
　　　됩니다. (소환기 작동한다.)

로　크 안녕하세요? 로크라고 합니다.

장공부 우와, 로크 님. 오늘 유명한 분은 다
　　　등장하는구나.

진단순 뭐, 이 분이 또 그렇게 유명해?

모의심 단순아, 이 분도 정치 교과서에 자주
　　　나오는 분이잖아. 사회 계약론 할 때
　　　나오는 로크도 몰라?

진단순 사회 계약론이면 아까 홉스 님이 얘
　　　기한 거라며?

사회샘 사회 계약론을 주장한 사상가가 홉

존 로크(John Locke)

스 님 한 분만 있는 건 아니지. 로크 님도 『시민정부론』이라는 책에서 정부는 시민들의 계약에 의해 수립된다고 주장하셨지.

로　크 그렇습니다. 저도 대표적인 사회 계약론자입니다.

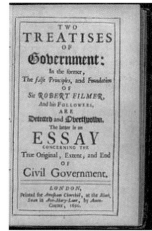

진단순 그러면 누가 원조예요? 누가 먼저 주장했냐는 말이죠.

로　크 그건, 홉스 님이 먼저 주장했습니다만…….

진단순 에이, 로크 님은 짝퉁이네. 이거 표절 아니에요? 표절?

로　크 그렇지 않습니다. 물론 개인들이 모여서 계

존 로크는 『시민정부론』에서 사회 계약에 의해 조직된 국가로 시민의 재산·생명·자유를 보장할 의무가 있다고 주장하였습니다.

약을 통해 국가를 구성한다는 아이디어는 동일하지만 여러 측면에서 홉스 님의 사상과 제 사상은 무척 다르지요.

모의심

> 홉스 님 얘기는 아까 들었고요. 로크 님의 사회 계약론은 뭐가 어떻게 다른데요?

로　크 음. 사실 많은 차이가 있지만 그중에서 일단 사람들이 사회 계약을 맺는 이유가 다르다는 것을 강조하고 싶군요.

장공부 홉스 님은 사회 계약을 맺는 이유가 개인의 안전 때문이라고 했었는데, 로크 님은 사회 계약을 맺는 이유가 뭐라고 생각하세요?

로　크 저는 **자연 상태**에 있는 사람들이 사회 계약을 통해 국가를 구성하는 이유는 바로 개인의 권리를 보장하는 데 있다고 생각합니다. 사람들은 누구나 침해받지 않아야 할 소중한 권리를 가지고 있지요. **생명에 관한 권리, 자유에 관한 권리, 재산에 관한 권리** 같은 것 말이지요.

진단순

자연 상태에 권리라는 게 있다고요?

로 크 음, 인간은 누구나 태어날 때부터 그런 권리를 갖고 태어나는 겁니다. 그
건 받아들여야죠.

진단순 완전 우기기네. 권리니 뭐니 그런 것은 잘 모르겠지만 있다 치고, 그런데
뭐 하러 귀찮게 국가를 만들어요?

로 크 문제는 자연 상태에서는 이러한 권리를 누리는 것이 매우 불확실하다는
데 있지요. 또한 다른 사람이 나의 소중한 권리를 침해할 수도 있으니까
요. 그런 점에서 국가를 통해 이러한 권리를 잘 보장하도록 할 필요가 있
는 것이죠. 이것이 국가가 정당화되는 이유인 것입니다.

모의심 홉스 님이랑 이유는 좀 다르지만 개인이 수단이 아니라 오히려 국가가 수
단이다. 이 점은 뭐……. 크게 다르지 않은 것 같기도 한데요?

로 크 아……. 참, 그 얘기도 해야겠네요. 홉스 님은 일단 국가를 구성하면 국가
에 절대적으로 복종하는 게 중요하다고 말했지만 저는 그 점에서는 확실
히 다릅니다.

장공부 아! 로크 님은 저항권을 주장하셨죠?

진단순 저항하는 권리요? 그거는 왠지 마음에 드는데…….

로 크

제가 이미 말한 것처럼 제 이론에서 사회 계약은 개인의 소
중한 권리를 지키기 위해서 맺는 것입니다. 그런데 만약 이
런 개인의 권리를 지키기 위해 만든 국가가 오히려 개인의
권리를 침해한다면 그때는 국민이 국가에 저항할 수 있어요.

사회샘 사회 계약론에서는 홉스 님이 최초라는 점은 분명하지만 그래도 개인의
권리를 강조하고, **저항권**까지 이야기한 로크 님의 주장은 실제 시민 혁명
의 사상적 기반이 되기도 했으니까 역시 상당히 중요하지.

모의심 도대체 로크 님은 개인의 권리가 뭐길래 그렇게 중요하다고 생각하신 건가요?

로 크 좀 더 구체적으로 말하자면 저는 모든 개인이 자신의 신체와 소유물에 관해 절대적인 주인이라고 생각합니다. 재산 얘기도 그래서 나오는 거예요. 모든 사람들은 자신에게 속한 재산을 가지고 있고, 이건 다른 누구의 것도 아닌 반드시 내 것이지요.

진단순 그러고 보니 재산에 관한 권리까지 강조하고 자기 것에 대한 집착도 강하신 것 같은데, 로크 님은 돈이 많으신가 봐요.

로 크 뭐……. 꼭 그런 것은 아니고, 내가 살던 당시는 절대 군주가 다스리던 시절이어서 특히 재산이 많은 사람들이 그런 절대 군주와 대립하는 경우가 많았지요. 나는 어쨌든 왕이랑은 사이가 안 좋으니까.

장공부 저항권을 주장하고 개인의 권리를 강조해서 시민 혁명에까지 영향을 주었으니 확실히 왕이랑은 사이가 안 좋으셨겠네요.

로 크 오늘 이 자리는 개인주의를 이야기하는 자리라고 알고 왔는데 저처럼 개인의 권리를 근본적으로 보는 이상 개인을 국가의 도구로 보거나 개인의 권리를 침해한다든가 하는 것은 절대로 불가능할 겁니다. 그런 점에서 개인주의를 논의할 때 제가 등장하는 것은 당연하지요.

모의심 그런데 개인의 권리가 꼭 그런 것만 있나요? 수업 시간에 다른 권리도 많이 나온 것 같은데…….

사회샘 그 부분은 로크 님이 답하실 문제는 아닌 것 같고 어쨌든 로크 님이 개인의 자유와 관련된 권리를 강조했고, 이 부분이 개인주의에서 중요한 의미를 지닌다는 정도만 이해하면 되겠구나.

로 크 네, 그럽시다. 여러 학생들에게 많은 도움이 되었으면 좋겠네요. 개인의 권리는 어떤 경우에도 침해당하면 안 된다는 것. 기억해 주세요. 그럼 안녕……. (소환 시간이 되어 로크 형상이 사라진다.)

학생들 안녕히 가세요.

사회샘 로크 님이 말한 권리는 주로 개인을 보호하기 위한 권리인데, 오늘날에는 보통 자유권이라고 말하지. 여기에는 개인의 사상과 신체, 재산, 거주 이전의 자유 등이 포함된단다.

모의심 그럼, 자유권 말고 다른 권리는 없나요?

장공부 기본권으로 언급되는 것 중에 참정권 같은 것들이 있잖아.

사회샘 그래, 공부가 대답을 잘 했어. 사실 초기에 개인의 권리는 자유권 위주로만 강조되었는데, 이는 당시에 많은 재산을 갖고 있고 비교적 많은 교육을 받았던 부르주아들에게 중요한 권리였지. 하지만 19세기에 이르면 노동자나 농민들, 그리고 이후에는 여성들이 정치에 참여할 수 있는 권리를 요구했고 결국 모든 개인들에게 참정권이 주어지는 방향으로 발전하게 되었지.

진단순 어휴…… . 권리에 대한 얘기만 들어도 끝이 없네.

사회샘

오늘 우리의 주제는 **개인주의**니까, 어쨌든 국가나 다양한 사회적 억압으로부터 개인들을 보호하고 각자의 자아를 더 잘 실현할 수 있도록 권리의 목록들이 계속 확대되어 왔다는 사실을 이해하는 게 중요해.

장공부

그러니까 선생님, 개인주의의 두 번째 내용은 바로 개인을 보호하기 위해 개인의 권리를 보장한다는 것이군요?

사회샘 그래, 바로 그거야.

개인주의는 민주주의의 기반이다

진단순 선생님, 여기까지가 끝인가요? 오늘은 좀 일찍 끝나겠는데요?

사회샘 단순아, 그럴 리가 있겠니? 아직 개인주의에 대해 중요한 것이 남아 있어.

장공부 선생님, 그게 뭔지 빨리 설명해 주세요.

사회샘 개인주의는 오늘날 대부분의 나라에서 받아들이고 있는 민주주의의 기반이라는 거지.

장공부 민주주의는 사람들이 함께 결정하고 그런 거 아닌가요? 그게 개인주의랑 무슨 관계가 있어요?

사회샘 개인주의가 민주주의의 기반이라는 것은 앞에서 개인주의가 개인의 권리를 강조한다는 생각과 밀접하게 관련되어 있지. 이 생각을 정확하게 이해하려면 일단 시민 혁명에 대해서 얘기해 봐야겠구나.

진단순 어? 시민 혁명이면 나도 아는데, 영국이랑 미국이랑 또 어디더라?

장공부 프랑스.

진단순 아! 맞다.

사회샘 그래. 흔히 시민 혁명이라고 하면 **영국의 명예혁명, 미국 독립 혁명, 프랑스 대혁명**, 이 세 가지를 말하지. 세 개의 혁명이 모두 중요하지만, 영국의 혁명이 왕과 귀족들 사이에서 벌어진 일이란 것을 고려하면, 미국 독립 혁명과 프랑스 대혁명이 근대 민주주의 탄생에서 특히 중요한 의미를 지닌 혁명이라고 할 수 있지.

모의심 프랑스 대혁명이 대표직인 시민 혁명이라고 들은 깃 같기는 한데요. 시민들이 왕의 절대 권력에 반대해서 당시 프랑스 왕을 처형하기까지 했으니까. 뭐, 그렇게 생각하면 시민 혁명이 민주주의랑 연결될 것 같기는 한데 그래도 개인주의랑 무슨 관계가 있는지는 잘 모르겠는데요?

사회샘 일단, 시민 혁명을 통해 시민들이 구체적으로 요구한 것이 무엇인지 생각해 볼 필요가 있어.

진단순 뭐, 그냥 왕이랑 귀족들만 잘살고 시민들은 힘들게 사니까 그런 걸 고쳐 보려고 일으킨 게 시민 혁명 아니에요?

사회샘 그래, 맞아. 좀 더 세련되게 얘기하면 당시는 신분제가 있던 사회였고, 왕이나 귀족 같은 일부 계급은 특권을 누리는 데 반해서 수많은 시민들은 여러 가지 차별을 받으면서 인간다운 삶을 누릴 수 없었지. 그래서 당시 사람들은 모든 사람들이 더 평등한 관계 속에서 살기를 바랐고 이러한 평등에 대한 관심이 시민 혁명으로 이어졌던 것이지.

94

장공부 · 시민 혁명은 평등에 대한 관심으로부터 나왔다는 말씀인거군요. 그럼 평등에 대한 관심이 개인주의와 관련되나요?

사회샘 그래, 공부가 잘 짚어 말했어. 예를 들면, 『미국의 민주주의』라는 책으로 유명한 프랑스 사상가인 토크빌은 근대 개인주의는 **평등**이라는 이름으로 계급에 맞선 개인들의 혁명으로 표출되었다고 설명하고 있지.

모의심 선생님, 그래도 여전히 평등이랑 개인주의가 무슨 관계인지는 잘 와 닿지 않아요.

사회샘 음, 이렇게 생각해 보자. 만약 우리가 불평등한 신분제 하에 있다면 과연 온전히 독립적인 개인으로 생활할 수 있을까?

알렉시 드 토크빌
(Alexis de Tocqueville)

진단순 신분제가 있다고요? 그럼 나는 왕을 해야지. 다 내 말을 따르라. 하하.

장공부 단순이가 왕이면 맨날 자기한테 필요한 단순한 일만 시킬 텐데, 완전 끔찍해요!

모의심 왕이 있으면 그 사람이 시키는 일만 해야 한다는 거니까 정작 내가 하고 싶은 일을 할 수도 없고 내가 살고 싶은 삶을 살 수도 없겠네요.

사회샘 그래, 맞아. 불평등한 신분제 하에서 살아가는 사람들은 결코 독립적인 개인으로 살아갈 수 없지. 불평등한 체제 속에서 특권을 지닌 왕이나 귀족이 권력을 휘두르는 상황에서 개인의 독립성을 지켜내기는 불가능할 테니까.

결국 개인주의에서 말하는 독립적인 개인은 토크빌 말대로 차별적인 신분제에 맞서서 사람들 간의 평등한 관계를 확립함으로써만 달성될 수 있는 거란다.

장공부 개인주의는 각각의 개인이 독립적인 존재로서 자유롭게 살아야 한다는 생각을 담고 있고, 불평등한 신분제는 그런 삶을 방해하는 걸림돌이니까 당연히 걷어내야 하는 게 맞겠네요. 그렇게 보면 결국 개인주의가 근대 민주주의 탄생의 출발점이라고 볼 수 있겠네요.

사회샘 그래, 공부가 잘 요약했어.

장공부 참, 선생님. 미국 독립 혁명은요? 미국 독립 혁명도 민주주의에서 중요한 의미를 지닌다고 하셨잖아요? 그것도 개인주의랑 연결되나요?

모의심 미국 독립 혁명은 그냥 미국이 영국으로부터 독립하려고 싸운 전쟁이잖아요? 나라의 독립을 위해 싸운 건데 그게 개인주의랑 무슨 관계죠?

진단순 맞다. 우리나라도 과거에 일본으로부터 해방하려고 독립운동을 했잖아. 유관순 누나……. 그것도 개인주의인가? 오히려 국가를 위해 목숨을 바쳐 희생한 것 같은데…….

사회샘 미국 독립 혁명의 의미는 식민지 해방 전쟁과는 차이가 있지. 미국 독립 혁명에서 독립은 빼앗긴 국가를 다시 찾는 것이 아니라 유럽에서 신대륙으로 이주해 온 사람들이 국왕으로부터 자유로운 사회를 새로이 만든다는 의미가 깊으니까 말이지.

장공부 미국 독립 혁명의 결과 미국이 독립하면서 세계 최초의 민주 공화국이 만들어졌다고 들었어요. 그리고 보니 민주주의 얘기가 또 나오네요.

사회샘 영국 국왕의 지배와 간섭으로부터 벗어나 자유로운 사회를 건설한다는 생각 안에는 자유로운 개인이라는 관념이 들어 있어. 미국 독립 혁명의 결과로 만들어진 민주주의 국가는 바로 그런 자유롭고 평등한 존재인 개인들로 이루어졌다고 말할 수 있는 거지.

진단순 아……. 복잡하다.

사회샘 1776년 미국 독립선언과 1789년 프랑스 인권선언은 모두 기존 사회질서 안에서 독립적인 개인에게 적합한 정치 체제를 만들 수 있다는 희망을 구체화한 선언이라고 볼 수 있단다. 두 선언문 모두 어떻게 시작하는지 아니?

진단순 그걸 우리가 어떻게 알겠어요?

사회샘 여기 미국 독립선언문과 프랑스 인권선언을 보면 되겠구나. 내용을 읽어 보면 알겠지만 미국의 독립 혁명과 프랑스 대혁명은 자유롭고 평등한 개인들이 그들의 권리를 보호하기 위해 기존 정치 체제 대신 새로운 정치 체제를 만들자는 생각에서 나온 것이란다.

미국 독립선언문

우리는 다음과 같은 사실, 즉 모든 사람은 평등하게 태어났으며, 조물주는 빼앗길 수 없는 일정한 권리를 모든 사람에게 부여했다는 사실을 자명한 진리라고 생각한다. 그러한 권리에는 생명, 자유, 행복 추구의 권리가 포함되어 있다.

1776년에 있었던 미국 독립선언 조인식입니다.

프랑스 인권선언 제1조

인간은 자유롭게 그리고 평등한 권리를 가지고 태어났다.

장공부 자유롭고 평등한 개인에 기초한 새로운 정치 제체가 민주주의이다. 그런 말씀이신가요?

사회샘 그래, 맞아. 새로운 정치 체제의 정당성을 부여하는 원천이 바로 자유롭고 평등한 개인들이지. 혁명을 통해 수립되는 새로운 정치 체제란 자유롭고 평등한 개인들의 자발적인 동의에 기초한 민주주의 체제라고 할 수 있지.

진단순

그러니까 개인주의가 민주주의의 기초를 이루고 있다는 말씀이신가요?

사회샘 그렇지. 단순이도 개인주의가 뭘 말하는지 좀 이해가 되는 모양이구나.

공익이 아무리 중요해도 개인의 본질적 권리를 침해할 수는 없다

모의심 선생님, 개인주의가 좋은 의미라는 것은 알겠는데요. 그래도 현실적으로는 더 많은 사람들의 이익을 위해서 개인이 희생해야 하는 경우가 있지 않을까요?

사회샘 물론 그런 경우가 생길 수 있지. 하지만 개인주의가 건강하게 자리 잡은 나라에서는 개인의 권리와 국가의 이익이 충돌하는 경우에도 최대한 개인의 권리를 보장하기 위해 노력하고 있어.

진단순 에이, 노력한다고 하는 것 보니까. 그냥 말만 그런 거 아니에요? 국가와 개인이 충돌할 때 개인의 권리를 꼭 보장하라는 법이 있어요?

사회샘 그런 법이 있지.

진단순 예? 그런 법이 있다고요?

장공부 선생님, 우리 헌법 제37조 말씀하시는 거죠?

사회샘 그래, 맞아.

헌법 제37조

제1항 국민의 자유와 권리는 헌법에 열거되지 아니한 이유로 경시되지 아니한다.
제2항 국민의 모든 자유와 권리는 **국가 안전 보장, 질서 유지** 또는 **공공복리**를 위하여 필요한 경우에 한하여 법률로써 제한할 수 있으며, 제한하는 경우에도 **자유와 권리의 본질적인 내용**을 침해할 수 없다.

사회샘 우리 헌법 제37조를 보면 먼저 제1항에서 국민의 자유와 권리는 헌법에 구체적으로 적혀 있지 않다고 하더라도 무시해서는 안 된다고 나오지.

모의심

근데, 제2항에서는 국가 안전 보장, 질서 유지, 공공복리를 위해 필요한 경우에 한해 법률로써 제한할 수 있다는데요?

진단순 의심이 말이 맞네. 이거 결국 국가의 이익을 위해서는 개인의 권리를 침해할 수 있다는 거잖아요. 내가 이럴 줄 알았어.

사회샘 그렇지 않단다. 제2항은 좀 더 자세히 이해할 필요가 있단다. 먼저 국가 안전 보장, 질서 유지, 공공복리라고 명시적으로 적어 놓은 이유가 뭘까?

진단순 그게 중요해서요?

사회샘 헌법에 이렇게 명시한 이유는 여기 적어 놓은 이유가 아니라면 절대 국민의 권리를 제한할 수 없다는 거지. 이건 오히려 개인의 권리를 보호하려는 목적이 더 크다고 할 수 있어.

모의심 뭐, 그렇게 해석할 수도 있지만 왠지 끼워 맞추기 같은 느낌인데요?

사회샘 음, 그럴까? 또 우리가 주목할 것이 **법률**로써만 제한할 수 있다는 점이야. 국가가 어떤 중요한 일을 한다는 이유만으로 개인의 권리를 침해할 수 있는 게 아니라 그런 이유가 있더라도 법률로 정해져 있어야만 가능하다는 건 국가의 행위에 대한 큰 제한이라고 할 수 있지. 민주주의 사회에서 법률이라는 건 결국 국민의 뜻에 따라 만들어지는 거니까.

진단순 에이, 뭐……. 그래도 결국 수많은 국민들이 필요하다고 생각하면 한 개인의 권리를 침해할 수 있는 거잖아요. 그래봤자 결국…….

장공부

아니. 제37조 제2항 뒷부분도 봐야지. 아무리 법률에 의한다고 하더라도 자유와 권리의 본질적인 내용을 침해할 수 없다고 적혀 있잖아. 그렇다면 결국 헌법 제37조는 개인의 권리는 침해하지 않도록 적극적으로 규정해 놓은 것으로 해석해야 하지 않을까?

진단순 공부랑 선생님이랑 아주 쿵짝이 잘 맞네. 의심아, 너라도 내 편이 되어 줘.

개인의 권리를 보호하기 위한 제도를 갖출 필요가 있다

모의심 선생님, 헌법상으로 개인의 권리가 소중하고, 또 침해되어서는 안 된다고 규정되어 있다는 것은 받아들인다고 해도 현실에서도 개인의 권리가 잘 보장되고 있을까요? 저는 좀 많이 의심스러운 걸요.

사회샘 물론 현실에서 개인의 권리가 완벽하게 잘 보장된다고 말할 수는 없지만, 과거에 비해 개인의 권리 침해가 줄어들고 있는 건 사실이야.

장공부 기사 같은 데서 보면 소위 유럽의 선진국이라고 불리는 나라에서는 우리가 보면 별 것 아닌 것 같은 데도 자신의 권리를 주장한다고 시위를 하기도 하고 그러더라고요. 그런 것은 개인주의가 잘 받아들여졌기 때문이겠죠?

사회샘 그래, 개인주의가 건강하게 자리 잡은 선진국들을 보면 시민 개개인이 당당하게 자신의 권리를 주장하는 모습을 볼 수 있지. 또 사회적으로도 개인의 권리 주장을 무조건 나쁘게 바라보지 않는다는 점도 주목할 만하지.

모의심 우리나라에서도 그렇게 **개인주의를 잘 받아들인 사례**가 있나요?

사회샘 물론이지. 특정 지역을 개발 제한 구역으로 설정하는 바람에 침해된 권리를 보상하는 경우를 생각해 볼 수 있단다.

모의심 개발 제한 구역이면 그린벨트 말하는 거죠?

사회샘 그래.

진단순 어? 그린벨트면 좋은 거 아닌가요. 무분별한 개발을 막기 위해 도시 외곽에 설정한 거잖아요. 자연환경도 보존하고 또 국가 안보를 위해 활용한다고 배운 거 같은데. 그 좋은 그린벨트가 왜 논란이 돼요?

사회샘 물론 그린벨트의 목적 자체는 바람직하지. 하지만 그런 좋은 목적이라고 하더라도 국가가 일방적으로 그린벨트를 지정하면 그 지역의 땅을 소유한 사람들은 피해를 입을 수밖에 없잖아.

장공부 그렇겠죠. 그린벨트 이전에는 마음대로 개발도 하고 자기 마음대로 쓸 수 있었을 텐데, 그린벨트가 설정되면 그렇게 못하니까 많이 피해를 보겠죠.

진단순 에이, 그 정도는 국가를 위해 참아야지.

모의심 단순아. 네 땅 아니라고 쉽게 얘기한다. 만약 국가에서 갑자기 너희 집을 네 마음대로 못 쓰게 하면 어떻겠어?

진단순 뭐? 우리 집을? 왜 우리 집을……. 우리 집은 우리 건데 우리 맘이지.

사회샘 그러니까 그린벨트 설정으로 하루아침에 자신의 땅을 이용할 수 없게 된 사람들 역시 억울할 거야. 그래서 이 사람들이 헌법재판소에 헌법 소원을 청구했지. 국가의 행위로 인해 자신들의 권리가 침해되었다고 말이야.

모의심 결과가 어떻게 되었는데요?

사회샘

음, 개발 제한 구역을 지정하는 것 자체는 헌법에 부합하지만 보상 규정을 두지 않는 것은 위헌이라는 것이 판결 내용이지. 즉, 개발 제한 구역을 지정한다고 해도 반드시 토지 소유자들에 대해 구체적인 보상 기준을 정해야 한다는 거야.

장공부 공익이라고 하더라도 국가가 일방적으로 개인의 권리를 침해하는 것은 문제가 있다는 거네요.

모의심 하지만 그렇게 개인의 권리를 중요하게 생각하다 보니까 공익은 전혀 고려하지 않는 경우도 생기잖아요. **님비(NIMBY)** 현상 같은 거 말이에요.

진단순 뭐? 냄비?

장공부 님비 현상. 자기 지역에 쓰레기 처리장이나 방사성 폐기물 처리장 같은 혐오시설 등이 들어오는 것을 반대하는 일종의 지역 이기주의를 뜻하는 거야. 단순아, 이 정도는 알아야지.

진단순 아, 그거야? 들으니까 기억난다. 지역 이기주의 그거 나쁜 거잖아.

사회샘 물론 그런 면이 있지. 하지만 지역 주민들의 동의도 구하지 않고 갑작스럽게 방사선 폐기물 처리장이 우리 동네에 들어온다면 이건 충분히 반대할 만하지 않을까? 지나치게 자기 이익만 내세우는 것은 문제가 있을 지도 모르지만 어쨌든 자기 지역 문제에 대해 목소리를 내는 것은 정당한 자신의 권리 행사라고 볼 수 있지.

모의심 그렇다고 해서 꼭 필요한 시설을 설치하지 않을 수 없잖아요?

사회샘 물론 그렇지. 그래서 최근에는 최대한 주민들의 동의를 얻기 위해 노력하고 있고, 또 이런 혐오 시설을 유치하는 경우 그에 대한 적절한 보상도 함께 제공하고 있지. 이런 것들이 바로 개인의 권리를 소중하게 생각하는 데서 비롯되는 거란다.

모의심 선생님, 병역 문제의 경우에도 그렇게 주장할 수 있나요?

사회샘 무슨 말이니?

모의심 양심적 병역 거부 있잖아요?

진단순 병역을 거부하는 게 무슨 양심이야?

장공부 아니, **양심적 병역 거부**. 종교나 자기 신념에 의해서 병역 의무를 지는 것을 거부하는 사람들을 말하는 거잖아. 이때 양심은 개인 스스로의 판단에 따른 믿음을 말하는 거야.

진단순 종교나 자기 신념? 에이, 그러면 종교 믿는다고 하고 다 군대 안 가게? 나라는 누가 지켜? 말도 안 돼.

사회샘 양심적 병역 거부는 상당히 어려운 문제지. 양심적 병역 거부에 대한 찬반 입장 모두 나름 타당한 면이 있으니까. 하지만 우리가 개인의 자유를 소중하다고 생각한다면, 그 자유 중에서도 자기가 옳다고 생각하는 것을 믿고 그에 따라 살아갈 수 있는 개인의 권리는 무척 소중한 거란다. 역시 국가가 함부로 침해해서는 안 되는 거지.

모의심 하지만 단순이 말처럼 종교적인 이유나 자신의 개인적인 신조에서 총기를 들 수 없다는 사람들의 권리를 보장하다 보면 결국 너도나도 병역의 의무를 회피할 거고 모두가 위험해지잖아요.

장공부 양심적 병역 거부를 인정한 나라도 있다고 들었는데, 선생님 맞죠?

사회샘 그래, 맞아. 아시아에서는 대만과 같은 나라가 대표적이지. 그런 나라들의 사례가 좀 도움이 되겠구나. 대만은 2001년부터 양심적 병역 거부 문제를 해결하기 위해 대체 복무제를 도입했지.

진단순 대체 복무제가 뭐예요?

사회샘 종교나 개인의 신념 때문에 총기를 들 수 없다는 사람들에게 군사 훈련을 면제해 주는 대신 다른 방식으로 사회를 위해 봉사하는 의무를 부과하는 방식을 말하지. 몸이 불편한 사람들이나 도움이 필요한 사람들을 위해 사회봉사를 하는 것이 대표적이지.

모의심 하지만 군대 가기 싫은 사람들이 악용할 수도 있잖아요?

사회샘 대만 사례에서는 그런 경우가 거의 없다는구나. 왜냐하면 대체 복무도 군 복무만큼이나 힘들고 어렵다고 하네. 특히 복무 기간이 군대에 가는 것보다 더 길어서 특별한 이유가 아니라면 사람들은 보통 군대에 가는 것을 선택한다고 하는구나.

장공부 음, 대체 복무제가 있으면 정말 개인적인 신념의 문제로 군대에 가지 못하는 사람들의 권리를 조금이라도 지켜 줄 수 있겠네요.

진단순 뭐, 그럴 수 있지만 또 다른 문제가 생기지 않을까? 나는 여전히 의심스럽네.

모의심 단순아, 그런 의심은 내 역할이잖아.

사회샘 하하. 어쨌든 대체 복무제를 통해서 우리가 알 수 있는 것은 개인의 자유와 국가의 이익이 충돌하는 경우 일방적으로 개인의 희생을 강요하기보다는 개인의 자유를 보장하면서도 국가의 이익을 보장하는 방법을 찾는 게 중요하다는 거야.

장공부 국가가 중요한 일을 할 때도 항상 개인의 권리를 보장하기 위해 노력한다고 생각하니 마음이 놓이네요.

사회샘 그래, 그게 바로 개인주의의 중요한 함의라고 할 수 있지.

개인주의는 이기주의인가?

모의심 그런데요, 선생님. 선생님이 설명해주신 내용을 들으면 개인주의가 좋은 것 같은데요. 개인주의하면 부정적인 이미지가 떠올라요. 사회에 관심이 없고 자신의 일에만 관심을 쏟는 사람이라고 할까?

사회샘 그런 경우는 **이기주의**라고 해야지.

모의심 네, 맞아요. 개인주의하면 이기주의가 연상이 돼요. 아까 지역 이기주의 얘기도 잠깐 나왔잖아요. 이기주의는 나쁜 거 아닌가요?

진단순 이기주의는 나쁜 거지. 나는 자기 이익만 챙기는 사람이 제일 싫다고, 개인주의가 이기주의라면 생각 좀 해봐야겠는데.

사회샘 음……. 일단 이기주의라고 무조건 나쁘다고 할 수는 없을 것 같은데, 물론 개인주의는 이기주의랑은 다른 거지만.

장공부 선생님, 하나씩 차근차근 설명해 주세요. 제가 생각해도 개인주의나 이기주의나 그게 그거라고 생각되는데 많은 사람들이 그렇게 얘기하는 것 같고요.

사회샘 일단, **이기주의**는 자기에게 이익이 되도록 행동하는 것을 뜻하지. 그리고 자기의 이익에 영향을 미치지 않는 문제에는 관심이 없지. 이렇게 얘기하면 조금 인간미가 없게 느껴지기는 하지만 오직 자기 자신의 일에만 신경 쓰는 사람을 이기주의자라 할 수 있지.

진단순 그건 나쁜 거잖아요?

사회샘 꼭 그렇지는 않아. 여기 있는 너희들 모두 1차적으로는 자기 자신의 일에 관심을 갖고 있잖아? 자기가 어떻게 되든 관심이 없는 사람이 있을까? 누구나 자기 이익을 소중하게 생각하고 그것을 실현하기 위해 살지.

모의심 하지만 자기 일 외에는 관심이 없고, 또 자기에게 이익이 된다고 다른 사람에게 피해를 주는 사람은 문제 아닌가요?

사회샘 물론 그런 사람은 문제지. 하지만 엄밀히 말해서 그 경우는 다른 사람에게 피해를 주는 게 문제인 것이지, 자기 이익을 추구하는 게 문제는 아니란다. 선생님이 말하는 핵심은 무조건 이기주의가 나쁜 것이라고 단정할 필요는 없다는 거야.

진단순 그럼, 개인주의는 이기주의예요?

사회샘 아니, 개인주의는 이기주의랑 전혀 다르지.

장공부 이기주의는 자기 이익을 소중하게 생각하고, 개인주의는 개인을 소중하게 생각하는 거란 말씀이시죠?

진단순 그게 뭐가 달라?

모의심 그러게, 나도 정확히는 이해가 안 되는데…….

사회샘 흔히 개인주의를 이기주의와 혼동하는 경우가 많은데, 다시 말하면 이기주의는 말 그대로 자기만을 위해 사는 거야. 하지만 개인주의에서 말하는 개인은 꼭 자기 자신만을 말하는 게 아니야. 이때 개인은 나를 포함하는 모든 사람들을 함께 지칭하는 보편적인 개념이지.

진단순 무슨 말인지 잘 모르겠어요. 개인주의가 보편적이라고요?

사회샘 그래, 개인주의에서 강조하는 개인의 이익 추구란 특수한 존재인 나의 이익을 추구하라는 의미가 아니야. 오히려 나의 권리와 이익이 중요한 만큼 다른 사람의 권리와 이익도 소중한 거지. 그런 의미에서 모든 사람들이 개인으로서 기본적인 권리를 동등하게 보장받기 위해 노력하는 사람이 진정한 개인주의자라고 할 수 있지.

장공부

정말 그런 개인주의자라면 우리가 흔히 말하는 자기만 생각하는 사람은 아니겠네요. 특정한 개인의 이익과 권리를 주장하는 것이 아니라는 점에서 개인주의와 이기주의가 분명 다르고요.

모의심 하지만 선생님, 개인주의가 자꾸 이기주의와 다르다고 하시는데, 어쨌든 개인주의에서는 공동체의 이익보다는 개인의 이익을 더 중요하게 생각하는 거는 맞잖아요?

사회샘 개인주의의 강조점이 공동체의 이익보다 개인의 이익을 우선시하라는 것은 아니지. 개인들이 모여 공동체가 이뤄졌다고 생각하면 그런 공동체의 이익을 무시하는 것은 수많은 개인들의 이익을 무시하는 거니까 말이지.

진단순

개인주의가 공동체의 이익을 무시하는 것은 아니라는 거네요.

사회샘 그렇지. 개인주의의 강조점은 개인의 이익을 고려하지 않은 채 공동체의 이익만을 강조하는 것이 문제라는 거야. 또한 공동체의 이익이 중요하다고 하더라도 누구나 자신에게 보장된 정당한 이익에 대해서 제대로 주장할 수 있어야 한다는 것이지.

장공부 어떤 공동체라도 각 개인에게 기본적인 자유와 권리를 보장해야 하고 각 개인은 각자의 권리를 정당하게 주장할 수 있다는 게 개인주의라는 거네요.

사회샘 그렇지. 그래서 공동체의 이익과 개인의 이익이 충돌할 때 개인의 권리를 주장한다고 해서 이것을 이기주의로 몰아붙이는 건 문제가 있단다. 이 점은 우리가 앞으로 논의할 때 주의해야지.

사회로부터 분리된 개인이 있을 수 있는가?

샌 델 (갑자기 화가 난 마이클 샌델이 등장한다.) 사회 선생, 오늘 개인주의가 주제라고 나를 너무 무시하는 것 아니요? 도대체 내 얘기는 언제 들으려고 이렇게 안 부르는 것이요?

마이클 샌델
(Michael Sandel)

사회샘 아, 막 부르려던 참입니다. 샌델 님 논의까지 가기 전에 개인주의의 기본적인 의미에 관련된 내용을 얘기하는 게 먼저라서…….

장공부 샌델 님? 우와.

진단순 뭐? 샌들? 이름이 뭐 그래? 이 아저씨 유명한 분이야?

장공부 하버드에서 강의하시는 세계적인 학자잖아. 최근에 우리나라에서 베스트셀러로 화제가 되었던 『정의란 무엇인가』라는 책의 저자로도 유명하지.

진단순 뭐? 그런 책이 베스트셀러가 되었다고? 딱 봐도 어려워 보이는구만. 그런 걸 돈 내고 사보다니 참 이해가 안 되는군…….

모의심 그런데 샌델 님은 세계적으로 유명한 공동체주의자 아니었나요? 오늘은 개인주의 얘기하고 있는데…….

샌 델   뭐, 공동체주의자란 이름은 내가 붙인 게 아니고 사람들이 나를 그렇게 부르는 것이고 나도 개인의 자유와 권리를 소중하게 생각하는 사람입니다. 오해하지 마세요.

사회샘   샌델 님이 현대 공동체주의자로 불리긴 하지. 샌델 님은 자유주의적 자아관에 대해 비판적인 주장을 한 것으로 유명한데 이런 비판은 개인주의를 생각하는 데 도움이 될 것 같아서 이렇게 모시게 된 거란다.

샌 델   아……. **무연고적 자아**(unencumbered self)에 대해 말씀하시는 거군요?

사회샘   네, 맞습니다.

진단순   무연? 뭐요? 에이, 시작부터 어렵네.

샌 델   네, 한국말로 옮기니 어렵기는 하네요. 흔히 자유주의에서 저지르는 잘못이기는 한데 먼저 여러분들에게 묻고 싶네요. 도대체 개인이나 자아가 뭡니까?

진단순   그냥 나죠. 여기 있는 나. 이상한 질문하시네.

모의심   음, 저도 단순이랑 비슷한데 이렇게 질문도 하고, 놀기도 하고, 마음대로 하는 지금의 나. 이게 자아잖아요. 아닌가요?

장공부   개인주의 공부하면서 개인의 자유와 권리에 대해 강조를 했으니까, 그런 자유와 권리를 가진 게 개인이라고 말할 수 있겠네요. 자유롭게 선택할 수 있고, 또 자기가 원하는 삶을 살아갈 수 있는 그런 게 개인이고 자아 아닌가요?

샌 델   맞아요. 보통 그렇게 답하는 경우가 많지요. 특히 현대 민주 사회를 살아가는 사람이라면 개인이나 자아라고 할 때 자유롭게 선택할 수 있는 그런 독립적인 자아를 떠올리는 게 보통입니다. 하지만 저는 그런 독립적인 자아는 불가능하다고 생각합니다.

진단순   아니, 그건 또 무슨 말씀이신지? 불가능하다고요? 제가 지금 여기 있는데…….

샌 델 좀 더 자세히 말해 봅시다. 개인이나 자아에 대해 더 구체적으로 말이죠. 도대체 여러분은 누군가요?

모의심 저는 2학년 3반 15번 모의심인데요.

진단순 저는 사랑하는 우리 엄마 아들이고, 공부랑 의심이의 친구이고요.

장공부 혹시 가족 관계를 물으시는 거면 저는 장 씨 집안 20대손이고, 지금 집에서 장녀로 막중한 역할을 맡고 있죠.

샌 델 하하, 그렇게 자세하게 말해 주지 않아도 되는데, 어쨌든 보세요. 당장 여러분들은 자기에 대해 소개하라고 하니까 다들 자기가 속한 공동체나 다른 사람들과의 관계 속에서 자아를 규정하고 있잖아요.

장공부 어? 정말 그러네요.

샌 델 예를 들어 단순 학생의 부모님, 그리고 친구들. 더 넓게는 한국 사회, 이런 것들이 막상 사라진다고 생각해 봐요. 그러면 부모님이나 친구들, 사회에 대한 사랑이나 애착, 여러 가지 기대나 의무 등도 사라지겠죠. 하지만 그런 것들이 다 빠져버린 지아가 정말 진단순 학생 자신이라고 말할 수 있을까요?

진단순 그런 게 없으면 내가 아니죠. 그런 거 다 빼고 나면 뭐가 남아요? 완전 텅 빈 것 같은데.

샌 델 제 주장이 바로 그겁니다. 즉, 우리는 자꾸 사회와 동떨어져서 존재하는 독립적이고 자유로운 개인을 가정하는데 도대체 그런 자아가 존재하기나 할까요?

장공부

그런 자아를 어려운 말로 **무연고적 자아**라고 하신 건가요?

샌 델

네, 맞습니다. 연고가 없는 자아……. 다른 말로 해석하면 '뿌리 없는 자아'라고 할 수 있겠네요. 하지만 실제 개인이나 자아는 그런 무연고적 자아가 아니죠. 오히려 자아는 가족, 민족, 문화, 전통과 같은 요소들로 구성되어 있는 그런 존재라는 것이 제 주장입니다.

108

모의심 느낌은 좀 오는데……. 그게 개인주의랑 정확히 어떤 관련성이 있는 거죠?

샌 델 보아하니 홉스 님이랑 로크 님이 왔다 가신 것 같던데, 그분들은 자연 상태에 있는 독립적인 개인들이 모여서 사회를 만들었다고 하셨죠. 하지만 도대체 그런 자연 상태가 어디에 있습니까? 사실 모든 개인들은 태어날 때부터 이미 공동체에 속해서 태어나는 거잖아요. 그런 공동체로부터 분리될 수 있는 자아를 떠올린다는 건 무척 비현실적이죠.

진단순 그러고 보니 아까 오셨을 때 내가 이걸 지적했어야 했는데…….

장공부

그러니까 개인주의는 어떤 의미에서 사회에서 독립적인 개인을 가정하는데 이건 잘못이라는 거군요. 샌델 님 주장은 우리가 그런 사회적 연고로부터 자유로울 수 없다는 것이고…….

샌 델 맞습니다. 현실 속에서 개인은 사회적 관계 속에서 존재하지, 이러한 관계로부터 분리되어 존재할 수 없습니다. 오히려 우리는 그러한 관계 속에서 존재하죠. 가족이나 친족으로부터 영향을 받고 친구들과의 관계 속에서 영향을 받으면서 살아가고 있지요. 이른바 우리는 **연고적 자아**인 것입니다.

개인주의는 사회 구성원으로서의 책임을 설명할 수 있는가?

사회샘 개인을 사회와 분리해서 생각할 수 없다는 샌델 님 말씀은 많은 주목을 받았지요. 하지만 개인을 중시하는 자유주의 철학자들도 개인이 그런 사회에 둘러싸여 있다는 사실을 부정하지는 않습니다. 물론 그러한 사회적 측면을 얼마나 중요하게 생각하는가는 별개의 문제겠지만요.

샌 델 타당한 지적입니다. 하지만 애당초 자유주의는 사회와 분리된 개인을 전제하는 이론이기 때문에 단순히 자아의 사회성을 강조하는 것만으로는 해결할 수 없는 문제들이 많답니다. 대표적인 것이 바로 **사회의 도덕적 책임**에 대해 답할 수 있는가 하는 점입니다.

모의심 사회의 도덕적 책임이라는 건 뭘 말하는 건가요?

샌 델 여기는 한국이니까, 일제강점기와 관련된 사례로 말하면 이해가 쉽겠군요. 여러분들은 과거 한국을 침략해서 식민지로 만들었던 일본에 대해 어떻게 평가하나요?

진단순 뭐 그런 단순한 걸 물어 보세요? 완전 나쁜 사람들이죠. 남의 나라를 침략해서 사람들을 괴롭히고, 위안부 할머니들을 강제로 끌고 가서 욕보이고, 일본 얘기만 나왔다 하면 완전 화나는데.

장공부 냉정하게 보더라도 일본은 일제강점기 이후에 자신들의 침략 행위에 대해 진솔하게 반성한 적이 없고, 또 책임 있는 모습을 보이지도 않았기 때문에 비판받을 점이 많다고 생각해요. 특히 침략을 받은 우리나라 입장에서는 더더욱 그렇죠. 일본은 역사적 과오에 대해서 진정성 있는 사과와 함께 책임지는 태도가 필요해요.

샌 델 그렇습니다. 여러분들의 지적은 보통의 사람들이 생각하는 도덕적 직관에 부합하지요. 하지만 개인주의가 그런 도덕적 책무를 설명할 수 있을까요?

모의심 개인주의는 그런 도덕적 책무를 설명할 수 없다는 말씀인가요? 개인의 권리를 소중하게 생각하는 거랑 과거 침략 행위에 대해 책임을 안 지는 거랑 무슨 관계가 있는 거죠?

샌 델 개인을 강조하는 자유주의의 주장에서 핵심이 뭡니까? 바로 자유롭게 선택할 수 있는 개인, 그리고 그런 개인의 자율성에 근거한 책임. 그런 거 아니겠습니까? 과연 그런 생각으로부터 과거의 행위를 반성할 수 있을까요?

진단순 아니, 자기들이 침략하기로 선택해서 나쁜 짓을 저질렀으니 책임을 져야죠. 개인주의도 그렇게 생각해야 맞는 거 아니에요?

장공부 단순아, 하지만 지금 일본에 사는 사람들은 대부분 일본이 침략했던 당시에 결정을 내렸던 사람들이 아니잖아. 아마 샌델 님은 그걸 말씀하시는 것 같은데…….

샌 델 장공부 학생이 정확히 말했습니다. 쉽게 말하면 앞서 일본이 침략했던 잘못과 그로 인한 책임은 바로 앞선 세대의 것이지 자신들의 것이 아니라는 말이죠. 사실 개인주의적 입장에서 보았을 때 오늘날 일본에 사는 대부분의 사람들은 그런 침략 행위를 스스로 선택하거나 결정한 적이 없죠. 그렇

110

다면 책임도 질 수 없다는 겁니다.

진단순 아니, 무슨 그런 말도 안 되는 얘기를……. 불과 몇십 년 전에 자기들 아버
지나 할아버지 세대에 저지른 거잖아요. 그 땅에서 태어났으면 같이 책임
을 져야지. 이건 뭐……. 내가 한 일이 아니니 난 모르겠다. 이런 거잖아
요. 이건 문제가 있지.

장공부

> 그렇기는 한데……. 사회와 분리된 개인을 가정하고, 자유와 권리를 지
> 닌 개인이 자신의 선택에 대해서만 책임을 져야 한다는 개인주의 입장
> 에서 보면 정말 그와 같은 사회의 책임을 설명하기가 어려울 것 같아.

모의심 그럼, 샌델 님의 입장에서는 이런 사회의 책임을 설명할 수 있나요?

샌 델 물론이지요. 제가 말하는 연고적 자아는 인간을 사회 속에서 규정하지요.
이때 사회 속의 인간이란 그 공동체의 역사를 공유한다는 의미도 갖고 있
는 겁니다. 그래서 연고적 자아는 가족, 국가, 민족의 구성원이자 그 역사
를 떠안은 사람으로 이해할 수 있죠.

진단순 또 그렇게까지 얘기하니까 무척 거
창한데요. 제가 우리 민족의 역사
를 떠안은 사람이라는 거죠? 오!
완전 비장감이 넘치는데.

샌 델 그런가요? 어쨌든 개인이나 자아
를 이렇게 이해하면 공동체에 대한
책임이나 의무는 자연스럽게 정당
화됩니다. 왜냐하면 내가 선택하
지 않았더라도 그런 책임이나 의무
가 곧 나를 구성하는 것이고 나의
일부이기 때문입니다. 그래서 내
가 직접 한 일은 아니지만 내가 속
한 공동체의 책임을 내가 함께 지

제2차 세계 대전 당시 침략국 독일에 처참하
게 당했던 폴란드의 수도 바르샤바를 찾아
희생자를 기리는 기념비 앞에 무릎을 꿇고
사죄하는 독일 총리 빌리 브란트입니다.

는 것이죠.

장공부 그렇게 생각하면 현대를 살아가는 일본인이라고 하더라도 과거 조상의 잘못에 대해 한국에 사과하고 또 책임 있는 모습을 보여야 한다고 주장할 수 있겠네요.

샌　델 물론, 일본만의 문제는 아닙니다. 가령 독일이 유대인에 대해 갖는 도덕적 부담, 백인 미국인이 흑인에게 갖는 도덕적 부담, 또는 영국과 프랑스가 예전의 식민지였던 나라에게 갖는 도덕적 부담 같은 것들이 모두 마찬가지 사례라고 할 수 있지요. 우리의 직관에 비추어 볼 때 이런 부담이 정당하다면 제가 말한 연고적 자아를 전제하고 있는 것입니다.

모의심 하지만 연고적 자아에서 주장하는 것처럼 개인이 사회와 분리될 수 없다는 것을 현실적으로 인정한다고 해도 도대체 개인의 얼마나 많은 부분이 사회적으로 구성되는 것인지는 논란의 여지가 있는 것 아닌가요? 일본이 우리에게 책임을 지는 것은 좋지만 그렇다고 정말 내가 한 일도 아닌데 무한 책임을 지라고 하는 것도 좀 문제가 있을 것 같은데.

진단순 어, 의심아. 뭔가 날카로운 듯…….

모의심  또 있어요. 우리의 자아가 그렇게 사회적으로 구성되었다고 하더라도 여전히 개인이 최종적으로 선택할 수 있는 부분이 있지 않을까요? 한국에서 한국인으로 태어났다고 하더라도 그런 한국인으로서의 지위를 포기하기도 하니까. 그렇게 보면 결국 사회와 분리된 개인을 생각하는 게 불가능하다고만 볼 수는 없을 것 같기도 한데요.

샌　델 정말 의심 학생이 좋은 질문을 하네요. 사실 그 부분은 저도 답하기가 어렵겠네요. 하지만 제가 강조하는 것은 어쨌든 개인을 사회와 분리해서 생각하는 것은 잘못이라는 것, 그리고 사회에 의해 구성되어 있는 개인을 가정할 때라야 사회의 도덕적 책임과 같이 우리가 정당하다고 받아들이는 주장을 할 수 있다는 겁니다.

사회샘 샌델 님 말씀처럼 개인의 권리를 강조하다 보면 공동체에 대한 특별한 책임을 주장하기 어려운 것은 사실이야. 샌델 님의 공동체주의는 바로 이 점에서 개인을 강조하는 자유주의와 다른 것이지.

진단순 그럼, 개인주의는 결국 잘못된 건가요?

사회샘 그렇진 않지. 어쨌든 개인주의의 초점은 공동체의 집단적 가치를 우선시해서 개인의 자유와 권리를 침해해서는 안 된다는 거였잖아. 그런 점에서 보면 여기 계신 샌델 님도 개인의 자유와 권리를 부정하지는 않는단다.

샌 델 네, 저는 공동체주의를 주장하지만 개인주의에서 말하는 개인의 자유와 권리를 여전히 소중하게 생각합니다. 그래서 제가 처음에 말씀드린 것처럼 저는 개인주의를 반대하는 것은 아닙니다. 오해하지 말아주시기를······.

사회샘 샌델 님, 직접 오셔서 좋은 얘기해 주셔서 많은 도움이 된 것 같습니다. 다음 기회에 또 뵙도록 하지요.

샌 델 네, 그럽시다. 학생들······. 다음번에는 내가 말한 공동체주의를 가지고 수업 한번 합시다. 그때는 내가 더 시원하게 설명해 주지요. 그럼 다음에 봅시다. (마이클 샌델 사라진다.)

학생들 안녕히 가세요.

개인의 권리는 소중하다

사회샘 어때? 오늘 개인주의에 대해 새로운 걸 좀 많이 배운 것 같니?

진단순 예. 저는 초반에 말씀해 주신 사례들이 기억에 남아요. 가미카제나 우생학이었죠? 국가나 사회의 이익을 위해 개인을 수단처럼 생각하는 게 정말 충격적이었다니까요.

모의심 매향리도 있었잖아. 국가 안보를 위해 주민들의 피해는 신경 쓰지도 않고 말이야.

장공부 그래서 우리가 개인주의를 배운 거잖아. 개인은 국가의 도구가 아니고, 또 개인에게는 소중한 권리가 있다는 것, 그리고 이런 개인주의가 오늘날 민주주의의 기반이 되었다는 것 말이야.

사회샘 정말 모두들 잘 배운 것 같구나. 개인주의와 관련된 논쟁도 충분히 이해가
　　　되었는지 모르겠구나.

진단순 뭐, 개인주의가 이기주의랑 다른 거라고 했잖아요. 왜였더라?

장공부 이기주의는 자기 이익만 고려하지만 개인주의는 꼭 자기가 아니라도 보편
　　　적인 개인의 권리를 소중하게 생각하는 거였잖아.

진단순 아, 맞아! 샌델 님도 뭐라 뭐라 그랬는데…….

모의심

샌델 님은 사회와 분리되어 있는 개인을 무연고적 자아라고 하시면서
비판하셨지. 그런 개인은 존재하지 않는다고 말이야. 그래서 연고적
자아로 생각해야만 사회의 도덕적 책임과 같은 부분도 설명할 수 있
다고 말이야.

장공부 그렇긴 하지만 개인주의가 공동체의 집단적 가치를 명분으로 개인을 억압
　　　하는 권력과 제도에 맞서 개인의 자유와 권리를 지키기 위한 최소한의 장
　　　치라고 생각할 때 단순히 개인주의가 사회적 책임이나 공동체와 반대된다
　　　고 비판하는 것은 문제가 있다고 생각해요.

진단순 왜 수업 끝나가는 데 또 논쟁을 하고 그래. 이건 정말, 나 단순이의 권리를
　　　침해하는 거라고. 쉬는 시간에는 쉬어야지. 개인주의를 공부한 너희들이
　　　자기 생각만 해서야 되겠니?

사회샘 그래그래. 단순이까지 모두 개인주의에 대해 충분히 이해한 것 같구나. 그
　　　럼 오늘 수업은 이만 마치도록 하자. 정말 단순이의 권리도 소중하니까 말
　　　이야. 다음 시간에 보자.

학생들 네, 안녕히 가세요.

개인주의, 국기에 대한 경례를 바꾸다

모의심 참, 그러면 국기에 대한 경례는 어떻게 되는 거야?

진단순 뭐가 어떻게 돼? 내가 맞는 거지. 아빠는 국기에 대한 경례가 바뀐 것도 모
　　　르고…….

장공부 사실 우리 모두 몰랐지 뭐. 특히 국기에 대한 경례가 바뀐 것이 개인주의

와 관련이 있을 줄이야.

진단순 국기에 대한 경례를 생각 없이 무조건 외우기만 했는데 이제는 국민 의례를 할 때마다 개인주의가 생각날 것 같아.

모의심 생각해 보면 그냥 맹목적으로 국가에 충성을 다짐하는 건 좀 문제가 있지. 자유롭고 정의로운 국가라면 몰라도.

진단순 그래. "몸과 마음을 바쳐"라는 부분이 빠진 것도 괜찮은 듯. 훨씬 거부감이 안 들어.

장공부 너희들 이러다가 국기에 대한 경례도 안 하는 거 아냐?

모의심

그건 어떤 국가냐에 따라 다르지. 개인의 권리를 잘 보장하는 국가라면 국기에 대한 경례를 왜 마다하겠어!

진단순

맞아. 개인의 권리를 잘 지켜주는 우리 나라를 내가 얼마나 사랑하는데…….

장공부 단순이, 완전 애국자 되셨는데.

진단순 자, 오늘 개인주의도 제대로 배웠고 국기에 대한 경례도 제대로 알았으니, 이제는 내 개인의 권리를 챙기러 가야지.

모의심 무슨 권리?

진단순 뭐긴, 용돈을 두 배로 올려 받을 권리지. 완전 기대된다. 이 권리를 안 지켜주면 아버지에게 개인주의에 대해 설명해 드려야지.

장공부 오오, 단순아. 개인주의 잘 설명해 드리면 너 공부 열심히 했다고 용돈 더 올려 주시겠다. 우리도 맛있는 거 사 주나?

모의심 단순이는 용돈이 오르면 친구들에 대한 의리도 지킬 거야. 개인주의가 이기주의는 아니라고 했으니까.

진단순 아, 너희들 달라붙는 거 보니 나는 이기주의자 할래.

장공부 뭐라고? 너 치사하게, 하하.

존 로크, 『시민정부론』

§6

자연 상태에는 그것을 지배하는 자연법이 있으며 그 법은 모든 사람을 구속한다. 그리고 그 법인 이성은 조언을 구하는 모든 인류에게 인간은 모두 평등하고 독립된 존재이므로 어느 누구도 다른 사람의 생명, 건강, 자유 또는 소유물에 해를 입히지 말아야 한다고 가르친다.

§123

만약 자연 상태에 있는 인간이 앞에서 말한 바와 같이 그토록 자유롭다고 한다면, 만약 그가 자신의 인신과 소유물에 대한 절대적 주인이고 가장 위대한 사람과도 평등하며 어느 누구에게도 종속되지 않는다고 한다면, 대체 그는 왜 그러한 자유와 결별하는 것일까? 왜 그는 이러한 제국을 포기하고 다른 권력의 지배와 통제에 복종하려고 하는 것일까? 이러한 질문에 대해서 자연 상태에서 그는 그러한 권리를 가지고 있음에도 불구하고 그 향유가 매우 불확실하고, 끊임없이 다른 사람이 침해할 위험에 놓여 있다고 분명하게 답할 수 있다. …(중략)… 그러므로 그가 이미 결합되어 있는 다른 사람들 또는 그럴 생각이 있는 다른 사람들과 더불어 그들의 생명, 자유, 토지(estates), 즉 내가 '소유(property)'라는 일반적 명칭으로 부르는 것의 상호 보존을 위해서 사회를 결성할 것을 추구하거나 기꺼이 사회에 가입하려고 하는 것은 너무 당연하다.

§124

따라서 인간이 공동체(common wealth)를 결성하고 스스로 정부의 통치를 받고자 하는 가장 크고 주된 목적은 그들의 소유를 보존하기 위해서이다.

노르베르트 보비오,『자유주의와 민주주의』, 문학과 지성사

노르베르트 보비오
(Norberto Bobbio)

자유주의와 민주주의는 개인을 그들의 공통 시발점으로서 중시하고 있다는 점에서 그들 사이의 상호 연결고리가 있을 수 있게 된다. 자유주의와 민주주의는 모두 사회에 대한 개인주의적인 관념에 기초하고 있다. 정치사상사는 유기체론(organicism, holism)과 개인주의(individualism, atomism) 사이의 대격돌로 온통 채워져 있다. 비록 이들 간의 상대적 특질을 한 마디로 설명한다는 것이 힘든 일이지만 대체적으로 얘기해서 유기체설이 고대 정치 사상가들에게 두루 수용되었던 생각이라면 개인주의는 근대 정치 사상가들에게 두루 수용되었던 생각이다(적어도 근대 국가 이론의 기원이 개인주의에 입각하였음은 사실이다). 유기체론과 개인주의를 이처럼 대비적으로 보는 시각은 콩스탕이 고대의 민주주의와 근대의 자유주의를 역사적으로 대비시켰던 것보다 더 설득력을 갖는다. 유기체론에서의 국가는 몸체이다. 국가라는 전체적인 구조는 각 부분들로 이루어져 있는데, 국가 내의 각 부분들은 그 나름대로의 운명을 가지고 있긴 하지만 그 각 부분들은 전체로서의 공동적인 생활을 위하여 상호 의존 관계를 이루며 일정한 기여와 협조를 하게 된다. 개체적인 단위로서의 개인들이 어떤 자율성을 지닌 존재로서 파악되지 않는 것이 유기체설이다. 개인주의에서의 국가는 각 개인들의 결합체이다. 국가는 각 개인들이 서로 작용하는 관계와 그 속에서의 개인들의 활동을 통해서만이 그 존재 의의를 얻을 수 있는 존재이다. …(중략)… 자신의 위치를 충분히 자각한 개인들의 관점에서 완벽한 국가 이론은 홉스에게 와서야 비로소 그 전일적 체계를 갖추게 된다. 홉스는 개인들이 서로 갈등의 소지가 있을 수밖에 없는 정념과 이해관계를 가지고 있기 때문에 서로 분리된 채 살 수 밖에 없는 자연 상태를 가설적으로 설정한 뒤, 이들이 공동 파멸의 위험에서 벗어나기 위해서 하나의 정치사회를 구성하는 데 합의할 수밖에 없다고 주장하였다.

마이클 샌델(2006), 「자유주의와 무연고적 자아」, 경북대학교 인문학연구소

칸트적 자유주의자들은 이렇게 옳음의 우선성을 주장함으로써 하나의 가치관에 대한 공인을 피해가고 있다. 그런데 여기서 옳음의 우선성은 목적에 선행해 있는 자아라는 자아관에 입각해 있다. 이런 자아관은 어느 정도로 그럴듯할까? 그런 자아관이 지니는 강력한 호소력에도 불구하고, 무연고적 자아상은 결함이 있는 것이다. 그것은 우리의 도덕적 경험을 설명해 내지 못한다. 왜냐하면 그것은 우리가 공통적으로 인정하고, 심지어 높이 평가하는 어떤 도덕적, 정치적 책무들을 설명해 낼 수 없기 때문이다. 이런 책무들은 연대의 책무, 종교적 의무, 그리고 선택과는 무관한 이유들에 의해 우리에게 요구되는 다른 도덕적 연대를 포함하고 있다. 우리가 선택한 적 없는 도덕적 연대에 의해서는 결코 구속되지 않는 자유롭고 독립적인 자아로서 우리 자신을 이해한다면 위에 나열한 책무들은 설명하기 어려운 것이 된다. …(중략)…

이런 관점으로부터 나올 한 가지 놀라운 결과는 "엄밀히 말해서, 시민들에게 일반적으로 지워질 정치적 책무는 없다."라는 점이다. 공직에 있는 사람은 정치적 책무(즉, 선출되었을 경우, 그 나라를 위해 일해야 할 책무)가 있을지언정, 보통 시민들은 그런 책무를 가지지 않는다. "행위를 구속하는 필수 요건들이 무엇인지, 그것을 수행해 온 사람이 누구인지 분명하지 않다." 따라서 평균적인 시민들은 그들의 동료 시민들에 대해, 부정의를 저지르지 말라는 보편적이고 자연적인 의무 외에 특별한 어떤 책무를 가지지 않는다.

보편적으로 부여되는 의무 혹은 자발적으로 발생하는 책무라는 견지에서 모든 책무를 해석하려는 자유주의적 시도는 우리가 공통적으로 인정하는 시민적 책무, 그리고 다른 도덕적, 정치적 연대를 설명하기 어렵게 만든다. 그것은 위와 같은 충성과 책임을 포착해 내지 못한다. 충성과 책임의 도덕적 힘은 부분적으로는 다음과 같은 사실에 놓여 있다. 즉, 그런 충성과 책임을 지키고 산다는 것은 우리 자신을 특정한 사람으로서, 즉 이 가족, 이 도시, 이 나라, 이 민족의 성원으로서, 이 역사의 담지자로서, 이 공화국의 시민으로서 이해하는 일과 떨어질 수 없다. 이런 충성은 내가 일정 거리를 두고 우연히 취하는 가치 그 이상의 것일 수 있다. 그런 충성에서 귀결되는 도덕적 책임은 내가 자발적으로 발생시킨 책무 그리고 내가 인간 자체에

118

대해 갖는 "자연적 의무"를 넘어선 것일 수도 있다.

존 스튜어트 밀, 『자유론』

오로지 자신과 관련한 행위에 대해서 그의 독립성이 절대적이라는 것은 너무나 당연하다. 그 자신, 즉 자신의 신체와 정신에 대해서 각 개인은 주권자이다. …(중략)… 유일하게 자유라는 이름으로 불릴 수 있는 자유란, 다른 사람의 자유를 박탈하거나 자유를 얻기 위한 노력을 방해하지 않는 한, 각자 자신이 원하는 대로 자신의 선을 추구해 나가는 자유이다. 각자가 자신의 육체나 정신, 영혼의 건강을 지키는 적임자이다.

존 스튜어트 밀(John Styart Mill)

알랭 로랑, 『개인주의의 역사』, 한길사

런던에서 『예속의 길』을 발표하는 1945년부터 하이에크는 타당성 있는 논리로 기꺼이 고전적 개인주의를 옹호하면서 이를 희화화시키는 전체주의에 대항하였다.

우리가 말하는 개인주의, 즉 사회주의나 그 밖의 모든 집산주의 형태와 대립되는 개인주의와 이기주의가 무관한 것은 필연적이다. 그렇다면 이런 개인주의란 어떤 것인가? 개인을 그 자체로 존중하고 개인의 의견과 취향은 그의 고유한 것임을 인정한다는 사실은, 인간이 자신의 개인적 재능과 성향을 발전시키는 것이 바람직하다고 생각하는 것과 같다. …(중략)… 모든 개인주의 철학이 기초하는 근본적 사실은 정해진 한계 안에서 타인이 아닌 자신의 가치를 자유롭게 따를 수 있어야 한다는 것이다. 또 이 점에서 개인의 목적은 절대적이고 타인의 권력에서 벗어나야 한다는 것이다. 개인을 자신의 목적에 대한 최종적 심판관으로서 인정한다는 것, 가능한 한 개인의 행동을 지배하는 것은 그 자신의 생각이어야 한다는 것, 바로 이런 것이 개인주의의 본질이다.

개인주의는 사회에 어떤 영향을 미치는가?

개인의 사회에 대한 관계를 이해하는 관점에서 자유주의와 민주주의는 차이가 드러난다. 자유주의는 하나의 유기체로부터 개인을 분리시켜낸다. 자유주의는 개인들을, 적어도 자기 삶의 대부분의 시간을, 유기체 모태의 밖으로 나와서 살아가는 것으로, 그렇게 하여 미지의 그리고 위험스러운 생존 경쟁의 세상을 개인들이 살아갈 수밖에 없는 것으로 파악한다. 민주주의는 다시 한 번 자기 자신과 같은 다른 사람들과의 함께 함에로 개인들을 이끈다. 그 같은 사람들의 연대를 통해 사회는 새로이 세워질 수 있다고 민주주의는 믿는다. 민주주의의 개인들은 더 이상 하나의 유기체적 전체로서가 아닌 자유로운 개인들의 하나의 결사로서 인식된다. 자유주의는 정신적인 영역과 경제적인 영역에서 국가에 의해서 침해될 수 있는 개인적 자유를 변호하고 그 개인직 자유를 신포한다. 민주주의는 사회를 개인들 사이의 공동적 합의의 산물로 봄으로써 개인과 사회를 화해시킨다.

– 노베르트 보비오, 『자유주의와 민주주의』, 문학과 지성사 –

1. 개인과 사회의 관계에 대한 자유주의와 민주주의의 차이점을 서술하시오.

2. 개인의 자유와 권리를 강조하는 개인주의가 사회적 연대를 주장할 수 있는지 자신의 생각을 쓰시오.

120

인간 존중

내 좌석은 왜 없어졌을까?

모의심 애들아, 이번 달 자율학습실 좌석 배정표 나온 것 봤니?

진단순 아직 못 봤는데, 나는 몇 번이야?

장공부 단순이, 네 이름은 없는 것 같던데……. 너도 신청한 거야?

진단순

응. 이번 달에는 정말 열심히 해보려고 굳게 마음 먹고 신청했는데, 왜 이름이 없지? 이상하네.

모의심 혹시 탈락된 거 아냐? 자율학습실 신청자가 좌석 수보다 많았다는 거 같던데?

진단순 뭐야? 그래도 기존에 이용하던 사람이 우선일 텐데……. 혹시 너희들도 탈락했니?

장공부 아니. 나는 기존 좌석 그대로고 의심이 이름도 봤는데…….

진단순
뭐야? 나만 탈락인 거야?
도대체 기준이 뭐야?

모의심 아마, 성적이지 않을까? 중간고사 성적이 나온 지 얼마 안 되었잖아. 성적만큼 딱 떨어지는 게 없으니까.

장공부 그런가? 단순이 너 중간고사 성적 잘 나왔니?

진단순 사회 점수가 2점인가 올랐어.

장공부 엥? 2점? 이번에 사회 문제가 쉬워서 다들 10점 정도는 오른 것 같던데?

모의심
어휴, 그러니까 그렇지. 다른 애들에 비하면
단순이 네 성적은 떨어진 거잖아.

진단순 뭐야? 그럼, 내가 성적이 떨어져서 좌석 배정을 못 받았단 말이야? 말도 안 돼! 어떻게 성적에 따라 좌석을 배정할 수가 있어?

장공부 성적에 따라 좌석을 배정하는 건 좀 심한 것 같기는 하다.

진단순 이거, 공부 못한다고 완전 무시하는 거잖아. 같은 사람인데 이런 식으로 무시당하고는 살 수 없어. 학교에 항의해야겠어.

모의심 단순아, 잠깐만, 진정해.

진단순 내가 진정할 상황이야? 솔직히 내가 말을 안 해서 그렇지, 내가 기분 나쁜 적이 한두 번이 아니야. 학교에서 나는 완전 찬밥이라고……. 이런 기분 너희가 알기나 해?

장공부 단순아, 너무 흥분한 것 같아.

공부를 못 해도 존중받고 싶어요

진단순 사실 좌석 배정 문제만이 아니야. 수업 시간에도 선생님들은 공부 너하고만 시선을 맞추고 말씀하시잖아. 나는 거의 없는 사람 취급이라고!

모의심 그거야, 네가 수업 시간에 집중도 안 하고, 잘 안 들으니까 그렇지. 그냥 엎드려 자는 날도 많잖아.

진단순 그건 오해야. 좀 피곤해서 졸거나 딴짓할 때도 있지만 수업 들을 때도 많다고. 가끔씩은 정말 열심히 듣는 때도 있단 말이야.

장공부 정말, 단순이 네가 그런 적도 있단 말이야?

진단순 너희들까지 나를 무시하는구나. 지난번 국어 시간에는 소설 작품까지 미리 읽어왔었다고.

모의심 예습도 해왔단 말이야? 단순이 네가?

진단순 그럼. 나는 책이라고는 안 보는 줄 아니?

장공부

> 그건 사실이잖아? 단순이 너 책 보는 걸 본 적이 없는데…….

진단순 얘들이 정말. 내가 소설을 얼마나 좋아하는데……. 그날도 내가 좋아하는 소설이어서 미리 읽어 와 선생님이 질문하면 대답하려고 기다리고 있었다고. 그런데, 선생님은 아예 나한테는 읽어 왔느냐는 질문조차 하지 않더라고. 내가 얼마나 서운했는지 알아? 그날도 선생님은 장공부랑만 얘기하셨지.

모의심 그거야, 평소에 공부가 집중도 잘하고, 매번 대답도 잘하니까…….

진단순 너는 몰라, 나같이 성적이 낮은 학생들이 받는 차별적인 시선과 대우를. 학교에서는 성적에 따라 모든 대우가 결정되고 있단 말이야. 수업 시간에 나를 바라보는 선생님들의 표정을 보면 "네가 뭘 알겠냐?"라는 식으로 말하는 것 같다고.

모의심 단순아, 너 너무 예민하게 군다.

장공부 그래, 단순아. 오해일 수도 있는데, 선생님들을 너무 부정적으로만 보는 것 같아.

진단순 예를 들라면 또 들 수 있어. 공부 너 기억하니? 지난번에 같이 지각했던 날 있잖아.

모의심 아……. 지난번에 비 많이 왔던 날, 공부랑 단순이 너랑 지각했었지?

진단순 그래. 그날 옆 반에 다리 아픈 친구와 같이 오느라고 늦은 건데, 우리 담임 선생님이 교무실로 불러서 어떻게 했는지 기억나니?

장공부 그날 특별히 야단맞지는 않은 것 같은데, 다음부터는 조심하라고 하시지 않았나?

진단순 거봐……. 공부 너야 그렇지. 공부 너는 어쩌다 한 번 실수한 거라고 그렇게 지나갔겠지만, 나는 그날 얼마나 야단맞았는지 아니? 같은 잘못을 해도 공부처럼 공부 잘하는 아이와 나처럼 공부를 잘 못하는 아이는 대우 자체가 다르다고!

장공부 단순이, 너 정말 쌓인 게 많구나.

모의심 사실, 같은 실수를 해도 공부에 비해 단순이가 더 심하게 혼나는 경우가 많기는 하지. 단순이 입장에선 억울하기도 할 거야.

진단순 공부야. 넌 학교에서 특급 대우를 받기 때문에 나 같은 아이들이 얼마나 차별을 받고 무시당하는지 잘 모를 거야. 이런 것도 따지고 보면 다 신분이고 계급이지. 에이.

장공부 그래도 신분이나 계급이라니, 그건 좀 심한 표현 아닐까?

모의심 좀 심하게 들리기도 하지만 옆에 있는 학교 얘기 들으니까 그 학교에서는 공개적으로 성적이 우수한 학생들만을 위해 특별반을 만들어서 운영한다고 하더라고. 그 학교도 독서실에 들어가려면 전교 50등 안에 들어야 한다나? 이 정도면 신분이나 마찬가지잖아.

진단순 그래. 이거 민주주의 국가에서 이렇게 사람을 무시해도 되는 거냐고? 내가 우리 사회를 다 바꿀 수는 없지만 이번 문제는 정말 그냥 넘어가지 않을 거야. 일단 담임 선생님을 만나서 강력하게 따져야겠어.

평가와 무관하게 누구나 존중받아야 한다

사회샘 오늘 단순이가 왜 이렇게 흥분하고 있을까? 또 누가 단순이를 화나게 만든 거니?

진단순 누구긴요. 다 공부 잘하는 사람만 좋아하는 학교가 그랬죠.

사회샘 그게 무슨 얘기니?

모의심 단순이가 공부 못한다고 무시당했던 얘기를 하고 있었어요. 처음에는 그러려니 했는데 들어 보니 무척 기분이 상했을 것 같아요.

진단순 선생님. 사람이라면 누구나 똑같이 존중받아야 하는 거잖아요. 왜 공부 잘하는 사람만 존중받는 거죠?

사회샘 그래, 단순이 얘기 들으니 선생님도 마음이 아프구나.

장공부 선생님, 단순이 입장이 충분히 이해는 되지만요. 우리가 살아가는 사회가 다 능력 위주로 평가하잖아요. 학교에서도 사실 공부를 잘해야 인정받는 것이고, 솔직히 뭔가 능력 있고 잘하는 사람에게 더 호감이 가는 게 사실이고요.

진단순 그래서 넌 내가 이렇게 존중받지 못하고 무시당해도 된다는 거야?

장공부 아니, 그런 뜻은 아니야. 단순이 네가 좀 더 열심히 노력하면 그 부분에 대해서는 더 높이 평가받고 인정받을 수 있다는 거지.

진단순 그 말이 그 말이지. 결국 네 말은 내가 이런 대우를 받는 게 모두 내 탓이라는 거잖아.

모의심 얘들아 싸우지 말고, 내가 보기에는 공부가 하는 얘기랑 단순이가 하는 얘기가 좀 다른 것 같은데?

사회샘 그래. 의심이가 예리하게 잘 파악했구나. 공부가 말한 것처럼 열심히 하고, 또 잘한 부분에 대해서는 그에 따라 평가받고 인정받는 것도 중요하지. 하지만 단순이가 말하는 것은 그런 평가와는 무관하게 인간이라면 누구나 존중받아야 한다는 좀 더 근본적인 얘기잖아.

진단순 인간이라면 누구나 존중받아야 한다고요? 교과서에나 나올 만한 얘기라 거부감은 들지만 그래도 오늘만큼은 제게 절실하게 와 닿긴 하네요. 저도 존중받아야 한다는 거잖아요.

사회샘 그렇지. 얘기가 나온 김에 오늘은 인간 존중에 대해 공부해 봐야겠는데?

진단순 선생님, 공부 때문에 이렇게 무시당하고 존중받지 못하는 제게 또 공부를 하자고요?

장공부 단순아, 너 혹시 아니? 오늘 공부하는 내용 안에 네가 무시당하지 않고 존중받을 방법이 담겨있을지?

모의심 단순아! 지금 공부하는 내용이 네가 담임 선생님께 항의하러 갈 때도 도움이 될 지 모르잖아.

진단순 뭔가 또 속는 느낌이지만 어차피 할 거라면……. 선생님, 빨리 존중받는 방법에 대해 말해 주세요.

사회샘 그래. 단순이가 이렇게 의욕적일 때 시작해야지. 먼저 선생님이 노래 한 소설만 불러볼게. 잘 들어 봐.

장공부 우와! 선생님이 노래를……. 기대되는데요?

인종 차별, 흑인들은 작은 존중을 원했을 뿐……

사회샘 "R-E-S-P-E-C-T. Find out what it means to me. Show me, just a little respect."

모의심 어? 이거 respect라는 노래잖아요. 이 좋은 노래를……. 선생님, 노래를 왜 그렇게 못하세요. 그냥 시끄럽기만 한데, 연습 좀 하셔야겠네요.

진단순 시끄러운 것만이 문제가 아니고 왜 하필 영어로 된 노래예요? 도통 무슨 뜻인지도 모르는 노래를, 이건 저를 존중하는 게 아니라 더 비참하게 만드는 거라고요.

사회샘 그런가? 미안. 그런 뜻은 아니었어. 노래 가사를 이해하면 왜 이 노래를 불렀는지 이해가 될 텐데 해석은 공부가 좀 해줄래?

장공부 음. 알-이-에스-피-이-씨-티. 그 말이 내게 의미하는 것을 알아 맞춰 보세요. 보여 주세요, 단지 조금의 존중을. 이런 뜻 맞나요?

사회샘 그래. 조금 의역하면 "알-이-에스-피-이-씨-티, 이 말이 내게 어떤 의미인지 아나요? 아주 작은 존중이라도 내게 보여 주세요."

(소환기를 작동하여 아레사 프랭클린을 불러낸다.)

진단순 어, 무슨 뜻인지 알고 들으니 좀 와 닿는데요. 완전 저를 위한 노래인데요.

아레사 사회 선생님, 노래는 되도록 안 부르시는 게 좋겠네요.

사회샘 아! 오셨군요. 이렇게 오실 줄 알았으면 제가 이렇게 안 불러도 됐는데 죄송합니다.

진단순 아줌마는 누구세요?

모의심 어? 설마……. 아레사 프랭클린이신가요?

아레사 나를 알아보는 학생도 있군요. 이거 반가운데요?

장공부 아레사 프랭클린이 누군데? 유명한 학자야? 난 한 번도 못 들어 본 것 같은데…….

아레사 프랭클린
(Arerha Franklin)

모의심 아레사 프랭클린. 방금 우리가 들었던 respect를 부른 분이잖아. 흑인 음악의 대모, 소울의 여왕으로 불리는 살아 있는 전설이지. 이 분 가창력이 정말……. 완전 최고지. 내가 제일 좋아하는 여가수인걸.

진단순 공부도 모르는 사람을 의심이가 알아서 이상하다고 생각했더니 가수셨구나. 그런데 여기는 지금 사회 수업 시간인데요? 음악 수업은 음악실로 가셔야죠.

아레사 방금 사회 선생님이 부른 노래에 대해 설명을 좀 드리려고 여기에 나온 것이지, 노래를 가르치려고 나온 것은 아니랍니다.

사회샘 그래. 아까 내가 불렀던 노래, respect를 직접 부른 아레사 프랭클린 님에게 이 노래의 배경에 대해 들어 보면 좋을 것 같아서 이 자리에 모셨단다.

respect라는 노래에 뭔가 사연이
있나 보죠?

아레사 네, 있답니다. 이 곡은 1967년 7월 23일에 있었던 미국 디트로이트 흑인
폭동과 관련된 노래랍니다.

모의심 흑인 폭동이요? 흑인들이 왜 폭동을 일으켰는데요?

아레사 미국 최대의 자동차 공업 도시인 디트로이트는 20세기 중반 백인과 흑인의
분열이 매우 극심한 곳이었답니다. 특히 도시의 북쪽에는 백인들이, 또 남
쪽에는 흑인들이 살면서 인종과 빈부에 따라 완전히 분열된 도시였지요.

진단순 어? 디트로이트? 비슷한 얘기를 전에 어느 영화에선가 본 적이 있는 것 같
은데……

사회샘 그래. 미국의 유명한 래퍼인 에미넘이 주연했던 〈8마일〉이라는 영화지.

진단순 맞다. 〈8마일〉.

사회샘 그 〈8마일〉 도로가 바로 백인과 흑인을 가르는 경계였지. 20세기 초 흑인
노동자들이 도시에 몰려드니까 백인들이 8마일 도로 북쪽으로 옮겨 갔던
거야. 그러면서 아예 도로를 따라 2m 높이의 콘크리트로 완전 차단을 해
버리고 노골적으로 흑인을 배제하기 시작했지.

장공부 정말 심했다. 같은 인간으로 생각하지 않은 거잖아요.

아레사 그렇다고 할 수 있지요. 그런 상황에서 하루는 백인 경찰들이 시내 무허가
술집을 단속하는 과정에서 80여 명에 달하는 흑인 손님 전원을 특별한 이
유 없이 체포하는 사건이 벌어졌습니다.

모의심 특별한 이유 없이요? 그건 완전 흑인을 차별한 거 아닌가요?

아레사 네, 당연히 그렇게 생각할 수밖에 없죠. 특히 이런 상황에 대해 흑인들은
항의했지만 그런 항의는 완전히 무시당했답니다.

진단순 아니, 기존에 무시당하는 것만으로도 완전히 화가 났을 텐데……. 그런 일
까지 벌어졌다면 정말 참을 수가 없었겠는데요.

1967년 미국 디트로이트에서 인종 차별에 항의하며 일어난 흑인 폭동 사건 장면입니다.

아레사 예. 결국 당시 상황을 지켜보던 흑인들이 분노했고 근처 상가의 유리창을 깨면서부터 본격적으로 폭동이 일어났답니다. 이런 폭동은 미국 전역으로 확대되기에 이르렀지요. 그동안 차별 때문에 억눌렸던 흑인들이 들고 일어난 상황이 된 겁니다.

장공부 그래서 어떻게 되었나요?

아레사 당시 미국의 대통령이었던 린든 존슨은 이렇게 폭동으로 마비된 디트로이트에 4,100여 명의 공수부대를 투입했습니다.

모의심 군대를 투입했다고요? 그것도 공수부대를요?

아레사 예. 시민들을 상대로 말이죠. 결국 총격전이 벌어졌고 폭동 발생 5일 만에 폭동은 진압되었습니다.

장공부 그 과정에서 피해는요?

사회샘 기록에 의하면 폭동으로 43명이 사망하고, 7,300여 명이 구속되었다고 해. 재산상의 피해도 6천만 달러 이상이나 된다니까 정말 엄청난 피해를 남긴 사건이지.

아레사 수치상으로 드러난 피해 못지않게 당시에 왜 이런 사건이 일어날 수밖에 없었는지, 그리고 이 사건으로 인해 흑인들은 또 어떤 상황에 놓이게 되었는지에 대한 관심도 중요합니다. 이 사건 이후에도 흑인 차별 문제는 해결된 것이 없어요. 오히려 낙인만 더 늘어났죠. 흑인들은 사회 혼란을 불러일으키는 범죄자라고 말이에요.

진단순 아니, 그냥 차별받지 않고 인간답게 대우해 달라는 건데, 완전 열받네.

장공부 참, 근데 이 사건이랑 아레사 프랭클린 님의 노래는 무슨 관계가 있나요?

사회샘 아, 그렇구나. 정작 노래 얘기를 빠뜨렸구나. '리스펙트(Respect)', 이 노래는 당시 흑인들의 저항의 상징으로, 시위대의 찬가였단다. 노래 가사처럼 흑인들의 요구는 큰 게 아니었지. 단지 자신들을 인간적으로 존중해 달라는 소박한 요구였단다.

모의심

그래, 소울(soul)이 그런 거지. 백인들의 멸시에 맞서 목청껏 질러 대는 샤우트(shout) 창법이 이때부터 흑인 음악을 대표하는 장르가 된 거야. 그래서 내가 아레사 프랭클린 님의 음악을 좋아하는 거고.

아레사 제 음악이 그렇게 기억된다니 무척 뿌듯하네요. 어쨌든 이 respect라는 노래를 들을 때마다 차별받았던 흑인들의 아픔을 공감해 주시고 또 누구나 인간답게 존중받을 수 있는 사회를 만들기 위해 노력해 주셨으면 하는 바람입니다.

진단순 네, 제가 앞장설게요. respect! 이 단어는 꼭 외울게요. 소울 필로 불러봐야지. "respect!" 어때요? 비슷하죠?

사회샘 그래, 하하. 아레사 프랭클린 님, 이렇게 와주셔서 감사합니다. 학생들에게 많은 도움이 되었습니다.

아레사 네, 그럼 저는 다른 공연 준비로 이만 가봅니다. 모두들 안녕히……. (목소리와 모습이 희미해지며 아레사 프랭클린이 사라진다.)

학생들 안녕히 가세요.

노동자에게 인간다운 삶을!

모의심 선생님, 미국 사례 말고 우리나라 사례는 없나요?

사회샘 안 그래도 우리나라 사례를 소개해 주실 분이 곧 나오실 거야. (소환기를 작동하자 전태일의 사념이 소환된다.)

전태일 안녕하세요? 저는 전태일이라고 합니다.

진단순 전태일이요? 뭐하시는 분인데요?

장공부 전태일이면, "근로기준법을 준수하라!"고 외쳤던…….

평화시장 화장실 옆에서의 전태일(왼쪽)로 재단보조와 함께 있는 모습입니다.

전태일 네, 맞습니다. 저를 알아주는 학생이 있다니 무척 반갑네요.

진단순 법학을 공부하신 분인가 보죠?

모의심 단순아, 완전히 잘못 짚었거든. 이 분은 1970년대 노동자로 분신자살을 했던 분이잖아.

진단순 분신자살? 완전히 무서운 분이시네…….

전태일 아니, 무섭지 않아요. 이렇게 보면 알겠지만 여러분들 형 정도 되는 사람입니다.

진단순 그런데 왜 자살을 했어요? 그것도 몸에다 불을 지르고…….

사회샘 당시 전태일 님은 노동자들이 열악한 노동 여건에서 인간으로서 기본적인 존중도 받지 못하는 현실을 고발하기 위해 가슴 아프지만 어쩔 수 없는 선택을 한 거란다.

진단순 도대체 당시 노동 여건이 얼마나 안 좋았기에 그런 선택을 해야 했죠?

전태일 당시 저는 평화시장 봉제 공장에서 일하고 있었는데요.

모의심 봉제 공장이면 옷이나 모자 같은 것을 만드는 곳인가요? 재봉틀 같은 거 있는 곳?

전태일 네, 맞습니다. 당시만 하더라도 실밥과 먼지, 소음이 가득하고, 햇빛도 잘 볼 수 없는 공장이었죠. 특히 좁은 다락방에

1960년대의 한 공장에서 노동자들이 일하는 모습입니다.

서 허리도 못 편 채 하루에 14시간씩 일하기도 했죠. 쉬는 시간이 따로 있는 것도 아니고, 심지어 화장실에 가는 것도 너무 자주 간다고 눈치가 보여서 참는 경우가 많았답니다.

장공부 화장실도 제대로 못 갔다니 정말 너무하네요.

전태일 지금 제가 이야기한 것은 극히 작은 부분이지요. 사실 당시 공장에서 일하는 수많은 노동자들은 그렇게 비참한 취급을 받아야 했습니다. 어리게는 12살부터 시작하는 시다들과 19살부터 시작하는 미싱사들은 하루 14시간씩 일하고, 한 달에 두 번 쉬는 상황에서도 봉급이 너무 적어서 점심을 사 먹기도 힘들었어요.

> 시다는 전체가 어린 소녀이며, 연령은 13~17살 다층이며, 1개월 월급은 3,000원입니다. 평균 작업 시간은 오전 8시부터 오후 9시까지. 1개월 작업 시간은 28일 336시간. 시다들은 시간 수당이 없으며, 장시간의 많은 작업량이 정신, 육체의 발육 과정에 있어 심한 피해가 됩니다.

전태일과 '삼동친목회' 회원들이 1970년 10월 6일 노동청장에게 보낸 진정서의 일부분

진단순 세상에……. 그런 직장을 왜 다녀요?

전태일 먹고 살아야 하니까요. 그 직장을 그만두어도 다른 공장이라고 다를 것은

없으니까······. 당시는 공장에 있는 기계들도 좋지 않아서 기계 옆에서 일하다가 다치는 사람들도 있었는데, 손가락이 잘리는 것과 같은 큰 부상을 입어도 제대로 얘기도 못하는 상황이었죠.

모의심 다쳤는데 왜 얘기를 안 해요? 보상 안 해주나요?

전태일 보상이라뇨. 오히려 일을 못한다고 공장에서 쫓겨날 뿐이죠.

장공부 어떻게 그럴 수가······. 같은 인간으로서 어떻게 그럴 수가 있어요?

전태일 맞아요. 같은 인간으로서는 그럴 수가 없죠. 당시에는 일하는 사람을 부를 때도 '1번 시다', '5번 미싱사'와 같은 식으로 불렀지요. 한 명의 인간이 아니라 그냥 일하는 기계로 생각했던 거지요.

진단순 사람을 사람으로 봐주지 않다니······.

전태일 저희가 원했던 것이 바로 그런 것입니다. 우리를 인간답게 대우해 주고, 한 명의 인간으로서 기본적인 권리를 보장해달라는 거였죠.

장공부 그와 같은 기본권은 법으로 보장되어 있지 않나요?

전태일 네, 맞아요. 저도 처음에는 몰랐지만 우리나라 법에도 그런 내용이 적혀 있더라고요. 문제는 그런 사실을 노동자들이 알지 못하고, 공장에서도 지키지 않기 때문에 제도 자체가 유명무실하다는 거였죠.

모의심 정말 마음이 아프네요.

사회샘 계속된 노력에도 불구하고 법으로 정해진 노동자들의 권리를 보장받기 어려운 상황에서 결국 전태일 님은 "우리는 기계가 아니다.", "근로기준법을 준수하라.", "내 죽음을 헛되이 말라."라는 외침과 함께 자기 몸에 석유를 끼얹고 불을 붙이는 끔찍한 선택을 하게 되었단다.

진단순 그래도 분신자살이라뇨.

전태일 　예. 당시 저로서는 생각할 수 있는 게 그것밖에 없었네요. 다시는 그런 일
　　　　이 없어야겠죠. 하지만 그 일을 계기로 더 많은 사람들이 우리나라의 노동
　　　　현실에 대해 자각하게 되었고, 노동운동도 성장하고, 노동자들의 인권에
　　　　대한 의식도 상당히 높아졌다고 들었습니다. 제 죽음이 헛된 것은 아니었
　　　　다는 생각에 이런 사회를 만들기 위해 노력해 주신 많은 분들께 감사드리
　　　　고 싶습니다.

장공부 　노동자도 엄연히 한 명의 인간인데요. 누구나 인간답게
　　　　존중받아야죠. 다시는 그런 안타까운 일이 생기지 않도
　　　　록 말이에요.

전태일 　예. 이 정도면 저도 충분히 얘기한 것 같네요. 언제나 힘든 여건에서 살아
　　　　가는 사람들을 생각해 주시고 그들도 한 명의 인간이라는 것을 잊지 말아
　　　　주세요. (소환 시간이 다 되어 전태일의 모습이 사라진다.)

사회샘 　예. 선태일 님, 감사합니다. 다음에 또 뵙지요.

학생들 　안녕히 가세요.

이주 노동자도 한 명의 인간입니다

모의심 　선생님, 지금은 이런 모습이 많이 없어지지 않았나요?
　　　　우리나라도 민주화되고 경제 성장도 했으니까 말이죠.

사회샘 　나도 그랬으면 좋겠는데, 현실이 꼭 그렇지는 않단다.

장공부 　그럼, 지금도 비인간적인 대우를 받으면서 사는 사람들이 있나요?

사회샘 　여전히 사회 곳곳에는 아직도 인간다운 대우를 받지 못하는 사람들이 많
　　　　이 있단다. 지금 나오는 분께도 그런 사례에 대해 설명해 주실 거야. 이제
　　　　오실 때가 되었는데……. (라만의 사념이 소환된다.)

라　만 　안녕하세요? 아타울 라만이라고 합니다.

진단순 　어? 이름이 특이하시네요? 한국 분이 아닌가 봐요.

라 만 예. 저는 방글라데시 출신이고요. 몇 해 전부터 한국에 와서 일하고 있답니다. 아마 저 같은 사람을 이주 노동자라고 부른다고 알고 있습니다.

장공부 이주 노동자들에 대한 처우가 좋지 않다는 얘기는 많이 들었어요. 낮은 임금은 물론이고 열악한 노동 현실까지, 그리고 월급을 받지 못해도 항의하기도 어렵다고.

진단순 아니, 왜 항의를 못해요?

라 만 실제로 항의를 못하는 경우가 많지요. 제 친구 한 명은 월급을 못 받아서 사장에게 월급을 왜 안 주냐고 물었다가 대든다고 오히려 엄청난 욕설을 듣고 쫓겨날 뻔 했답니다.

사회샘 이주 노동자들 중에는 정식으로 한국에 들어오지 않은 분들도 있어서 사실상 그런 약점을 이용해서 임금을 제대로 주지 않는 나쁜 사업자들이 있지.

라 만 그런 문제도 심각하지만 오늘 제가 이 자리에 나와서 말씀드리고 싶은 것은 우리와 같은 이주 노동자를 똑같은 사람으로 봐주지 않는 시선과 행동이 우리 마음을 더욱 아프게 한다는 사실입니다.

모의심 똑같은 사람으로 봐주지 않는다고요?

라 만 네, 그렇습니다. 제가 제일 마음이 아팠던 경험이 바로 지하철을 탔을 때 있었던 일이에요. 지하철 한쪽 자리에 제가 앉았는데, 아무도 제 옆자리에 와서 앉지 않는 거예요.

진단순 혹시 옆자리에 무언가 놓여 있어서 그런 거 아닌가요?

라 만 아니에요. 제 옆자리가 비어 있었지만 많은 사람들이 그 빈자리를 두고서 멀뚱멀뚱 서 있었답니다. 저는 내색은 안 했지만 제 옆의 빈자리를 보면서 마음속으로 많은 눈물을 흘렸습니다. 이곳은 내가 있을 곳이 아닌가? 나는 저 사람들에게 옆에 있기도 싫은 그런 존재인가? 이런저런 생각에 마음이 아팠지요.

장공부 사실 꼭 이주 노동자가 아니라도 외국인이 앉아 있으면 조금 어색해서 피하는 경향이 있기는 한데, 그게 그렇게 상처가 될 수도 있군요.

라 만 그렇습니다. 경우에 따라서는 인간다운 취급은커녕 우리를 하나의 장난거리처럼 생각하는 사람들도 있지요.

모의심

사람을 장난거리로 취급한다고요?

라 만 예. 제가 일하는 공장에서 한국인 동료 노동자들이 고기를 가져온 적이 있어요. 저는 이슬람교 신자라서 돼지고기를 먹지 않기 때문에 일단 사양했는데, 그 친구들 말이 특별히 소고기를 챙겨 왔다고 먹어도 된다고 하는 거예요. 저는 고맙다고 이야기하고 먹었지요. 그런데 다 먹고 나니까 그 사람들이 하는 말이 지금 먹은 고기가 돼지고기라고 하면서 저를 비웃는 거예요.

진단순 돼지고기를 무척 싫어하시나 보죠?

모의심 이슬람교에서는 돼지고기를 금기시하잖아. 그런 걸로 장난치다니······.

라 만 그것만이 아니에요. 이슬람교에서는 하루에 다섯 번 기도를 하는데, 제가 기도할 때 뒤에서 발로 저를 밀어 버린 석도 있어요.

진단순 뭐야. 장난이라고 해도 너무 심하잖아.

라 만 저는 다른 것보다도 우리 문화를 무시한다는 생각에 마음이 아팠어요. 여기에 있는 한국인들도 나름대로 소중하게 생각하는 문화가 있을 텐데, 그런 것을 그렇게 무시하고 짓밟아도 되는 것인지.

학생들 저희들이 대신 사과드릴게요.

라 만 고맙습니다. 사실 다른 위로보다도 이렇게 제 얘기에 귀 기울여 들어 주는 것만 하더라도 얼마나 고마운지 모르겠어요.

진단순 들어 주는 것만으로도 고맙다고요?

라 만

네, 맞아요. 생각해 보면 이렇게 여기에 온 것도 여러분께 얘기를 하고 싶어서였어요. 기억해 보면 제가 한국에 와서 가장 기뻤던 때는 어느 초등학교 아이들이 우리가 미등록 이주 노동자 합법화를 요구하며 농성하고 있는 천막에 와서 우리들의 이야기를 들어 준 순간이었어요.

진단순 아……. 그렇구나.

라 만 계속해서 저희와 같은 이주 노동자들도 인간답게 존중받을 수 있도록 계속해서 많은 관심을 가져 주세요. 그럼……. (라만의 사념파 소멸한다.)

사회샘 예. 좋은 말씀 감사합니다. 학생들에게 많은 도움이 되었습니다. 다음에 봬요.

학생들 안녕히 가세요.

장공부 흑인 대통령도 나오고 이제는 인종 차별과 같은 비인간적인 제도나 관행은 거의 사라졌다고 생각했는데 여전히 인간다운 대우를 받지 못하는 사람이 많이 있다니 충격이네요.

사회샘 그래. 많이 좋아졌지만 앞으로도 더 개선되어야겠지. 사실 흑인 대통령이 출현하기까지 수많은 사람들이 피를 흘렸고 또 투쟁해 왔다는 것을 잊어서는 안 된단다.

인간 존중, 따로 공부할 게 있을까?

모의심 선생님, 인간 존중이 중요하다는 생각은 드는데요. 그냥 존중하면 되는 거 아닌가요? 사실 인간을 존중하라는 얘기는 누구나 다 아는 당연한 내용이잖아요?

사회샘 음, 과연 그럴까? 원래 근본적인 문제는 사람들이 너무도 당연하게 받아들이는 내용 중에 있는 거란다. 존중도 우리가 다 아는 것 같지만 정말 그런지 점검해 봐야 하는 거지.

장공부
하지만 선생님, 아까 얘기한 것처럼 미국에서 흑인 대통령도 나오고 우리 사회도 점점 인간을 존중하는 방향으로 나아가고 있잖아요? 그러면 사람들이 인간 존중의 의미를 모른다고 볼 수는 없을 것 같은데요.

사회샘 앞에서도 살펴보았듯이 노골적인 물리적 폭력은 많이 사라졌지만 이주 노동자를 비롯한 장애인 등을 바라보는 차별적인 시선 등은 여전히 남아 있단다.

진단순 맞아. 나같이 공부 못하는 애들에 대한 차별도 있잖아.

사회샘 그래. 단순이 얘기도 중요하지. 그리고 학교 폭력만 하더라도 직접적인 물리적 폭력보다 요즘 더 문제가 되는 것은 정신적인 차별이나 무시란다. 다른 학생들을 따돌리거나 욕을 하는 것이 이러한 유형의 폭력에 해당하지.

모의심 그건 맞아요. 초등학교 때도 옆 반 애들이 같은 반 친구가 맘에 안 든다고 은근히 따돌렸는데, 그게 큰 문제가 되기도 했거든요.

사회샘 이처럼 우리 곳곳에서 여전히 차별과 무시가 일어나고 있지. 왜 이런 일들이 계속 일어나고 있을까?

장공부 그거야 그렇게 차별하고 무시하는 사람들은 자기와 다른 사람을 동등한 인간으로 보지 않기 때문일 거라고 생각되는데요. 자기와 동등한 사람으로 본다면 그렇게 함부로 행동할 수는 없을 테니까요.

모의심 그런데 선생님, 이런 생각도 들어요. 사실 우리가 인간이라는 점에서 동등한 것은 사실이지만 또 각각이 다 다른 것도 사실이잖아요. 이렇게 다양한 사람을 똑같이 존중하라? 그게 가능할까요?

장공부 의심이 질문은 아까 제가 했던 얘기와 이어지는 것 같아요. 솔직히 열심히 일하고, 능력 있는 사람을 더 존중하게 되는 게 사실이잖아요. 인간 존중은 인간 존중이고, 정작 저도 제 앞에 있는 친구들을 알게 모르게 성적이라는 잣대를 가지고 바라보는 경우가 많거든요.

사회샘 보통 그렇게 생각하는 경우가 많지. 왜냐하면 우리 사회는 그런 식의 평가와 평가에 따른 존중에 무척 익숙하거든. 그래서 보통 그 사람이 가지고 있거나 획득한 것을 기준으로 그 사람을 평가하고 존중하는 경향이 있단다.

장공부 예를 들면 외모나 학벌, 사회·경제적 지위 같은 거 말씀하시는 거죠?

사회샘 그래, 그런 것 말고도 노력이나 능력, 인격과 같은 것도 포함할 수 있지.

모의심 외모나 학벌, 사회·경제적 지위 같은 것은 조금 나빠 보이지만 노력이나 능력, 인격과 같은 건 좋은 것 아닌가요? 그런 것에 따라 평가하고 존중하는 것도 문제가 되나요?

사회샘 물론, 능력을 발휘하여 뛰어난 업적을 성취한 사람들이나 고매한 인품을 가진 사람들을 칭송하고 우러러 보는 것은 당연하지.

진단순 그러면, 저같이 공부도 잘 못하고 평범한 학생들은 존중받을 수 없다는 것이 당연하다는 건가요?

사회샘 물론 그건 아니야. 뛰어난 업적을 남기거나 훌륭한 인품을 보인 사람들, 예를 들어, 아인슈타인이나 퇴계 이황 같은 분들에 대해서 우리는 존경하는 마음을 표현할 수 있단다. 그런데, 이건 존중이 아니라 존경이지. 의심이 질문대로 훌륭한 인물에 대해서 높이 평가하고 이에 따라 존경할 수 있어. 하지만, 이런 방식으로 존중한다면 단순이 말처럼 평범하게 살아가는 사람들은 존중받을 수 없다는 점에서 문제가 있단다.

모의심 그래도 다른 사람으로부터 존중받기 위해서는 사회적으로 높이 평가할 만한 뭔가를 가지고 있거나 보여 주어야 하지 않을까요? 그래야 존중하기도 쉽고요.

사회샘 누군가를 존중한다고 할 때 우리는 그 사람이 우리보다 뛰어난 위인이 아니라도 한 명의 동등한 인간으로서 존중할 수 있단다.

모의심 인간으로 존중한다고요?

사회샘 그래, 인간을 존중한다는 것은 그 사람이 사회·경제적으로 얼마나 높은 지위에 있느냐, 그리고 얼마나 훌륭한 업적을 성취했느냐에 관계없이 존중한다는 것을 말한다.

진단순 잘은 모르겠지만, 그래야 공부 못하는 저도 존중받을 수 있을 것 같아요.

장공부 갑자기 어디선가 본 구절이 떠오르는데요. 인간을 그 자체로 존중한다. 뭐 이런 건가요?

사회샘 그래, 맞아. 그러한 존중이라야 어떠한 특성을 가진 사람이라도 누구나 존중 받을 수 있는, 말 그대로 인간 존중이라고 할 수 있지. 피부 색깔과 문화가 다른 인종이나 민족도, 가진 것이 없는 노동자도, 또 공부를 잘 못하는 단순이도 인간으로 존중받을 수 있단 말이지.

모의심 생각보다 인간 존중이 심오한 개념 같네요. 솔직히 인간을 그 자체로 존중한다는 말은 정확히 이해되는 것 같지 않지만…….

사회샘 그래, 쉽지 않지. 그러니까 우리가 지금 이렇게 인간 존중을 공부하는 거란다. 인간 존중의 의미를 분명하게 이해하지 못한 상태에서는 인간 존중을 하고 싶어도 할 수가 없을 테니 말이야.

진단순 그러니까 선생님, 빨리 알려 주세요!

사회샘 단순이가 이렇게 적극적일 때가 있구나. 인간 존중에 대해 빨리 알아보자.

인간 존중은 어떻게 등장하게 되었을까?

사회샘 너희들 인간 존중이라는 생각이 언제부터 등장했다고 생각하니?

진단순 선생님, 매번 그런 질문하시는 거 같은데 항상 정말 오래되었다고 하시잖아요. 뭐, 인간 존중도 그렇겠죠.

장공부 과거에 인간이 없었던 것도 아니고 단순이 말처럼 인간 존중이라는 생각이 나타난 것은 굉장히 오래되었을 것 같은데요.

사회샘 글쎄, 꼭 그렇게 보기는 어렵단다. 사실 오늘날처럼 모든 사람들을 인간답게 존중해 주어야 한다는 생각이 본격적으로 받아들여지게 된 것은 근대 이후라고 할 수 있지.

모의심 예? 그럼, 고대나 중세에는 그런 생각이 없었나요?

사회샘 인간을 존중한다는 생각 자체가 없지는 않았지만 그때 말하는 '인간'은 오늘날과 같이 보편적으로 적용될 수 있는 개념이 아니었지.

진단순 보편적? 아……. 또 어렵다.

사회샘 좀 더 쉽게 말해 볼까? 고대에 왕이나 귀족이 다스리던 시대에는 모든 사람이 존중받을 수 있었을까?

모의심 그렇지는 않겠죠. 그런 시대라면 높은 지위를 가진 사람들만 존중받았겠죠. 말 그대로 왕이나 귀족이 아니라면 존중받기 어려웠을 것 같은데요.

클렌체가 1846년에 그린 고대 그리스의 아테네. 아테네는 민주주의의 발상지로 알려져 있는데 당시에는 시민권을 가진 성인 남자만 정치에 참여할 수 있었습니다.

사회샘 그래, 맞아. 고대 그리스 아테네의 경우는 흔히 민주주의를 했다고 말하지만 그 당시에 시민이라고 불리는 사람들은 매우 제한적이었거든.

장공부 네, 아테네에서는 성인 남자만 시민이었다고 배웠어요. 외국인이나 여자, 노예 등은 시민이 아니었다고 했죠.

사회샘 역시. 공부가 정확하게 알고 있구나. 사실상 그렇게 배제된 사람들은 인간으로서 존중받기가 어려웠던 거지.

진단순 그럼, 노예들을 괴롭히고 못살게 군 것도 인간이라고 생각하지 않아서 그랬던 거겠네요.

사회샘 그렇지. 즉, 존중받을 수 있는 인간의 범위가 매우 제한적이었던 거야. 그리고 이 점은 왕이나 귀족이 다스리던 시대에도 달라지지 않았단다. 이런 시대라면 존중받을 만한 사람은 왕이나 귀족과 같이 높은 신분을 가진 사람일 테니까 말이야.

장공부 그럼, 선생님께서 말씀하시는 '제대로 된' 인간 존중은 근대 이후에 받아들여진 거니까 아무래도 그건 시민 혁명이나 민주주의의 등장과 관련이 있나 보네요.

진단순 그게 무슨 관련이 있어?

사회샘 시민 혁명에 대해 배운 것을 떠올려 보렴. 근대 시민 혁명 이전만 하더라
도 신분제에 따라 위계적으로 서열화된 사회에서 사람들이 살고 있었지.
이런 사회에서 사람들은 자신의 서열에 따라서 존중을 받게 된단다. 그런
데 이런 서열과 위계적 사회를 무너뜨린 것이 바로 시민 혁명이지.

모의심 그럼, 민주주의는요?

사회샘 민주주의 역시 인간은 누구나 동등하다는 전제에서 출발하는 정치 형태잖
아. 그런 점에서 인간 존중이라는 생각이 근대 시민 혁명과 근대 민주주의
의 등장을 계기로 사회에 퍼지기 시작했다고 볼 수 있는 것이지.

진단순 인간을 존중하라는 이 단순한 얘기가 등장하는 것도 이렇게 복잡하다니!
참…….

사회샘 그래. 인간 존중이 너희들이 생각하는 것보다 쉽지 않은 개념이란다. 인간
존중에 대해 좀 더 전문적으로 가르쳐주실 분을 불러야겠는데……. (소환
기를 작동한다.)

존중이란 무엇일까?

칸　트 안녕하세요? 임마누엘 칸트라고 합니다.

장공부 칸트라면 매일 정확한 시간에 산책을 나
서서 동네 사람들이 시계탑보다 더 신뢰
했다는 그 분 아닌가요?

칸　트 매일 오후 3시에 산책하는 건 제 습관인
데, 그런 것까지 알고 계시는군요.

진단순 뭐야. 사람이 그렇게 기계처럼 살기나 하
고 딱 봐도 재미없게 생기셨고 인간미라
고는 안 느껴지는데, 무슨 인간 존중이야?

사회샘 단순아, 그렇지 않아. 칸트 님은 대표적인
근대 철학자로 인간 존중을 윤리 원칙으로

임마누엘 칸트(Immanuel Kant)

제시하신 분이야. 존중에 대한 칸트 님의 생각은 오늘날에도 가장 표준적인 설명으로 받아들여지고 있단다.

모의심 도대체 칸트 님이 말하는 인간 존중은 뭔데요?

칸 트 일단, 인간 존중을 이야기하기 전에 존중과 연결되어 있는 **존엄**이라는 개념에 대해 이야기할 필요가 있겠네요.

진단순

> 존엄요? 그것은 무슨 뜻이죠?

칸 트 원래 존엄은 사회적으로 신분이 높고 업적이 탁월한 사람들에게만 부여되는 일종의 호칭이라고 생각하면 됩니다. 고대 로마 사회에서 존엄(Dignitas)은 한 사람의 "명성 또는 지위(reputation or standing)"를 뜻했죠. 당시만 하더라도 존엄은 사회적으로 높은 서열과 지위에 있는 사람들이 사회적으로 기대하는 바를 탁월하게 수행할 때 사회 구성원들에 의해서 주어지는 "사회적 명예(Honor)"와 같은 것이었습니다.

모의심

> 그렇게 보면 존엄은 특별한 사람에게 주어지는 거니까 모든 사람을 존중해야 한다는 주장은 나오지 않겠는데요?

칸 트 맞습니다. 사실 제가 바꾸고자 했던 것이 이런 존엄 개념입니다. 그래서 저는 존엄 앞에 인간이라는 단어를 놓고 존엄의 의미를 새롭게 규정하고자 했습니다.

진단순 아, 점점 복잡해……. 그래서 인간 존엄이 뭐예요?

칸 트 제가 말하는 존엄은 **다른 사물과 구별되는 인간의 가치**를 가리키는 개념이라고 할 수 있지요. 인간이라면 갖는 가치, 그것이 바로 존엄이죠. 그래서 인간이라면 누구나 존엄하고, 그렇다면 모든 인간을 존중해야 한다고 말할 수 있다는 겁니다.

모의심 그 말이 그 말 같은데…….

사회샘 조금 쉽게 말하면 위계적인 신분제 사회에서 존엄은 일부 사람들에게만
부여되는 제한적이고 조건적인 가치였지만 칸트 님이 말하는 존엄은 인간
이라면 누구나 갖는 보편적이고 무조건적인 가치라는 점에서 차이가 있다
는 거야.

장공부   이렇게 존엄을 규정하면 적어도 모든 사람들은
인간이라는 점에서 존엄하고 그런 점에서 존중
받을 수 있겠네요.

칸 트 맞습니다. 제 말을 쉽게 정리해 주네요.

진단순 뭐, 결국 인간이라면 누구나 존중받아야 한다는 얘기잖아요. 복잡하게 말
해도 똑같은 얘기네…….

사회샘 지금으로 보면 너무나도 당연한 얘기처럼 보이지만 신분제와 차별이 남아
있던 당시 사회에서 칸트 님처럼 모든 인간이 존엄하고 그런 점에서 동등
한 가치를 지닌다는 생각은 사상사적으로 매우 큰 변화를 가져 왔다고 볼
수 있어. 이런 생각에 기반을 둔 때라야 평등한 민주주의 사회도 가능한
거니까 말이야.

칸 트 네, 선생님께서 잘 설명해 주시니 오히려 제가 할 말이 없네요. 제가 보니
현대에는 인간을 존중해야 한다는 생각은 대체로 받아들이는 것 같더군
요! 그런 생각은 모든 사람들이 인간으로서 존엄성을 갖고 있다는 점이 전
제되어야 가능하죠. 그리고 이 점이야말로 제 이야기의 핵심이라고 생각
하면 되겠습니다.

존중이란 소중한 존재로 생각하고 관심을 가지는 것

모의심 그런데 누구나 동등한 인간으로 존중받아야 한다고 말하기는 쉽지만 정작
존중을 어떻게 해야 하는 건지는 모르겠어요. 칸트 님께서는 이것도 말씀
해 주실 수 있겠죠?

칸　트　제 생각을 말씀드리는 것보다 존중에 대한 여러분들의 경험부터 이야기해 보는 것이 이해도 잘되고, 또 여러분들을 존중하는 것 같은데 말이죠.

사회샘

> 그래, 너희들이 먼저 언제 존중받는 기분이 드는지 이야기해 보는 게 좋겠다.

진단순　글쎄요, 저는 존중받는 기분은 별로……. 무시당한다는 기분은 자주 느끼는 데요.

사회샘　그런가? 내가 오히려 단순이의 아픈 부분을 건드렸나 보구나. 그래도 무시당했을 때를 역으로 생각하면 언제가 존중받는 때였는지 생각할 수도 있을 것 같은데.

진단순　제가 말하면 단순하고 무식하다며 다들 들어 주지도 않을 때 존중받지 못하는 느낌이 들어요.

> 역으로 생각하면 제게 관심을 가져 줄 때 존중받는 것 같아요. 특히 제가 한 말에 귀를 기울여 줄 때 말이죠.

모의심　저도 비슷한 것 같아요. 제가 하는 의심을 무시하지 않고 잘 들어 주고, 제 얘기를 이해해 주려고 할 때 존중받는 것 같아요.

장공부　저도 열심히 공부하는 게, 아무래도 그렇게 공부를 열심히 하고 대답을 잘 해야 선생님들이 더 주목해서 봐주시고 또 관심을 가져 주시니까 그런 것 같아요. 그런 게 존중받는 느낌이겠죠?

칸　트　맞습니다. 존중이라는 말이 원래 **"대상에 주목하고 관심을 가진다."**는 뜻이지요. 존중에 해당하는 영어 표현이 무엇인지 알고 있나요?

진단순　Respect잖아요. 방금 한 건데, 그 정도는 저도 대답할 수 있어요.

칸　트　네, 맞습니다. Respect. 이 단어의 어원이 바로 "되돌아보다, 다시 보다"라는 뜻이지요. 대상을 되돌아보고 다시 본다는 것은 결국 그 대상에 주목하고 관심을 갖는다는 것과 연결될 것이고요.

장공부 존중한다는 것은 그 대상에 주목하고 관심을 갖는 거네요.

칸　트 네, 맞습니다. 그럼, 질문 하나 해볼까요? 존중의 반대말은 뭘까요?

진단순 모욕! 비난! 이런 거 아니에요?

칸　트 방금 우리가 공부한 존중의 의미를 생각하면 그것보다 훨씬 더 비존중적인 태도가 있는데요.

모의심 설마 존중의 반대말이 무관심이라는 건가요?

칸　트 네, 맞습니다.

진단순 아니, 그게 맞다고요? 어떻게 대놓고 모욕적으로 이야기하고 비난하는 것보다 무관심이 더 비존중이라는 거죠? 저는 잘 이해가 안 되는 데요.

칸　트 단순이 학생처럼 생각하기 쉽겠지만 한번 찬찬히 생각해 보면 좋겠네요. 사실 비난이나 모욕을 하는 경우도 당연히 좋은 태도나 행동은 아니지요. 하지만 비난이나 모욕을 한다는 것 자체는 어느 정도 상대방에게 관심을 갖고 있다는 게 전제되어야 하지 않을까요?

장공부 하긴, 아무 관심이 없는 사람이면 그렇게 비난하거나 모욕할 필요도 없겠죠.

칸　트 맞습니다. 그 사람을 나와 관계있는 사람으로 생각하고 무언가 바꾸고 싶으니까, 또 긍정적이든 부정적이든 무언가 관련된 감정 같은 게 있으니까 비난이나 모욕을 하는 거라고 생각할 수 있겠지요. 그런 면에서 보면 비난이나 모욕에는 어느 정도의 관심이 포함되어 있답니다.

모의심 그럼 무관심은 왜 나쁜 거죠? 그냥 무관심할 수도 있는 거지. 그게 비존중이고, 또 모욕이나 비난보다도 나쁘다니!

사회샘 그런 무관심 같은 경우는 요즘 학생들 사이에서 친구들을 따돌리면서 투

146

명 인간 취급하는 거 있잖아. 그걸로 생각해 보면 좋을 것 같은데…….

진단순 아! 투명인간 취급하는 거요? 그거 정말 기분 나쁜데. 내가 어떤 행동을 하든 신경도 안 쓰고 아예 내가 없는 것처럼 행동해서, 그런 취급당한 애들 얘기 들어 보면 정말 끔찍하던데요.

사회샘 아마도 그렇겠지? 그런 투명 인간 취급이야말로 진정한 무관심이잖아. 사람들은 누구나 자신은 물론이고 타인에게도 의미 있는 존재가 되고 싶어 하지. 그리고 그런 존재의 의미에 관심을 갖고 주목해 주는 것이 바로 존중이란다.

장공부 투명 인간 취급 같은 행동은 절대 하면 안 되겠네요.

인간을 수단으로만 대우해서는 안 된다

진단순 그럼 이제 끝이지요? 인간 존중은 인간을 소중한 존재로 생각하고 관심을 가지면 되는 거잖아요. 뭐 생각보다 어렵진 않네요.

칸 트 아니요, 아직 중요한 얘기를 안 했는데요.

모의심 중요한 얘기요? 그게 뭔데요?

칸 트 인간을 소중한 존재로 생각하고 대우한다는 것의 핵심적인 내용 말이에요. 그건 바로 그 사람을 수단이 아니라 목적 그 자체로 대하라는 거예요.

사회샘 아……. **인간성의 정식** 말씀하시는군요. 제가 조금 더 설명하면 "인간을 수단이 아닌 **목적** 그 자체로 대우하라." 이 말은 칸트 님이 "인간성의 정식"이라는 이름으로 제시한 도덕 법칙으로 인간 존중에 대한 가장 전형적인 표현이란다.

진단순

수단이 아닌 목적? 또 괜히 말 복잡하게 하시네요. 그냥 소중하게 생각하면 되지, 수단이니 목적이니 하는 얘기는 왜 하는 건가요?

칸 트 그럼, 단순이 학생에게 한번 물어 볼게요. 소중하게 생각한다는 것은 어떻게 대우하는 것을 말하죠?

진단순 음, 막상 물으시니 답하기는 어렵네요. 그냥 잘 대해 주면 되지 않아요? 해 달라는 대로 다 해주고…….

칸 트 만약 이렇게 생각해 보면 어떨까요? 어떤 친구가 단순이 학생에게 잘 대해 줘요. 단순이 학생은 그런 친구의 태도를 존중이라고 생각할 수 있겠네요. 그런데 만약 그 친구가 그렇게 잘 대해 주는 것이 단순이 학생에게 뭔가 요구하는 게 있어서 그렇게 행동하는 거라면 어떻겠어요?

진단순 그게 뭐예요? 완전히 나를 이용해 먹는 거잖아요. 그런 건 존중이 아니죠. 완전 나쁜 녀석이네!

모의심 그런 경우는 사람으로 대우하는 게 아니라 무슨 물건처럼 대우하는 거잖 아요. 필요하니까 와서 잘해 주고 만약 필요가 없으면 바로 태도가 바뀔 거잖아요. 사람이 무슨 장난감도 아니고.

장공부 그럼, 방금과 같은 사례는 사람을 수단으로 대우하는 것이 되겠네요.

칸 트 네, 맞습니다. 사람들은 누구나 어떤 목표를 가질 수 있어요. 하지만 다른 사람을 자신의 목표를 달성하기 위해 이용할 수 있는 존재로 대우하면 안 되겠죠. 그렇게 수단으로 대우할 수 있는 대상은 자연물이나 기계와 같은 것뿐이랍니다. 인간을 수단으로 대우하는 것은 절대 존중의 태도라고 할 수 없어요.

사회샘 그러고 보니 요즘 학교에서 많이 문제가 되었던 빵 셔틀 같은 경우가 여기 에 해당하겠구나.

모의심 빵 셔틀은 자기 욕구를 충족시키기 위해 다른 친구를 수단으로 이용하는 거니까 정말 비존중의 대표적인 경우라고 할 수 있겠네요.

진단순 아하, 빵 셔틀이라고 하니 이해가 잘되네! 그러니까 빵 셔틀이 나쁜 이유 는 바로 그 행위 자체가 심각한 비존중(disrespect)이라는 거네.

장공부 그렇게 듣고 보니 존중이란 수단으로 대우하지 않는 거라는 말, 상당히 중 요한 의미를 담고 있네요.

148

칸 트 네, 그렇습니다. 장공부 학생이 정리를 잘 해주었어요.

모의심 잠시만요. 하지만 오늘날 사회에서는 사실상 대부분의 사람들이 모두 서로 도구나 수단으로 이용하잖아요.

뭐, 회사에서 일하는 것만 생각하더라도 회사는 돈을 더 많이 벌려고 사람을 고용하는 거니까 사람을 돈 벌기 위한 수단으로 생각하는 거잖아요.

진단순 오! 역시 의심이 예리해. 칸트 님, 빨리 대답해 주세요.

칸 트 예. 물론 시장 경제 체제에서 사람들은 모두 일정한 노동력을 제공하고 그 대가로 임금을 받고 있습니다. 그런 의미에서 노동자들은 기업의 도구나 수단으로 이용된다는 모의심 학생의 지적은 옳습니다. 하지만 제가 분명하게 이야기할 수 있는 것은 그렇게 노동자들을 도구로 사용하는 것이 존중의 태도는 아니라는 것이죠.

모의심 그럼, 칸트 님은 시장 경제 체제를 반대하시는군요?

칸 트 아니, 꼭 그런 것은 아니고……

모의심 인간을 수단으로 대하면 안 된다면서요?

칸 트 제 말에서 중요한 것은 수단으로만 대하지 말라는 것이지, 결코 수단으로 이용해서는 안 된다는 게 아닙니다.

진단순 이건 또 무슨 뜻이죠?

칸 트 경우에 따라서 다른 사람의 행위가 나에게 있어서 수단이 될 수 있겠지요. 우리가 사회에서 함께 살아가는 이상 다른 사람의 도움을 얻어야 할 경우들이 분명 있을 테니까요. 하지만 중요한 것은 그러한 경우라고 하더라도 인간을 단지 수단으로만 생각하면 안 된다는 것은 분명하지 않겠습니까?

사회샘 앞에서 살펴보았던 전태일 님 사례로 생각해 보면 더 쉽겠네. 1970년대 열악한 노동환경에서 노동자들의 기본적인 권리도 보장하지 않고 그들을 기계처럼 부려 먹는 것은 분명 인간을 수단으로서만 다룬 거라고 할 수 있지.

장공부 　그러니까 기본적으로 인간을 존중한다는 것은 수단으로 대우하지 않는 것이고 오늘날 다른 사람의 행위가 수단이 될 경우라고 하더라도 그 사람을 수단으로만 생각해서는 안 된다. 이런 건가요?

칸 트 　네, 그렇게 정리하면 좋겠네요. 공부 학생, 고마워요.

존중이란 인간을 목적 그 자체로 바라보는 것

모의심 　잠시만요, 인간을 수단으로 대우하지 않아야 한다는 것은 알겠는데 그렇다고 목적으로 대우한다? 그건 무슨 말이죠? 인간이 무슨 추구해야 할 결과나 성취물도 아닌데 목적으로 대우하라니.

칸 트 　목적으로 대우하라는 말이 좀 어렵게 느껴지나 보네요. 제가 말하는 목적은 의심이 학생이 말한 것과 같은 우리가 실현할 수 있는 목적이나 얻을 수 있는 결과를 뜻하는 게 아닙니다.

장공부 　그러면 선생님이 말하는 목적이란 정말 무슨 뜻인가요?

칸 트 　인간을 목적 그 자체로 대우하라는 것은 앞에서 말한 것처럼 수단으로 대우하지 말라는 것과 연결되는데요. 좀 더 구체적으로 말하면 인간 그 자체를 가치 있는 것, 말 그대로 가치의 원천으로 대우하는 게 바로 목적으로 대우하는 것을 뜻하지요.

진단순 　아, 점점 어려워지는구나. 인간이 가치의 원천이라는 것은 또 무슨 말이지?

사회샘 　칸트 님의 설명을 조금 돕자면 인간이 아닌 다른 사물을 예로 들어서 생각해 보면 좋을 것 같구나. 단순이 너는 지금 네가 갖고 있는 여러 가지 물건들이 가치가 있다고 생각하니? 이를 테면 지금 네가 입고 있는 옷이라든가, 공책, 책상, 의자 같은 것 말이야.

150

진단순 당연히 가치가 있죠. 가치가 있으니까 돈을 주고 사기도 하고 그런 거 아닌가요?

사회샘 그럼, 그 물건들이 왜 가치가 있는지 말해 볼 수 있니?

진단순 옷이야 추위로부터 날 보호해 주고, 또 예쁘게 보이게도 만들어 주고 그런 점에서 가치가 있죠. 책상이나 의자는 앉아서 공부하는 것을 도와주니까 가치도 있고.

사회샘 지금 단순이가 가치가 있다고 말한 것들은 모두 단순이가 ~하는데 도움이 되니까 가치가 있다는 말이 되지. 이런 게 바로 수단으로서의 가치를 지니는 거지.

장공부 대부분의 사물들은 사람이 뭔가를 하는 데 도움이 된다는 측면에서 가치를 지니니까 그런 거 아닌가요?

사회샘 맞아.

모의심

그럼, 목적으로서 가치를 지닌다는 것은요?

사회샘 지금 말한 사물들이 가치를 지니는 이유는 결국 사람에게 도움이 된다는 것이잖아. 그럼, 그러한 가치의 원천은 결국 뭘까?

장공부 사람이죠.

사회샘 그래, 인간이 목적으로서 가치를 지닌다는 것은 바로 이런 의미라는 거야.

진단순 오, 뭔가 이해될 것 같기도…….

칸   트 제가 더 설명하죠. 앞에서 사회 선생님이 설명한 것처럼 사물의 가치는 인간이 정하죠. 즉, 사물 그 자체는 궁극적인 목적으로서 가치를 가지지 않아요. 하지만 인간은 어떻습니까? **인간은 스스로 자신이 추구하는 가치와 목적을 세우고 이를 추구하는 능력을 가진 유일한 존재죠.** 그런 점에서 인간이 바로 가치의 원천이고 목적 그 자체라는 것입니다.

모의심 이해는 될 것 같은데, 그럼 인간을 그렇게 목적 그 자체로 바라본다는 것은 결국 어떻게 존중하라는 얘기인가요?

칸 트 음, 실천적인 문제 제기라고 할 수 있겠는데 결국 인간을 가치의 원천이자 스스로 무언가를 추구할 수 있는 존재로 바라보라는 것은 인간을 자율적인 존재로 대하라는 뜻이죠. 스스로 가치를 만들어 낼 수 있는 인간에게 무언가를 강제로 시키는 것은 그 사람을 수단화하는 행동이니까요.

장공부 자율성을 존중하라는 뜻인가요?

칸 트 네, 맞습니다. 인간을 목적 그 자체로 대우하라는 것은 그 사람이 추구하는 삶을 자유롭게 추구할 수 있는 기회와 여건을 제공하라는 뜻이 되지요. 더 구체적으로 말하면 자기 스스로 목적을 결정하고 대안들을 신중히 검토하면서 그중에서 자기가 선택한 방안을 실천하는데 방해받지 않도록 해야 합니다. 그것이야말로 신성한 인간 존중의 태도라고 할 수 있습니다.

사회샘 조금 덧붙이면, 그런 자율성을 존중하자는 생각이 제도로 만들어져서 모든 사람의 기본적 권리를 보장하게 된 거란다. 인간을 목적 그 자체로 존중한다는 것은 나에게만 해당되는 것이 아니라 모든 사람에게 해당되는 것이니까. 결국 모든 사람들의 자율성을 보장하고, 또 누구에게나 기본적인 권리와 공정한 기회를 보장해야 한다는 주장이 도출되는 거야.

모의심 그렇다면 인간 존중은 인간에게 동등한 권리를 보장한다는 것인가요?

칸 트 네, 모든 사람을 동등한 가치를 지닌 존재로 존중하기 위한 가장 대표적인 방식은 그렇게 누구에게나 동등한 권리를 보장하는 것이지요. 특히 참정권, 자유권과 같은 권리가 대표적인 것이지요. 이때 중요한 것은 보편적인 평등의 원칙인데요.

진단순 보편적인 평등이요?

칸 트 네, 어떠한 예외나 특권을 인정하지 않고 누구에게나 인간으로서 누려야
할 동등한 권리를 보장한다는 겁니다. 그 사람의 외모가 어떻든, 공부를
잘하든 못하든, 능력이 뛰어나든 그렇지 않든, 이런 것들을 고려하지 않고
인간이라면 똑같이 권리를 누리게 해주는 거죠. 이게 바로 제가 말하는 인
간 존중입니다.

모의심 권리 얘기까지 나오니 좀 더 복잡해진 것 같지만 결국 인간이라면 다양한
차이에 관계없이 누구나 존중하라는 말이네요. 앞에서 얘기했던 문제가
이렇게 정리되니 신기하네요. 정말…….

진단순

그러니까, 인간을 존중한다는 것은 누구나 인간으로서
동등한 권리를 보장받아야 한다는 뜻이죠?

사회샘 단순이가 저 정도 말을 하는 걸 보니, 이제 너희들이 칸트 님이 말씀하신
인간 존중의 의미를 어느 정도 이해한 것 같구나.

민주주의 이념 속에 녹아 있는 인간 존중

모의심 선생님, 솔직히 조금 불만인 게 이렇게 복
잡하게 공부해봤자 실제로 인간 존중을 실
행하지 않으면 그만이잖아요. 공부보다 더
중요한 게 실천일 텐데…….

사회샘 물론 실천이 더 중요하지. 하지만 이미 이
야기한 것처럼 알아야 실천을 하지. 그리
고 이러한 이론적 논의로부터 인간 존중을
실현하기 위한 아이디어와 제도가 만들어
지고 또 실현되고 있단다.

유엔 총회는 1948년, 억압과 차별
에 대응하기 위해 세계인권선언문
을 채택하였습니다.

진단순 인간 존중이 실현되고 있다고요?

칸　트 이 부분은 제가 이야기해도 되겠죠? 오늘날 민주주의 국가의 헌법에는 제가 말한 인간 존중의 아이디어가 담겨져 있습니다.

장공부 민주주의 이념인 **인간의 존엄성, 자유, 평등**……. 이런 것을 말씀하시는 건가요?

칸　트 네, 그렇습니다. 인간의 존엄성, 자유, 평등은 그 자체가 인간 존중을 뜻하는 것이기도 하지요.

모의심

인간의 존엄성이나 인간 존중은 비슷한 말인 것 같기는 한데…….

칸　트 조금 자세히 설명해 볼까요? 인간의 존엄성은 인간 존재 자체가 갖는 가치를 뜻하는 말이지요. 사용자의 목적에 따라 언제든지 교체될 수 있는 사물들의 가치는 가격으로 표시되지만 인간의 가치는 가격을 매길 수 없는 '존엄'으로 표현됩니다. 다른 사물과 달리 인간은 다른 것으로 대체 불가능한 존재입니다. 즉, 대체 불가능하고 가격을 매길 수 없는 인간의 가치를 뜻하는 말이 인간의 존엄성입니다. 따라서 존엄한 인간으로서 사람들은 누구나 아무런 조건 없이 인간 그 자체로 존중받아야 하는 것이지요. 즉, 인간을 존중한다는 것은 인간을 존엄한 가치를 지닌 존재로 대우해야 한다는 것을 뜻하지요. 이런 점에서 인간의 존엄성은 인간 존중의 전제 조건이라고 할 수 있습니다.

장공부 인간의 존엄성은 그런 식으로 이해될 것 같기도 한데, 사실 더 궁금한 것은 자유와 평등이에요. 흔히 민주주의 이념을 얘기하면서 인간의 존엄성(인간 존중)이 자유와 평등의 기반을 두고 있다고 하는데, 이 부분을 잘 설명해 주실 수 있을까요?

칸　트 하나씩 생각해 보죠. 여러분, 자유가 뭐죠?

진단순 하고 싶은 거 하는 게 자유죠. 뭘 그런 걸 물어 보세요?

칸　트 그렇죠. 누구나 자기가 살고 싶은 삶을 살아가는 것. 이런 것이 자유지요.

154

그리고 인간을 존엄한 가치를 지닌 존재로 대우하기 위해서는 이러한 자유를 보장해야 합니다.

모의심 그게 무슨 뜻이지요?

칸 트 앞에서도 말했지만 인간은 스스로 목표를 세우고 이를 추구할 수 있는 능력을 가진 존재지요. 인간을 이러한 존재로 바라보고 존중한다는 것은 자기 삶의 목표를 세우고 추구할 수 있는 자유를 보장해 주어야 한다는 것을 뜻합니다.

진단순
자유가 보장되어야 존엄한 존재로 살아갈 수 있다는 말인가요?

칸 트 그렇습니다. 누구나 자기 삶을 스스로 계획하고 이를 추구할 수 있는 자유가 없다면 인간이 어떻게 소중한 존재로서, 즉 존엄한 인간으로서 살아갈 수 있을까요? 여러분 각자가 누군가의 명령에 따라 통제된 삶을 살아간다고 생각해 보세요.

진단순 생각만 해도 답답해요.

칸 트 답답하기도 하지만 무엇보다 자유가 보장되지 않는 곳에서 살아가는 사람들은 그들을 통제하는 누군가에 의해서 인간 이하의 취급을 받게 됩니다. 즉, 사람들은 통치자의 뜻에 따라 움직이는 도구에 불과하게 되지요.

장공부 그러고 보니 전체의 이익이라는 명분으로 개인의 삶을 철저히 통제했던 전체주의 사회에서 사람들은 통치자의 도구로 살아갈 수밖에 없었겠네요.

모의심 자유가 보장되어야 존엄한 시민으로서 살아갈 수 있겠네요.

칸 트 네, 맞습니다. 그 자체가 목적인 인간은 스스로 생각하고 선택하며 행위할 수 있는 존재지요. 이러한 존재로 존중한다는 것은 사람들에게 자유를 보장해야 한다는 것을 의미합니다. 이러한 자유가 보장되어야 누군가에게 예속된 도구가 아니라 존엄한 시민으로서 살아갈 수 있겠지요.

장공부 아, 그렇구나. 민주주의에서 왜 자유를 보장하는 것이 인간을 존중하는 방법인지 이제 좀 알겠어요.

칸　트 평등 같은 경우는 좀 더 쉽게 생각할 수 있어요. 인간의 존엄성이란 모든 인간이 그 자체로 가치를 지니고 있는 존재라는 것이었죠. 이때 그 가치는 우열을 매길 수가 없습니다.

모의심 우열을 왜 매길 수 없죠? 사람들을 더 가치 있는 사람과 그렇지 않은 사람으로 구분할 수 없나요?

칸　트 제가 말하는 인간 존중은 인간을 수단이 아닌 목적으로 대우하는 것이라고 이미 말했습니다. 이 말에서 인간 한 명, 한 명은 모두 다른 것으로 대체될 수 없는 궁극적인 목적인 것입니다. 만약 어떤 사람이 더 가치 있는 사람이라면 이 사람보다 가치가 덜한 사람은 더 가치가 있는 사람들의 수단일 수밖에 없지요.

진단순 　더 높은 가치가 있으면 그보다 낮은 가치는 더 높은 가치를 위해 포기할 수도 있는 거니까. 정말 더 가치 있는 사람이 있다고 하면 다른 사람들을 존중하는 것은 어렵겠네요. 좀 신기하네요.

칸　트 즉, 인간 존중은 모든 사람이 대체될 수 없는 궁극적인 목적으로 존중되어야 한다는 말입니다. 이것은 결국 모든 사람들이 평등하다는 주장도 함축하는 것이지요. (모습이 희미해지며 칸트의 형상이 사라진다.)

장공부 정말 칸트 님의 설명을 들으니 민주주의가 인간 존중을 기반으로 한다는 점이 좀 더 분명하게 이해되는 것 같아요.

인간 존중은 범죄를 저지른 사람들에게도 적용된다

모의심 칸트 님의 설명이 흥미롭기는 한데요. 좀 더 실질적으로 인간 존중이 나타나는 사례들은 없을까요? 계속 규범적인 얘기만 했더니 정말 머리가 아파요. 단순이는 오죽하겠어요.

진단순 뭐야, 의심아. 나는 잘 듣고 있다고…….

사회샘 인간 존중이 규범적인 개념이어서 사실 어떻게 보면 일상생활 모든 면에 반영되어 있는 것인데, 너희들이 체감하기가 쉽지 않겠구나. 그래서 신문에서 다음 기사를 찾아봤는데, 같이 한번 볼까?

156

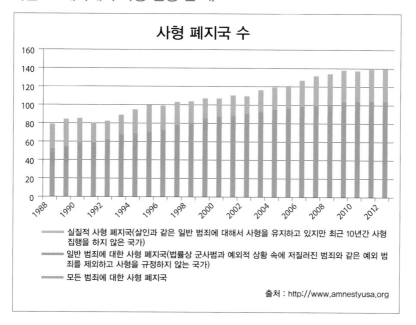

사형 폐지는 세계적 추세 131개국 사형 폐지,
작년 175개국에서 사형 집행 안 해

사형 폐지국 수

실질적 사형 폐지국(살인과 같은 일반 범죄에 대해서 사형을 유지하고 있지만 최근 10년간 사형
집행을 하지 않은 국가)

일반 범죄에 대한 사형 폐지국(법률상 군사범과 예외적 상황 속에 저질러진 범죄와 같은 예외 범
죄를 제외하고 사형을 규정하지 않는 국가)

모든 범죄에 대한 사형 폐지국

출처 : http://www.amnestyusa.org

국제앰네스티에 따르면 2011년 말 기준 전면적인 사형 폐지국은 96개국이고, 한국을 비롯한 35개국은 '실질적 사형 폐지국'으로 분류된다. 즉, 전 세계 2/3 이상이 실제 사형을 실시하고 있지 않은 것이다. 주요 20개국(G20) 중에서는 미국, 중국, 사우디아라비아의 3개국에서만 사형이 집행됐고, 특히 유럽 연합(EU)의 경우에는 사형제 폐지를 회원국 가입 조건으로 내걸고 있다. 이러한 사형제 폐지 움직임은 사형 제도가 범죄를 억제하는 효과가 약하기 때문이기도 하지만 궁극적으로는 인권을 중시하는 가치관이 확산되고 있는 데서 그 이유를 찾을 수 있다.

진단순 표가 복잡한데, 결국 사형을 폐지하는 나라가 늘어나고 있다는 얘기죠?
사회샘 그래. 핵심을 잘 파악했구나.
모의심 인간 존중을 실현하기 위해서는 사형을 하면 안 되나요?

사회샘 꼭 그렇게 말할 수는 없겠지. 하지만 분명한 것은 우리가 인간 존중을 이 야기할 때 인간이라면 누구나 존중받아야 한다고 했었지? 그 말은 설령 그 사람이 범죄를 저지르고 아무리 나쁜 사람이라고 하더라도 인간으로서의 기본적인 존중은 해주어야 한다는 것을 뜻한단다. 그런 점에서 사형 제도 폐지 움직임은 설령 나쁜 범죄자라고 하더라도 사회 질서 유지를 위한 수 단으로 취급할 수 없다는 생각이 확대되고 있음을 보여 주는 거지.

장공부 그리고 보니 사형제가 아니더라도 요새 범죄를 저지른 사람들에 대해서도 인권을 강조하자는 목소리가 나오고 있는 걸로 아는데요? 외국에서는 범 죄자들이 머무는 교도소 시설이 엄청 좋은 곳도 있다고 들었어요.

사회샘 그래, 대표적인 곳이 노르웨이 교도소지. 한번 볼까?

'인간적인, 너무나 인간적인' 노르웨이 교도소

커다란 창으로 햇살이 쏟아져 들어오는 12㎡의 1인실. 천장이 높은 이 방엔 별도 의 욕실과 평면 스크린 텔레비전, 소형 냉 장고 등 편의 시설이 골고루 갖춰져 있다. 10~12개의 방이 공동 거실과 주방을 사이 에 두고 나란히 들어선 모습은 흡사 대학 교의 고급 기숙사를 방불케 하지만 이곳

노르웨이의 교도소

은 엄연히 범죄자들이 수감돼 있는 노르웨이의 한 교도소다. 전혀 교도소라고 느껴지 지 않도록 각 감방에는 창살 대신 두꺼운 유리가 끼워져 있고, 건물은 회색 콘크리트 벽돌 대신 벽돌과 낙엽송 등을 이용해서 만들어졌다. 심지어 유명 그래피티(낙서형 벽화) 아티스트인 돌크의 그림 등 예술 작품들도 쉽게 접할 수 있다. 교도관은 무기를 갖고 있지 않고, 수감자들과 섞여 스포츠를 즐기기도 한다. 조깅을 위한 트랙, 실내 암벽등반 시설은 물론 도서와 잡지, CD, DVD 등이 고루 구비된 도서관도 있고, 수감 자들은 밴드를 구성해 교도소 안의 음악녹음실에서 직접 음반을 제작할 수도 있다.

– 〈한겨레신문〉, 2011년 7월 28일 –

진단순 아니, 무슨 교도소가 이렇게 넓어? 시설도 완전 좋은데? 이건 내 방보다도
　　　　훨씬 좋잖아.

모의심 범죄자들에게 이렇게 잘해 주는 게 인간 존중인가요? 좀 과하다 싶은데요.

사회샘 흔히 범죄자들에게 너무 잘해 주는 거 아니냐는 식의 비판이 있긴 하단다.
　　　　하지만 이런 교도소를 만든 것은 아무리 범죄자라고 하더라도 인간으로서
　　　　기본적인 존중은 받아야 한다는 거지.

장공부

> 나쁜 짓을 한 범죄자에게도 인간 존중이 적용되는
> 나라라면 일반인들에 대한 인간 존중은 두말할 나
> 위가 없겠네요.

사회샘 그래. 사형 제도를 폐지하는 것이나 인권을 존중하는 교도소 등은 인간 존
　　　　중이 보편적으로 적용되어야 한다는 것을 보여 주는 대표적인 사례라고
　　　　할 수 있단다.

인간을 존중해야 하는 이유는 어디에 있을까

모의심 아무리 범죄자라고 하더라도 인간으로서의 기본적인 존중은 해야 한다고
　　　　했는데요, 사실 여전히 납득이 안 되는 부분이 있어요.

진단순 너는 또 왜 트집이니? 그냥 존중하면 좋잖아. 비존중이 좋아? 그냥 존중하
　　　　면 되지. 참…….

장공부 저도 왜 범죄자도 인간으로 존중해야 하는지 궁금하기는 해요. 사실, 존
　　　　중이 중요하고 좋다는 것은 알겠어요. 그런데 정작 현실에서 접하는 다양
　　　　한 사람들을 보면 흉악범처럼 쉽게 존중하기 어려운 사람들도 많이 있거
　　　　든요. 그래서 왜 우리가 모든 사람들을 인간 그 자체로 존중해야 하는지가
　　　　궁금해요.

사회샘 그래, 의심이와 공부가 품고 있는 의문은 인간 존중과 관련하여 매우 중요
　　　　한 질문이지. 또 쉽게 답하기가 어려운 문제이기도 하고 말이야. 이 부분
　　　　은 칸트 님께 답변을 요청해야겠는데.

칸 　 트 (갑자기 나타나서) 네, 제가 설명해 보도록 하지요.

진단순 어? 아직 안 가셨네요.

칸 　 트 인간 존중은 제 전문 주제라서 오늘 수업은 제가 없이는 안 되겠는데요. 여러분들 얘기를 계속 듣고 있었답니다.

모의심 칸트 님, 인간을 존중하는 이유가 무엇인지 빨리 말씀해 주세요. 너무 궁금해요, 어서요.

칸 　 트 네. '인간'을 존중해야 하는 이유, 그것은 인간이 다른 사물이나 자연과 구별되는 고유한 특성을 가지고 있기 때문입니다.

모의심 그러니까 그 고유한 특성이라는 게 뭐냐는 말이죠.

칸 　 트 저는 인간이 갖는 고유한 특징이 바로 **도덕적인 존재**가 될 수 있다는 점이라고 생각합니다.

진단순 도덕적인 존재요? 착한 존재라는 건가요?

칸 　 트 아, 그건 아닙니다. 이게 철학적 용어라서 여러분들이 혼동이 있을 수 있는데 제가 그 부분을 감안하지 못했네요. 제가 말하는 도덕적인 존재는 단순히 착한 행동을 하는 존재를 말하는 것이 아닙니다.

장공부

그러면 도덕적인 존재라는 게 무슨 뜻이죠?

칸 　 트 제가 말하는 도덕적 존재는 **보편적인 도덕법칙**을 수립하고 스스로 그 법칙에 복종할 수 있는 **자율성**을 가진 존재를 뜻합니다.

장공부 자율성이면 아까 나온 얘기이긴 한데…….

진단순 보편적인 도덕법칙은 또 뭐야? 약간씩 이해될 듯하면서도 자꾸 어려운 얘기가 나오네.

칸 　 트 조금 쉽게 얘기해 보도록 하죠. 일단 동물을 생각해 보면 동물들은 모두 본능에 따라서만 행동하지요. 배가 고프면 먹을 것을 찾고, 졸리면 잠을 자고, 또 배설을 하고 싶을 때는 배설을 하고.

모의심 그건 사람도 마찬가지잖아요. 여기 단순이만 봐도 분명히 알 수 있는
데…….

진단순 뭐야? 그 말은…….

칸　트 물론 인간도 본능에 따라 행동하죠. 하지만 그런 본능을 거슬러서 행위할
수 있는 능력을 가진 것이 또 인간입니다.

장공부 본능을 거스를 수 있다고요?

칸　트 네, 그렇습니다. 예를 들면 배가 고프지만 몸에 안 좋다는 것을 알면 먹지
않기도 하고요. 또 졸리지만 해야 할 일이 있다면 참고 해내는 것이 인간
이죠. 이렇게 수업시간에는 되도록이면 화장실에 가지 않고 자리를 지키
려고 노력하는 것도 역시 본능을 거스르는 것이고요.

모의심

> 그렇게 본능을 거스를 수 있다는 게
> 중요한 특징인가요?

칸　트 네, 그렇지요. 물론 단순히 본능을 거스를 수 있다는 게 핵심은 아닙니다.
더 중요한 것은 인간이 본능과 같은 자연의 법칙에 따라 사는 것이 아니라
**스스로 옳다고 생각하는 규칙을 세울 수 있고 그에 따라 살아갈 수 있는
존재**라는 것이죠.

장공부 아하! 그게 자율성이군요.

칸　트 네, 그렇습니다. 이렇게 인간은 자율적인 존재, 즉 스스로 도덕법칙을 만
들고 그에 따라 살아갈 수 있다는 점에서 도덕적인 존재라고 할 수 있는
것입니다.

사회샘 이렇게 인간 존중의 근거로 자율성을 제시하는 칸트 님의 생각은 오늘날
까지도 인간의 존엄성을 이야기하는 중요한 근거로 널리 받아들여지고 있
지. 특히 현대 정치철학계의 대표적인 학자인 존 롤스 님의 경우에는 이러
한 칸트 님의 자율성을 인간이 자신의 삶을 스스로 설계하고 사회의 기본
질서를 규율하는 원칙을 수립할 수 있는 능력으로 해석하고 있어. 어쨌든

인간만이 이런 능력을 갖고 있다는 것은 분명한 사실이지.

모의심 인간은 자기가 살고 싶은 삶을 살 수 있는 능력이 있다. 뭐, 이런 거라고 생각하면 되죠?

진단순 그럼, 저같이 단순하게 살고 싶은 사람은 단순하게 살 수 있다. 이런 게 자율성이라는 거네요. 하하.

칸 트 예. 추천할 만한 삶의 방식은 아니지만 어느 정도는 그렇게 생각해 볼 수도 있겠네요. 어쨌든 인간 존중의 근거가 바로 자율성이라는 점은 이제 다들 이해한 것 같군요.

자율성이 없는 사람들은 어떻게 존중할 수 있을까

모의심

> 칸트 님. 그런데 인간을 존중해야 하는 근거가 자율성이라고 한다면 자율성이 없는 사람들은 존중하지 않아도 된다는 건가요?

진단순 야, 의심아! 너 자꾸 왜 얘기를 복잡하게 만들어. 그냥 인간은 다 자율성이 있는 거라고 생각하면 되지.

장공부 아니, 나도 좀 궁금해. 예를 들면 갓난아기들의 경우에는 그런 자율성이나 도덕법칙을 수립할 수 있는 능력 같은 것은 없다고 봐야 하잖아. 그럼, 그런 어린아이들은 존중하지 않아도 되는 건가?

사회샘 자율성을 인간 존중의 근거로 들었을 때 나오게 되는 논쟁 중 하나인데 역시 의심이가 그냥 지나치지 못하는구나. 이번에도 칸트 님께서 대답해 주셔야겠는데요.

칸 트 예. 흔히 제가 자율성을 근거로 인간을 존중해야 한다고 이야기하면 많은 사람들이 자율성이 없다고 생각되는 사람들을 반례로 들어서 이런 사람들은 어떻게 존중할 수 있냐고 묻곤 하지요. 꼭 갓난아기가 아니라도 정신적 장애가 있는 사람들의 경우에도 자율성을 발휘하기 어렵다는 점에서 많이 질문하곤 한답니다.

진단순 어, 정말. 정신적 장애가 있는 사람들은 자율성을 발휘하기 어려울 것 같은데요. 이런 사람들은 존중하지 않아도 되나요?

칸 트 저는 갓난아기나 정신적 장애가 있는 사람 등은 자율성은 있으나 여러 가지 여건 때문에 그러한 자율성을 실제로 발현하고 있지 못한 상태라고 생각합니다. 즉, 갓난아기나 정신적 장애가 있는 사람도 자율적 존재가 아니라고 말할 수는 없다는 거죠.

사회샘 내가 조금 추가하면 칸트 님이 말씀하신 도덕적 자율성, 그리고 현대에 이르기까지 수많은 자유주의 철학자들이 해석하고 있는 자율성은 실제 발현되고 있는 것이 아니라 **가능성** 또는 **잠재성**을 의미한단다. 즉, 좀 더 분명하게 말하면 인간이 도덕적 존재이기 때문에 존중하는 것이 아니라, 인간이 도덕적 존재가 될 수 있기 때문에 존중하는 거란다.

장공부 그렇게 보면 아기는 아직 어려서 인간의 자율성이 아직 발현되지 못한 것일 뿐 자율성의 가능성을 가진 존재라는 거군요. 그런 의미에서 존중해야 한다는 거죠?

칸 트 네, 정확합니다.

모의심 하지만요, 칸트 님. 분명 그런 도덕적 존재라는 것과 도덕적 존재가 될 가능성이 있다는 것은 큰 차이가 있는 것 같아요. 존중을 한다고 해도 다를 것 같고요.

칸 트 네, 의심이 학생의 그 말은 타당합니다. 실제로 우리 사회에서 어른들에 대해서는 완전한 자율성을 갖추었다고 판단하지만 어린아이들의 경우에는 그러한 자율성을 완전하게 갖추지 못했다고 판단하지요. 그리고 이런 판단의 차이는 존중 방식에서도 차이를 보이게 됩니다.

진단순 에이, 뭐예요. 아이나 정신적 장애를 가진 사람도 다 존중해 줄 것처럼 말씀하시더니 결국 그런 식이면 성인들은 존중해 주고 우리 같은 학생들은 덜 존중하겠다. 이런 거 아니에요? 역시 칸트 님도 다른 어른들이랑 다를 게 없네요.

칸 트 단순이 학생이 그렇게 생각한다면 어쩔 수 없지만 자율성을 발휘할 여건
       이 안 되는 사람에게 어느 정도의 간섭은 불가피하다고 봅니다.

사회샘 단순아, 선생님이 칸트 님을 좀 더 변호하자면 인간을 존중하는 핵심은
       그 인간의 자율성을 존중하기 위한 거잖아. 그런데 앞에서의 사례처럼 자
       율성을 발휘할 수 없는 상황에 있는 사람들에게 완전한 자유를 주게 되었
       을 때 그 사람들이 자기 자신에게 해로운 행위를 할 수 있고, 그래서 자율
       성을 영영 발휘할 수 없는 상황으로 몰고 간다면 그런 상황은 막아야 하
       잖아.

모의심

> 하지만 누군가가 자율성을 발휘할 수 없다는 이유로
> 계속 간섭하다 보면 정작 그 사람에게는 자율성을 발
> 휘할 수 있는 기회조치 주이지지 않을 수 있잖아요.

진단순 맞아! 어른들이 아직 미성숙한 학생들을 위한다며 우리의 삶을 간섭하는
       경우가 얼마나 많은데.

모의심 결국 그렇게 되면 우리 학생들은 미성숙하다는 이유로 어른들이 시키는
       대로만 살아야 하잖아요. 그게 목적으로 대우받는 건 아닐텐데. 우리는 어
       른들이 원하는 목적을 위한 수단이 되고 만다고요.

칸 트 저도 여러분들이 그런 존재로 대우받는 것에 대해서 분명히 반대합니다.
       그렇지만 아직 어린 학생으로서 여러분의 결정이나 행동이 여러분 자신뿐
       아니라 다른 사람들에게도 큰 해를 끼칠 수 있다면, 이런 경우에는 책임
       있는 어른들의 간섭도 필요할 수 있겠죠. 다만 어른들이 "다 너희들을 위
       한 것이다."라는 말만 하면서 간섭을 하기보다는, 여러분들 스스로 잘못을
       깨닫고 변화할 수 있는 기회와 계기를 주는 것이 바람직합니다. 말이 길어
       졌는데, 정리하면 아직 어려서 자율성을 발휘하기 어려운 상황에 처해있
       는 어린 학생들의 경우에 어른들이 간섭할 수 있어요. 다만 이러한 간섭은
       어린 학생들의 자율성을 증진시킬 수 있는 방향으로 이루어져야 합니다.
       즉, 아직 자율성을 충분히 발휘할 수 없는 존재의 경우, 그들이 자율성을

164

발휘하고 증진할 수 있는 방향으로 이루어지는 간섭은 그들의 자율성을 침해하는 것이 아니라 존중하는 것입니다.

사회샘 그래. 굳이 편을 나누면 칸트 님은 아마, 어른들의 편이라기보다는 분명 너희들 편이라고 봐야 할 걸…….

장공부 칸트 님 말씀은 자율성을 발휘하기 어려운 사람들의 경우에도 그 사람들의 자율성을 최대한 존중해 주어야 하고, 부득이하게 간섭을 하게 될 경우에도 그 사람들의 자율성을 늘리는 방향으로 도움을 주어야 한다는 거네요.

진단순 그렇게 생각하면 무조건 이래라저래라 얘기하는 어른들과는 좀 다른 것 같긴 하네.

칸 트 네, 그렇게 생각해 주니 다행입니다.

흉악한 범죄자도 존중해야 하는가?

진단순 저도 하나만 질문할게요. 이왕 의심이가 질문을 많이 해서 늦어진 거, 저도 궁금한 거 하나 확인 좀 하게요.

사회샘 무슨 질문이니?

진단순 자율성을 근거로 아기나 정신적 장애를 가진 사람도 나름의 방식으로 존중하고 다 좋은데, 제가 요새 말을 잘 안 듣고 떼만 쓰는 동생 때문에 무척 괴롭거든요. 완전 저한테 반항만 하고 자기 고집만 피워서 볼 때마다 화가 나는데, 이런 동생도 존중해야 하나요?

칸 트 네, 존중해야 합니다. 인간이라면 누구나 존중해야지요. 그게 제가 말하는 인간 존중입니다.

진단순 아, 그러실 줄 알았어.

모의심 칸트 님, 잠시만요. 이게 저도 아까부터 찜찜했는데 단순이가 질문하는 것을 보니 분명해지네요. 아까 인간 존중 얘기하면서 범죄자와 같은 나쁜 사람도 존중해야 한다고 하셨잖아요. 정말 칸트 님은 그런 사람도 존중해야 한다고 생각하시나요?

칸　트　물론입니다. 그런 사람들도 인간인 이상 분명 자율성을 가진 존재니까요.

장공부　칸트 님께서 그렇게 말씀하시리라는 것은 예상은 했지만 그래도…….

진단순 아니, 뉴스에 보면 살인이나 성폭행 등 정말 입에 담기도 힘든 나쁜 범죄를 저지르는 사람들도 있는데, 그런 사람들도 동등한 인간으로 존중한다는 게 말이 돼요?

모의심　맞아요. 솔직히 그런 사람들은 인간으로 여겨 존중해 줄 필요가 없잖아요.

칸　트　음, 여러분들이 그렇게 똘똘 뭉쳐서 주장한다고 해도 저는 분명히 말하건대 그런 사람들도 인간으로서 존중해 주어야 한다고 생각합니다.

진단순　아, 솔직히 처음부터 생각했지만 정말 답답하신 분이네요. 그런 주장을 사람들이 받아들이겠어요?

사회샘　그래, 너희들이 그렇게 흥분하는 것도 충분히 이해해. 분명 많은 사람들이 너희들과 비슷한 생각을 하고 있을 거야. 사회적으로 경멸할 만한 범죄행위를 저지른 사람들은 인간 이하의 취급을 받아야 한다고 말이야.

진단순　그러니까 말이에요.

사회샘 하지만 조금 더 냉정하게 생각해 보면 우리가 흔히 "죄는 미워하되, 사람은 미워하지 말라."고 이야기하잖아. 그런 점에서 보면 우리는 그 사람의 행위와 그 사람 자체를 구분해서 생각해 볼 필요가 있어.

장공부　그 사람의 행위는 비난받아야 마땅하지만 그렇다고 그 사람을 존중하지 않아서는 안 된다는 건가요?

사회샘　그렇다고 할 수 있지.

모의심　하지만 그렇게 설명해도 영 개운하지 않아요. 그런 나쁜 사람들은 엄격하게 처벌해야 하는데 존중이라니…….

칸　트　아니, 뭔가 오해가 있네요. 이 부분은 분명히 해야겠습니다. 제가 범죄자라도 존중해야 한다고 했지, 범죄를 저지른 사람을 처벌하지 말아야 한다고 이야기한 것은 아닙니다.

진단순 그건 또 무슨 얘기인가요? 왜 이랬다저랬다 하세요?

칸 트 이랬다저랬다 하는 게 아니고, 흉악한 범죄자라도 인간으로서 존중은 해야 하지만 그래도 사회에서 정한 규칙에 따라 처벌할 수는 있지요. 물론 그 사람의 모든 권리를 몰수하고 그 사람을 인간 이하로 대우하는 몰상식한 처벌은 반대하지만요.

장공부

> 존중은 하지만 인간답게 처벌해라. 좋은 말인 것 같은데, 모순처럼 들리기도 해요.

칸 트 전혀 모순이 아닙니다. 우리가 어떤 범죄자를 비난하고 처벌할 수 있는 것은 그를 인간으로 생각하기 때문입니다. 만약 그를 인간으로서 존중하지 않는다면 우리가 어떻게 그를 비난하고 사회에서 정한 규칙에 따라 처벌할 수 있겠습니까?

모의심 하긴, 만약 인간이 아니라면 우리가 그렇게 흥분하고 화낼 필요가 없겠죠. 그리고 보면 우리가 인간으로 생각하니까 처벌할 수 있는 것 같기도 하네요. 우리가 자연적인 사태를 비난하거나 동물에 대해 분노하고 처벌하자는 얘기를 하지는 않으니까요.

칸 트 네, 그렇습니다. 흉악한 범죄를 저지른 사람들은 분명 처벌해야지요. 하지만 그러한 처벌을 할 수 있는 것은 분명 그러한 범죄를 저지른 사람들이 인간이라는 점 때문이지요. 그렇게 생각한다면 그 사람들을 처벌할 때도 분명히 인간답게 처벌해야 하는 것입니다.

장공부 칸트 님 얘기는 범죄에 대한 처벌도 인간 존중의 취지에 맞게 해야 한다는 거네요. 사실 그렇게 해야 처벌로서 의미가 있다는 거고, 이 부분은 분명 일리가 있는 것 같아요.

사회샘 그래, 공부가 잘 정리해 주었네. 확실히 이 정도면 인간 존중에 대해서는 정말 다각도로 살펴본 것 같구나. 이렇게 오랫동안 소환해서 얘기들은 적이 없었는데, 칸트 님께 정말 감사드려야겠네요.

학생들 칸트 님, 고맙습니다.

칸 트 아니, 오히려 내가 고마워요. 인간 존중에 대해 이렇게 열심히 탐구해 주었
으니까요. 제 의견을 바탕으로 여러분들이 인간 존중을 더 잘 이해하고 또
실천하면 좋겠네요. 여러분들의 건투를 빕니다. 그럼, 안녕히 계세요. (칸트
사라진다.)

학생들 안녕히 가세요.

인간 존중에 대해 배우다

사회샘 오늘 내용이 상당히 어려웠는데 오늘 인간 존중과 관련해서 수업에서 기
억나는 내용 위주로 정리해 볼까?

장공부 처음에 존중받지 못했넌 사람들, 차별받았넌 흑인들, 전태일 님이 있었죠?
특히 정말 열악한 노동 여건에서 인간으로서 존중받지 못해서 결국 안타
까운 선택을 해야 했던 전태일 님이 가장 기억에 남아요.

진단순 이주 노동자 얘기는 왜 빠뜨렸어? 차별적인 시선 때문에 존중받지 못하는
게 난 맘이 아팠다고.

모의심 저는 칸트 님이 와서 한 얘기들이 무척 인상적이었어요. 어쨌든 이런 저런
사람들의 특성에 관계없이 인간이라면 누구나 존중하는 것이 인간 존중이
라고 말씀하셨죠.

진단순 아! 존중의 반대말이 무관심이라는 설명도 재미있었어요. 존중이라는 것
은 소중한 존재로 생각하고 관심을 갖는 거니까.

장공부

존중은 인간을 수단으로 대우하지 않고 목적으로 대우하는
것이라고 칸트 님이 말씀하셨죠. 이때 목적으로 대우한다는
것은 그 사람의 자율성을 보장하는 것이고요. 이것은 결국
누구에게나 기본적인 권리와 공정한 기회를 보장하는 것과
도 관계가 있었죠.

사회샘 그래, 잘 기억하고 있구나. 인간 존중에 대한 이러한 생각이 우리 민주주

의에도 반영되어 있고, 사형제 폐지나 인권을 존중하는 교도소 등을 통해 나타난다는 것도 살펴보았지.

모의심 제가 오늘도 좀 딴죽을 걸긴 했는데요. 인간 존중의 근거가 무엇인지에서부터 논쟁이 시작되었죠. 칸트 님은 그 근거를 인간의 자율성에서 찾고 있었고요.

장공부 이때 자율성이 없는 사람이라고 하더라도 자율성의 가능성이 있으니까 일단 존중해 주어야 한다고 했어요. 그리고 그러한 자율성을 최대한 잘 발현할 수 있도록 도와주는 것이 진정한 존중이라고 하셨죠.

진단순 아, 마지막 얘기는 생각나네. 흉악한 범죄자도 존중해야 한다고 좀 답답한 얘기를 하셨는데……. 죄는 미워해도 사람은 미워하지 않는 거라고.

어쨌든 인간으로 존중한다고 해서 처벌하지 못하는 것은 아니랬어요. 오히려 인간으로 생각하니까 비난도 할 수 있는 거죠.

사회샘 그래, 인간 존중이 무척 어려운 내용인데, 이 정도면 정말 잘 이해한 것 같구나. 이제 인간 존중은 실천만 잘 하면 되겠는 걸.

진단순 선생님, 정말 수업이 너무 길었는데요. 1분이라도 빨리 끝내주시는 게 저희에 대한 존중을 실천하시는 거라고요. 선생님이 하고 싶은 얘기하시려고 저희를 수단으로 다루시면 안 된다고요.

사회샘 알았다. 단순이가 무서워서 오늘은 이만 마쳐야겠다. 그럼, 다음 시간에 보자.

단순이의 오해가 풀리다

장공부 아! 오늘 수업은 정말 쉽지는 않았어. 그래도 인간 그 자체를 존중해야 한다는 것에 대해 좀 더 생각해 볼 수 있어서 다행이야.

모의심 그래. 오늘 수업 듣고 나니까, 단순이 문제가 더 심각하게 느껴지는데. 학교에서 성적을 이유로 자습실 자리를 안 주다니! 이건 정말 심각한 비존중이라고.

진단순 그래. 이제 너희들도 내 마음을 알겠지? 사회 선생님께 인간 존중도 배웠
겠다, 이번에는 담임 선생님을 만나서 한바탕해야겠어. 너희들은 내가 오
늘 배운 내용을 얼마나 잘 활용하는지 지켜만 봐.

(교무실로 담임 선생님께 찾아 간 학생들)

담임샘 단순이가 교무실에는 웬일이니? 공부랑 의심이까지 데리고…….

진단순 선생님, 저는 더 이상 학교에서 일어나는 비존중에 대해서 참을 수가 없습
니다. 그래서 선생님께 항의하러 왔습니다.

담임샘 뭐, 항의? 도대체 무슨 얘기를 하는 건지 모르겠구나.

진단순 선생님, 인간 존중이 무엇인지 아세요? 인간을 수단이 아니라……. 어, 뭐
였지?

장공부 목적.

진단순 맞아요. 목적! 인간을 목적으로 대우하는 거리고요.

담임샘 그런데?

진단순
저는 공부 잘하는 애들을 위한 수단이 아니에요.
저를 그 자체로 존중해 주셔야 한다고요.

담임샘 단순이, 이 녀석. 우리 학교에서 너를 얼마나 존중하는데. 매번 엉뚱한 얘
기해서 수업 분위기를 망쳐도 웃고 넘어간 게 얼마나 많은지 아니?

진단순 뭐, 그건 그렇다고 치고요. 저도 가능성을 가진 존재라니까요. 제 가능성
도 좀 인정해 주셔야죠.

담임샘 가능성을 인정하니까 수업 시간에 계속 야단도 치고 자는 거 깨워서 수업
도 듣게 하고 지금도 이렇게 얘기까지 다 들어 주는 거 아니냐?

진단순 아, 정말이지. 뭐가 안 통하네.

모의심 동등하게 대우받고 있지 못하다고 얘기해야지. 자습실 얘기…….

170

진단순 아! 맞다. 자습실……. 선생님 어떻게 그러실 수가 있어요?

담임샘 뭘 어떻게 했기에?

진단순 이번 달 자습실 좌석 배정표에 제 이름이 빠졌더라고요. 어떻게 공부를 못한다고 자습실 배정도 안 해주실 수가 있어요. 정말 서럽다고요.

담임샘 자습실 배정? 아, 안 그래도 내가 너 불러서 얘기하려고 했는데…….

진단순 네, 학교가 잘못한 거죠? 선생님도 저를 이해하시는 거죠?

담임샘 이 녀석아, 우리 학교가 무슨 성적 때문에 자습실 배정을 안 하겠니? 너 지난달에 보니까 자습실 신청을 해놓고 나와서 공부한 날이 절반도 안 되더구나. 그래서 학교 규정에 따라 이번 달 자습실 이용 우선권이 다른 학생에게 넘어간 거란다.

진단순 예, 제가 자습실을 자주 빠져서 배정을 못 받은 거라고요?

담임샘 그래, 이 녀석아! 자습실을 이용하고 싶어서 기다리는 학생들도 많은데 신청해 놓고 그렇게 많이 빠지면 어떡하니? 너만 존중하는 게 아니고 다른 학생들도 존중해야지.

장공부 뭐야? 단순아! 자습실을 배정받고서 안 나오면 어떡해.

모의심 역시……. 우리 학교가 그럴 리가 없지.

담임샘 단순이가 공부는 못해도 약속을 잘 지키고 성실하다고 생각했는데, 자습실을 그렇게 많이 빠져서 선생님도 얼마나 실망했는데. 앞으로 지켜볼 테니 열심히 해라. 선생님은 이게 너에 대한 최선의 존중이라고 생각하니까.

진단순 예…….

(교무실을 나와서)

장공부 이게 뭐야. 괜히 단순이 따라서 교무실 갔다가 웬 망신이야.

모의심 단순아, 어디 가서 내 친구라고 얘기하지 마라. 정말.

진단순 너희들도 너무 그러지마. 사람이 실수할 수도 있지. 그래도 난 가능성을 가진 존재란 말이야. 죄는 미워해도 사람은 미워하지 말아야지. 그게 인간 존중이잖아.

장공부 어휴, 정말 이럴 때만…….

학생들 하하하.

칸트, 『윤리형이상학 정초』

　이제 나는 말한다. 인간은 그리고 일반적으로 이성적인 존재는, 이런 저런 의지가 마음으로 사용하는 단순한 수단으로 존재하는 것이 아니라, 목적 그 자체로 존재한다. 인간과 이성적인 존재는 자신에게 하는 행위든, 다른 이성적인 존재에게 하는 행위든 모든 행위에 있어서 언제나 동시에 목적으로 생각되어야 한다. …(중략)…

　이성이 없는 존재라면 다만 수단으로서의, 상대적인 가치만을 지닐 것이고 따라서 물건이라고 불린다. 다른 한편 이성적인 존재는 인격이라고 불리는데, 이성적인 존재의 본성은 이미 자신을 목적 그 자체로서, 즉 단순히 수단으로만 사용되어서는 안 되는 어떤 것으로 특징짓고, 따라서 모든 자의를 제한하기 때문이다.

　인격은, 우리 행위의 작용으로서 있는, 우리에 대해 가치를 지니는 단순히 주관적인 목적들이 아니라, 오히려 객관적인 목적들이다. 즉, 그것들이 있다는 것 자체가 목적인, 그것 대신에 다른 어떤 목적도 세울 수 없는 그런 것들로, 다른 것들은 단지 수단으로 이에 봉사해야 할 것이다. 왜냐하면 그런 것이 없다면 어디서도 절대적인 가치를 지닌 것을 찾을 수 없을 것이기 때문이다. 그리고 모든 가치가 제한되어 있고 따라서 우연적이라면, 이성에 대한 최상의 실천 원리를 어디서도 발견할 수 없을 것이다. …(중략)…

　이 원칙의 근거는 이렇다. 이성적인 본성은 목적 그 자체로 존재한다. 인간 존재는 필연적으로 자기 자신의 존재를 이런 식으로 표상한다. …(중략)…

　따라서 실천적 명령법은 다음과 같다. 네 인격 안의 인간성뿐 아니라 모든 사람의 인격 안의 인간성까지도 결코 단지 수단으로만 사용하지 말고, 언제나 동시에 목적으로 사용하도록 그렇게 행위하라.

　목적들의 나라에서 모든 것은 가격을 갖든지 존엄성을 갖는다. 가격을 갖는 것은 같은 가격을 갖는 다른 것으로 대체할 수 있다. 이에 반해 모든 가격을 뛰어넘어, 같은 가격을 갖는 것을 허용하지 않는 것은 존엄성을 갖는다. …(중략)…

어떤 것이 목적 그 자체가 될 수 있게 하는 유일한 조건이 되는 그것은 단순히 상대적인 가치, 즉 가격이 아니라 내적인 가치, 즉 존엄성을 갖는다.

도덕성은 이성적 존재자만이 목적 그 자체가 될 수 있는 조건이다. 왜냐하면 도덕성을 통해서 목적들의 나라에서 법칙을 세울 수 있는 존재가 되는 것이 가능하기 때문이다. 따라서 도덕성과, 도덕적일 수 있는 한에서 인간성만이 존엄성을 갖는다.

아비샤이 마갈릿, 『품위 있는 사회』, 동녘

낙인은 사람들의 인간성에 대한 카인의 표지 역할을 한다. 낙인을 가진 자는 주변사람들이 그들을 인간 이하로 보게 만드는 꼬리표를 가진 사람이다. 그들이 인간이긴 해도 낙인이 찍혀 있다고 보는 것이다. 어빙 고프먼은 사람에게 낙인을 찍는 것은 그들의 사회적 신분을 훼손하는 일이라고 강조했지만, 내가 볼 때는 낙인이 그들의 인간성까지 훼손한다는 점이 더 심각한 문제다. 낙인찍힌 자들은 인간이지만 심각한 결함이 있는 인간, 쉽게 말해서 인간 이하로 간주된다. 낙인은 인간의 '정상적인 외모'의 전형으로부터 심각한 일탈을 표시한다. 난쟁이, 수족이 절단된 사람, 얼굴에 화상을 입은 사람, 심각한 백반증(유전자 이상으로 색소가 형성되지 않아 피부가 지나치게 하얀 증상)에 걸린 사람, 극도로 비만한 사람은 다른 사람을 인간으로 보는 우리의 시각을 왜곡하는 낙인이 찍힌 사람들 중 일부에 불과하다. 낙인이 지배할 때, 다시 말해서 우리가 상대를 인간으로 보도록 만들어 주는 특성들이 낙인에 가려서 모든 관심이 그의 어떤 상태, 예를 들어 그가 난쟁이라는 사실에 집중될 때, 보는 행위는 다른 사람을 인간 이하로 보는 것으로 바뀐다.

악셀 호네트, 『인정투쟁 : 사회적 갈등의 도덕적 형식론』, 사월의 책

권리의 소유는 우리로 하여금 '인간으로 존재'하게 함으로써 타인을 배려하게 하고, 근본적으로 모든 사람이 평등하다는 것을 느끼게 한다. 자신이 권리의 소유자라는 생각은 부당한 것이 아니라 정당한 자부심이며, 타인을 사랑하고 존중하는 데 필수적인 최소한의 자기존중을 갖는다는 뜻이다. 사실 인간을 존중한다는 것은 (…) 그의 권리에 대한 존중이기 때문에 양자는 불가분의 관계에 있다. 그리고 '인간의 존엄성'이라고 부르는 것도 바로 권리 주장능력의 인정을 뜻한다.

174

차별을 금지하는 포괄적 입법은 왜 필요할까?

현재 한국에 차별 시정을 위한 개별적인 차별 금지법으로는 「남녀 고용 평등과 일·가정 양립 지원에 관한 법률」, 「장애인 차별 금지 및 권리 구제 등에 관한 법률」, 「고용상 연령차별 금지 및 고령자 고용 촉진에 관한 법률」, 「국가인권위원회법」 제2조 제4호 '평등권 침해의 차별 행위'를 포괄적으로 정의하고 있지만 이런 개별적인 법률만으로는 부족하다고 한다.

개별적인 차별 금지 법률만으로는 개별법 이외의 영역에서 발생하거나 사회의 변화에 따라 새롭게 부상하는 차별 사유에 대응하는 데 한계가 있다는 것이다.

조 변호사는 "인권위원회법은 구제 수단에 강제력이 없어 일반적 차별 금지법을 대신하기에는 명백한 한계가 있기 때문에 헌법상 평등권의 내용을 구체화하고 그 이념을 실현하기 위한 실체법으로 실효성 있는 구제 수단을 제공할 수 있는 법이 필요하다."고 말했다.

조 변호사에 따르면, 대표적인 포괄적 차별 금지법으로는 캐나다 인권법(1977), 뉴질랜드 인권법(1993), 아일랜드 평등법(2004), 독일 일반적 평등 대우법(2006), 프랑스 차별 금지법(2008), 영국 평등법(2010) 등이 있다.

한국은 지난 2006년 7월 25일 국가 인권 위원회가 '차별 금지법' 제정을 국무총리에게 권고한 것을 시작으로 박은수 의원(민주통합당), 권영길 의원(통합진보당)이 법안을 발의했으나 국회 임기 만료로 자동 폐기, 김재연 의원(통합진보당), 김한길 의원(민주통합당), 최원식 의원(민주통합당) 또한 노력이 있었지만 일부 보수 개신교계의 반대에 부딪혀 법 제정이 이뤄지지 않고 있다.

한국 정부는 2007년 이후 유엔 경제적, 사회적, 문화적 권리 위원회·여성 차별 철폐 위원회·아동 권리 위원회·인종 차별 철폐 위원회 등에서 '성적 지향을 비롯한 모든 차별 사유를 명시한 형태'의 포괄적 차별 금지법을 제정할 것을 계속 권고받고 있다.

또한 지난해 10월 25일 유엔 인권 이사회의 한국 정부에 대한 제2차 국가별 인권 상황 정례 검토 심의에서도 10개 국가의 대표가 차별 금지법 제정에 대한 권고를 제시했고, 그중 2개 국가는 차별 금지법안에 성적 지향을 반드시 명시할 것을 권고한 바 있다.

국가 인권 위원회

그동안 발의된 차별 금지법안들은 국가인권위원회법의 차별 금지 사유를 기본으로 차별 금지 사유를 규정해 왔다. 현행 국가인권위원회법에 기초하여 성별, 종교, 장애, 나이, 사회적 신분, 출신 지역, 출신 국가, 출신 민족, 용모 등 신체 조건, 기혼·미혼·별거·이혼·사별·재혼·사실혼 등 혼인 여부, 임신 또는 출산, 가족 형태 또는 가족 상황, 인종, 피부색, 사상 또는 정치적 의견, 형의 효력이 실효된 전과, 성적 지향, 학력, 병력 등이다.

이 중 차별 금지 사유에서 재계 및 일부 보수 개신교계의 반발로 삭제됐던 것은 병력·출신 국가·언어·가족 형태 또는 가족 상황·범죄 및 보호 처분의 전력·성적 지향·학력이다.

– 월페어 뉴스 –

1. 포괄적 차별 금지법이 무엇인지 말해 보자.

2. 포괄적 차별 금지법의 제정이 왜 필요한지 말해 보자.

3. 포괄적 차별 금지법 제정에 대한 자신의 입장을 말해 보자.

04
자유

자유가 뭐기에? 왜 네 마음대로 하는 거야?

진단순 야, 장공부! 너는 왜 학급 회의에 참석도 안 하고 반별 장기자랑에서도 빠진다는 거야? 너 혼자 공부만 하면 다야? 그 이어폰 좀 빼고 내 말 좀 들어보라고!

장공부 아, 시끄러워. 진단순, 왜 자꾸 귀찮게 하는 거야? 너희끼리 알아서 하면 되잖아. 난 그런 거에 관심 없어서 조용히 공부하겠다는 건데 뭐가 잘못되었다는 거야?

진단순 뭐? 야, 너는 우리 반 학생 아니야? 단체로 하는 학급 일이면 다 같이 참여해야지. 너는 뭐 공부 좀 한다고 너만 잘났어?

장공부 난 너희한테 회의를 못하게 한 적도 없고, 그냥 나 혼자 공부하겠다는 것뿐이야. 그런데 넌 왜 자유롭게 공부하겠다는 나를 괴롭히는 건데?

진단순

뭐? 자유? 네 멋대로 하는 게 자유는 아니지! 너 그게 자유면, 내가 너 때리는 것도 내 자유야? 그래! 나도 너 공부 방해할 자유가 있다 이거야! 나도 네 옆에서 노래나 불러야겠다!

장공부 아, 진짜! 왜 이래! 너랑 나는 다르지.

진단순 뭐가 달라? 저 하고 싶은 대로 하는 게 자유면 너나 나나 똑같은 거 아냐?

장공부 뭐가 똑같아? 난 그냥 내가 하고 싶은 공부한 거지. 적어도 남한테 피해는 안 줬거든. 그런데 넌 지금 내 공부를 방해하고 있잖아. 봐봐, 다른 애들도 다 너 때문에 시끄러워 하잖아.

모의심 그래, 진단순, 너도 그만 좀 해. 공부도 화 그만 내고…….

진단순 저런 애들 때문에 열심히 참여하는 사람들은 김새잖아! 다 저런 식으로 나오면 학급 일을 누가 하려고 하겠어?

모의심 단순이 말에도 일리가 있는 것 같기는 한데……, 하지만 억지로 학급 일에 참여시키는 것도 문제가 있고, 정말 어렵네…….

사회샘 뭐 때문에 이렇게 시끄럽니?

모의심 공부랑 단순이랑 싸우고 있었어요.

장공부 야, 뭐 그런 걸 이르고 그래?

진단순 선생님, 공부가 얌체 같이 혼자 공부한답시고 학급 일에 조금도 참여를 하지 않잖아요. 그러면서 글쎄 그세 자기 자유래요. 자기 마음대로 하는 게 자유인가요?

장공부 아니, 저는 아무한테도 피해 안 주고 제가 하고 싶은 일을 했을 뿐이에요. 그 정도 자유도 없는 건가요? 어렸을 때부터 자유가 민주주의의 기본 이념이고, 가장 중요한 가치 중 하나라고 배웠는데 말이에요! 그런 작은 자유도 없다면 그 옛날의 노예랑 뭐가 달라요? 오죽했으면 "자유가 아니면 죽음을 달라."라는 말도 있잖아요.

진단순 야, 그거 내가 텔레비전에서 봤는데, 그 말을 한 사람이 노예도 소유하고 있었고 원주민들도 핍박했다고 하더라. 뭘 좀 알고나 말하시지.

모의심 오오, 단순이! 네가 그런 것도 알아?

진단순 너희들 내가 단순하다고 무시하는 경향이 있는데, 나 이런 사람이야, 왜 이래?

장공부 아, 또 떠들어? 시끄러 죽겠어, 빨리 수업에나 집중하라고!

사회샘 음. 너희들 상당히 어려운 문제에 대해 고민하고 있구나. 공부 말대로 자유를 보장하는 건 무척 중요한 일이지. 하지만 공부가 말한 것이 자유의 전부라고 볼 수는 없어.

모의심 선생님, 그게 무슨 말이죠? 그럼 다른 자유가 또 있다는 말인가요?

사회샘 그럼. 자유의 의미에 대해서는 하나로 단정 지어 말하기가 어려울 만큼 여러 입장들이 있어. 이번 시간에는 자유에 대해서 얘기해 봐야겠구나.

진단순 아, 선생님. 또 수업하시는 거네요. 아……. 나의 자유는…….

장공부 선생님, 저는 재미있을 것 같아요. 진단순, 이번 수업 끝나고 누구 말이 맞는지 다시 한 번 보자구!

완벽한 부자유의 상태, 노예

사회샘 우선 자유가 없었을 때 어떤 일이 생기는지 여러 사례를 살펴보면서 진정한 자유란 무엇인가에 대해서도 조금씩 이야기를 해보자. 먼저 노예 신분으로 자유가 전혀 없었던 분을 모셔서 이야기를 듣고 시작해 볼까? (소환기를 작동한다.)

노 예 안녕하세요. 여러분. 제가 살던 시대와 비교하니 여러분은 행복한 고민을 하고 있다는 생각이 드네요. 장공부 학생, 친구가 공부를 방해해서 기분이 나쁘죠? 하지만 100% 완벽하게 자유가 없는 상태는 상상도 해본 적 없으실 거예요. 아, 혹시 여러분들 중에 스토우 부인이 쓴 『톰 아저씨의 오두막집』이란 책을 읽어본 사람이 있나요?

학생들 톰 아저씨? 오두막?

노 예 노예 해방에 큰 영향을 주었던 책인데, 그 책을 보면 과

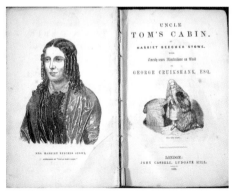

1942년 런던에서 발행한 『톰 아저씨의 오두막집』. 왼쪽이 이 책을 쓴 해리엇 비처 스토우(Harriet Beecher Stowe) 부인입니다.

거 우리들의 삶이 어떠했는가를 잘 알 수 있죠. 저는 아무 것도 혼자 결정할 수가 없었답니다. 내가 가고 싶은 곳에 갈 수도, 좋아하는 일을 선택할 수도 없었고, 심지어 내 아이를 직접 키울 수도 없었습니다. 내가 노예였기 때문에 내 아이 또한 주인의 소유물로 취급되어 주인이 갖다 파는 경우도 많았죠. 태어날 때부터 죽을 때까지 항상 주인의 명령에 따라야 하는 게 저의 운명이었지요.

진단순 조선 시대 머슴의 삶과 비슷한 거 같아요. 드라마에서 보면 항상 주인이 시키는 대로 죽으라면 죽는 시늉까지 하고, 목숨 바쳐 충성하고서도 별로 대접을 못 받던데…….

장공부 노예 신분은 아무리 노력해도 벗어날 수 없는 건가요?

노 예 가끔 마음 좋은 주인을 만나면 가능할 수도 있지만, 거의 불가능하다고 봐야죠. 자유를 원하는 사람들은 목숨을 걸고 투쟁을 하기도 하고, 도망을 가는 경우도 있습니다. 하지만 대개는 잡혀서 더욱 가혹한 처벌을 받거나 죽임을 당해요.

모의심 노예는 사람이라고 생각하지도 않았나 봐요. 그렇게 가혹하게 대우하다니…….

노 예 당시는 그랬었죠. 특히 노예를 소유한 사람들은 우리를 동등하게 대우하면 노예제가 무너질 수도 있다고 생각했을 테니 불안감에 더더욱 우리를 구속할 수밖에 없었겠죠.

진단순 아, 어떻게 그렇게 살 수가 있죠? 하고 싶은 거 하나도 못하고, 인간 대접도 못 받고…….

노 예 당시 저희가 원한 것은 오늘날의 시각에서 보자면 정말 작은 자유에 불과한 거였어요. 예를 들면 **인신의 자유** 같은 것 말이죠. (목소리가 점점 작아지고 형체도 희미해지다가 사라진다.)

180

진단순 인신의 자유? 그게 뭔데요?

사회샘 아, 그건 신체의 자유라고도 하는데, 자신의 몸을 자기 마음대로 할 수 있는 권리를 말한단다.

모의심 그건 너무 당연한 거잖아요.

사회샘 그렇지. 하지만 옛날에는 신분이 높은 누군가가 자기보다 낮은 신분의 사람들을 함부로 다루고, 이것저것 시키는 것이 가능했거든. 정작 신분이 낮은 사람들은 자기 몸조차 자기 마음대로 할 수가 없었던 거지.

장공부 끔찍하네요. 내 몸도 내 것이 아니라니……. 평소에 제가 자유롭게 산다는 생각은 별로 안 했거든요. 그런데 신분 제도가 존재하던 과거에 비하면 지금은 정말 많이 자유로워진 것 같아요.

노예 제도는 인간다운 삶을 누리지 못함은 물론 인간을 다른 사람의 소유물로 여기게 했습니다.

표현의 자유가 없었던 그때 그 시절

모의심

선생님, 그럼 노예 제도나 신분 제도가 사라진 이후에는 모두가 자유를 누리게 되었나요?

사회샘 아니, 지금과 같은 수준의 자유를 누리기까지는 오랜 시간과 노력이 필요했지. 우리나라만 해도 1970년대 1980년대 권위주의적인 정권 하에서는 자기 생각을 마음대로 표현할 수 있는 자유가 없었거든. 그래서 많은 노래들이 금지곡으로 지정되고, 불온서적으로 분류되어 읽을 수 없는 책들도 많이 있었어.

모의심 들어본 거 같아요. 아버지 말씀으로는 그때는 술 먹다가 정부 욕을 하면 잡혀 갔다고 하던데요.

사회샘 그래, 그 당시 사회적 분위기는 '자유'라는 말과는 전혀 어울리지 않았
지…….

장공부 하기야 그건 꼭 뭐 그때만 그런 건 아닌 것 같네요. 요즘도 인터넷에 함부
로 글을 올리거나 대통령을 비롯해서 높은 사람들에 대해서 이렇고 저렇
고 말하는 게 눈치 보이기는 마찬가지잖아요. 좀 무섭기도 하고…….

사회샘 그래도 그 당시에 비해서는 많이 발전했지. 사람들의 의식도 많이 바뀌었
고 말이야.

모의심 예전에는 언론도 많이 통제했다고 들었는데요?

사회샘 그래 맞아. 특히 1980년대에는 언론사의 기사 보도를 통제하기 위해서 정
부에서 어떤 기사를 쓰라고 방향과 내용을 지정하는 가이드라인을 내려
보내기도 했으니까.

장공부 예? 정말이요? 말도 안 돼요. 언론은 원래 국민에게 정확한 사실을 알려서
정부 활동을 감시하고 비판하는 역할을 해야 하는 거 아닌가요?

모의심 순진하기는, 그러니까 언론이 그런 역할을 못 하도록 통제한 거잖아. 그런
데 그런 건 보안이 철저했을 텐데 어떻게 알려졌어요?

사회샘 그게 일명 **"보도 지침 사건"**이라고 불리는데, 1986년 한 기자가 정부가 보
냈던 보도 지침을 공개하면서 세상에 알려지게 되었어. 보도 지침은 주로
전화로 은밀하게 전달되었다고 하는데, 기사의 논조뿐만 아니라 기사 제
목과 사진 등 시시콜콜한 것까지 다 정해서 명령을 했다고 해.

모의심 그럼 그때 국민들은 모두 정부에서 보라는 것만 보고,
들으라는 것만 들었겠군요. 언론마저 제대로 된 목소
리를 내지 못하는 사회라니, 끔찍하네요.

사회샘 그런 셈이지…….

진단순 근데 그걸 공개했던 기자는 어떻게 되었어요?

장공부 맞아요. 그런 시절에 사실대로 말했으면 정부에서 가만히 두지 않았을 텐데…….

사회샘 보도 지침을 폭로한 몇몇 기자들은 국가보안법 위반으로 구속되기도 했단다. 하지만 해외에서 비난 여론이 심해지니까 한참이 지난 후에야 겨우 무죄 판결을 받고 풀려나게 되었지.

모의심 대단하네요. 목숨 걸고 진실을 밝힌 거잖아요.

장공부 지금처럼 누구나 자기가 원하는 삶을 살 수 있기까지 많은 희생과 노력이 있었던 거네요. 그 동안 자유는 당연한 것처럼 생각했었는데……. 앞으로는 자유를 좀 더 소중하게 생각해야 할 것 같아요.

자유를 무한정 주어도 될까?

모의심 선생님, 자유가 소중하다는 것은 알겠는데, 장공부랑 진단순이 싸우던 문제는 아직 해결이 안 된 것 같아요. 과연 어떤 것이 자유이고, 어떤 정도까지 자유를 보장해야 하는 걸까요? 자기 하고 싶은 대로 할 수 있도록 무한정의 자유를 주면 되는 건가요?

사회샘 의심이가 아주 중요한 질문을 했어. 그게 바로 이제 우리가 본격적으로 살펴볼 내용이거든. 의심이의 말을 들으니 문득 떠오르는 얼굴이 있네. 선생님이 어렸을 때 인기 있었던 『허클베리 핀의 모험』이라는 책의 주인공이야. 그 친구도 자유롭게 사는 문제 때문에 이런저런 고민을 했던 것 같아. 허크 이야기 좀 들어 볼래? 그럼 아마 진정한 자유가 무엇인지, 과연 우리가 어디까지 자유로울 수 있는지에 대해 더 깊이 생각해 볼 수 있을 거야. (소환기를 작동한다.)

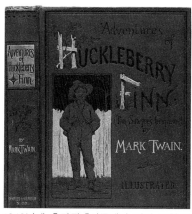

1848년에 출간된 『허클베리 핀의 모험』의 초판 표지입니다.

허 크 애들아, 안녕! 너희들이 불러준 덕분에 이번에는 한국으로 여행을 왔네. 나는 마크 트웨인의 소설에 나오는 허클베리라고 해. 그냥 편하게 허크라고 불러. 어른들이야 나를 싫어하지만 그래도 내가 애들한테는 인기가 많거든.

진단순 음. 저 근자감(근거 없는 자신감)은 뭐지? 어딜 봐서 인기가 있었다는 거야? 저 부스스한 머리는 폭탄 맞은 것 같고, 옷차림도 완전 촌스러운데…….

장공부 그런데 너는 학교에 안 가고 어떻게 여기에 왔어? 네가 사는 곳에서도 공부를 열심히 해야 좋은 대학 가고 출세하는 거 아냐?

허 크 맞아. 그런데 나는 책이 싫어. 나는 자연 속에서 생활하는 게 좋고, 이리저리 떠돌아다니며 세상 구경하는 게 체질에 더 잘 맞아.

모의심 그러니까 어른들이 싫어하시.

허 크 응. 어른들이 지키라고 강조하는 도덕이나 관습도 답답해. 나를 교양 있는 사람으로 만들겠다고 딤벼드는 아줌마들, 선생님들, 아 생각만 해도 견딜 수가 없어. 그래서 "차라리 지옥으로 가겠다."고까지 얘기한 거지.

진단순 와……, 학교에 가느니 차라리 지옥에 가겠다고? 자식, 뭔가 멋진데!

허 크 아니, 뭐 꼭 학교 때문만은 아니고, 노예였던 친구를 도와주려다가 나를 돌봐준 아주머니를 배신했기 때문에 지옥에 갈 각오까지 했단 뜻이야.

진단순 아, 나도 너의 이야기 들은 거 같아. 네가 말로만 듣던 노예 해방을 실현한 사람이구나! 혹시 나중에 대통령이 되지는 않았니?

모의심 으이구! 진. 단. 순. 그건 링컨이구.

허 크 너희가 살고 있는 시대와 달리 그 당시엔 이해가 안 가는 법이나 관습이 많았어. 나는 그걸 지키지 않았으니 어른들한테 찍힌 거지!

장공부 그런데 허크. 난 솔직히 네가 이해가 안 돼. 학교에서는 살아가는 데 필요한 여러 가지 지식도 가르쳐주고 교양 있는 사람으로 만들어 주잖아. 그런데 그걸 왜 거부하는 거야? 학교도 안 가고 하고 싶은 대로 살다가, 나중에 어떻게 될 지 생각해 봐. 아마 엄청 고생하고 후회할 거라고…….

184

허   크 어쩌면 네 말대로 후회하게 될 지도 몰라. 하지만 인생이란 알 수 없는 거 잖아.

모의심

나는 허크 네 마음을 조금은 알 것 같아. 어른들이 아무리 잘 해준다고 해도 뭔가 정해진 길로만 가야 한다는 건 너무 갑갑해. 어른들 말대로 고분고분 살았으면 더 잘살았을 지도 모르지. 하지만 그런다고 해서 모두 다 잘 사는 것도 아니고, 무엇보다 내가 원하는 대로 살 수가 없는 거잖아.

장공부 아니, 그래도 사회에서 살아가려면 기본적인 교육은 받아야지. 학교 가는 것까지 거부하는 걸 잘하는 행동이라고 할 수 있어? 나중에 진짜 하고 싶은 일이 있는데, 이것 때문에 발목 잡혀서 못할 수도 있다고.

사회샘 너희들 이야기 들으니 시간 가는 줄 모르겠다. 만약 우리가 허크처럼 살 수 있다고 한다면 우리 중에 누가 그 길을 선택할까? 정말 허크가 말하는 자유가 바람직할까? 너희들 생각은 어때?

진단순 저는 허크처럼 사는 게 좀 맘에 들기도 해요. 단순하게 살고 싶은 대로 사는 거죠. 좋잖아요.

장공부 저는 아침까지만 해도 제 마음대로 하는 게 자유라고 생각했는데, 허크를 보니까 무조건 자기 마음대로 하는 건 아닌 것 같기도 하고……. 아, 너무 복잡해져버렸어요.

모의심 자유가 중요하기는 한데 정말 어렵네요. (허크의 형상이 사라진다.)

사회샘 그래, 오늘날에는 '자유'가 소중한 가치라는 것, 모든 사람들이 자유로워져야 한다는 사실 그 자체에는 대부분의 사람들이 동의를 하는 편이야. 하지만 자유가 어떤 것이냐, 어느 정도까지의 자유를 허용할 것이냐에 대한 구체적인 생각은 각기 달라. 어쩌면 그 생각의 차이는 너희들이 예상하는 것보다 훨씬 더 클 수도 있어. 이게 오늘 수업 시간에 우리가 배울 내용이란다.

자유에 대한 사람들의 생각은 제각기 다르다

모의심 그런데 선생님. 개개인이 자유의 의미를 어떻게 생각하든 그게 따로 논의를 하고 공부해야 할 만큼 그렇게 중요한 문제인가요? 저는 자유를 어떤 식으로 이해하느냐에 따라 커다란 차이가 생긴다는 게 잘 이해가 되지 않아요. 도대체 무슨 차이가 생기는 거죠?

사회쌤 음. 물론 개인적으로 혹은 머릿속으로 어떻게 생각하느냐는 별 문제가 되지 않을 수도 있겠지. 하지만 그것이 현실적인 문제, 특히 공공의 문제와 관련될 경우엔 이야기가 달라질 수 있어. 당장 너희들만 해도 제각기 다른 자유를 주장하면서 서로 다투고 있었잖니?

진단순 좀 더 자세하게 이야기해 주실 수 없나요?

사회쌤 너희들도 알다시피 근대 시민 혁명으로 민주주의가 부활하던 시기에 '자유'는 매우 중요한 가치였어. 하지만 당시 자유를 신봉하던 사람들은 주로 봉건적인 사회 질서와 절대주의 정치 질서에 저항하여 자신들의 사적인 소유권과 자유로운 계약을 요구하던 부르주아 계급들이었어. 그들에게 자유의 핵심은 바로 자신의 재산에 대한 권리, 자유롭게 계약을 맺을 수 있는 권리였던 거야.

모의심

설마, 그럼 재산이 없는 사람들은 자유가 없는 건가요?

장공부 맞아. 근대 시민 혁명이 끝난 후에도 정치 참여의 권리 같은 건 돈이 있는 사람들에게만 주어졌다고 들었어. 그래서 **노동자들이 참정권을 요구하는 싸움(차티스트 운동)**을 했대.

진단순 와, 치사해. 돈 좀 있다고 그러는 거야? 시민 혁명에 참여한 사람들 중에는 가난한 사람들도 있었을 거 아니야? 그런데 혁명이 성공하고 나니 배신하고 입을 싹 닦은 거잖아.

186

영국에서 일어난 전국적인 노동 계급 운동인 차티스트 운동은 6개의 요구 조항을 담은 '인민헌장'을 내걸고 보통 선거 등을 요구하였습니다.

장공부

> 자유를 자유로운 계약이라고 생각하는 것도 문제가 있긴 마찬가지야.

진단순 자유로운 계약이 왜? 그건 가난한 사람이든 부자든 누구나 자유롭게 계약을 맺는다는 거잖아. 그게 왜 문제가 돼?

장공부 예전에 우연히 산업 혁명기 영국 노동자들의 삶을 보여 주는 그림을 본 적이 있는데, 아, 정말 비참하더라고. 허리 한 번 제대로 펼 수 없는 좁은 공간에서 비쩍 마른 어린 아이들이 열대여섯 시간씩 일을 했다고 하니, 어땠는지 상상이 되지? 처음 그 그림을 보고 충격을 받아서, '귀족이 착취하던 시대와 뭐가 다른가, 오히려 더 나빠진 거 아닌가.' 하는 생각도 했다니까.

진단순 글쎄 노동자들이 비참하게 사는 거랑 자유로운 계약이 무슨 관련이 있는 건데?

모의심 자유롭게 계약을 한다는 건, 개인들이 계약을 할 때 누구도 이래라 저래라 할 수가 없다는 거잖아. 자본가가 어린 아이에게 하루 15시간 이상 일을

자유 187

하라고 요구하고, 가난한 어린 아이가 그렇게 하겠다고 승낙하면 그걸로 계약이 성립되는 거지. 아무런 문제없이 말이야.

1909년에 공장에서 일하고 있는 어린이 노동자들의 모습입니다.

진단순 아니, 어린 아이에게 그렇게 오래 일을 시키는 건 불법 아니야?

모의심 그 당시엔 그게 불법이 아니었던 거지. 누구의 간섭도 없이 자유롭게 계약할 수 있는 권리, 즉 자유가 생겼으니까.

진난순 어떻게 그럴 수가 있어? 요즘에는 그런 식으로 계약 못하잖아.

사회샘 요즘에는 국가가 그런 불공정한 계약을 못하게 막고 있지. 이제는 국가의 규제 때문에 돈이 많거나 힘이 있다고 해서 약자들을 함부로 대할 수 없게 된 거야.

장공부 그런데 그렇게 국가가 개입을 하면 약자들은 보호할 수 있지만, 부자들의 자유는 제한하는 거 아닌가요?

사회샘 그렇다고 볼 수 있지. 그래서 자유주의나 자유 지상주의 사상가들은 국가의 개입을 강력하게 비판하지. 그들은 대체로 개인의 소유권을 보호하는 것이 자유의 핵심이라고 생각하거든.

장공부 다르게 생각하는 사람들도 당연히 있겠죠?

사회샘 물론이지. 그 반대편에 있는 사람들이 바로 '사회주의' 사상가들이라고 할 수 있어. 이들은 국가가 나서서 불공평한 소득을 균등하게 분배하고, 교육과 사회 보장 수준을 높임으로써 그와 같은 사회 문제를 해결할 수 있을 거라고 생각해. 이런 관점에서 본다면 자유의 의미는 소유권 보장과는 거리가 멀지.

188

모의심 그런데, 선생님! 자유주의는 자유, 사회주의는 평등을 강조하는 거 아닌가요? 자유를 이야기하는데 사회주의 이야기가 왜 나오는 거죠?

사회샘 많은 사람들이 흔히 그렇게 생각하지만 자유주의라고 해서 평등을 무시하고 사회주의라고 해서 자유를 소홀하게 여긴 것은 아니야. 각자 입장에서 생각하는 자유와 평등의 의미가 다른 것뿐이지.

장공부 아까 자유주의자들에게는 개인의 소유권 보호가 자유의 핵심이라고 하셨잖아요? 그럼 사회주의자들에게 자유란 무엇이었나요?

사회샘 재미있게도 이름은 똑같이 '자유'인데 의미는 정반대란다. 사회주의자들은 오히려 사적 소유를 축소하는 것이 자유에 더 가까이 가는 길이라고 보았거든. 예를 들면 오늘날 사회주의에 가까운 모습을 하고 있는 사회 민주주의 국가에서는 광범위한 복지 정책을 펴고 있어. 이런 복지 정책을 통해 개인들이 안심하고 자신이 진짜 하고 싶은 일을 할 수 있는 자유를 보장해 준다고 믿는 거야.

모의심

복지 정책을 펴려면 국가의 간섭도 심해지고 특히 세금도 많이 걷어야 할 텐데……. 그런 걸 자유롭다고 생각하기는 어렵지 않아요?

사회샘 물론 그렇게도 볼 수 있지. 그러니까 자유에 대해 갖고 있는 생각이 다르다는 거야.

장공부

한쪽에서는 사적 소유를 철저히 보장하는 것을 자유라고 하는데, 다른 쪽에서는 사적 소유를 축소하는 것을 자유라고 하다니.

진단순 뭐야, 이거 완전 반대잖아. 아, 헷갈려…….

사회샘 그래서 오늘 우리가 자유에 대해 알아보려는 거야. 먼저 '자유'에 관해 이야기했던 대표적인 사상가들의 이야기를 들어 보도록 하자.

학생들 예!

자유롭다는 건, 간섭받지 않는 것!

사회샘 첫 번째로 초대할 분은 '자유'의 의미를 논했
던 대표적인 인물 중 한 사람인 이사야 벌린
이라는 사상가야. 자유라고 하면 이 분을 빼
놓을 수 없지. 이 분은 러시아 출신으로 영국
에서 공부한 분이란다. 특히 벌린 님이 영국
옥스퍼드 대학에 부임해서 했던 첫 번째 강
연이 바로 그 유명한 〈자유의 두 가지 개념
(Two Concepts of Liberty)〉이야. 강연 당시는 물
론이고 지금도 학자들 사이에서 많은 논쟁을

이사야 벌린(Isaiah Berlin)

불러오고 있는 글이란다. 자, 배경 지식은 이 정도로 하고 벌린 님을 불러
보자. 벌린 님, 나와 주시죠. (소환기를 작동하여 벌린의 사념파를 불러낸다.)

벌　린 반갑습니다. 여러분.

진단순 벌린 님, 유명한 사람 맞아요? 그래도 소크라테스 님 정도 되어야 아는
데……. 벌린 님 이름은 오늘 처음 들어 봐요.

벌　린 음. 흠흠. 다른 건 몰라도 자유에 대해서라면 나를 빼놓고 논할 수 없지요.

진단순 아, 한 가지만 좁고 깊게 파서 널리 알려지진 않았나 봐요? 아님 요즘 트렌
드에 안 맞으시던가.

장공부 야, 진단순, 넌 뭐 쓸데없는 소리를 하고 그래? 벌린 님, 얘는 그냥 무시하
시고 선생님이 생각하시는 자유가 뭔지 이야기해 주세요. 선생님이 이 분
야의 대가시라면서요?

진단순 너도 참. 멀리서 오신 분에게 오자마자 수업을 하라고 하냐? 벌린 님이 이
해하세요. 얘가 공부만 잘하지 인간미가 없어요. 저, 아까 저희 사회 선생
님한테 들으니까 러시아 출신인데 영국 옥스퍼드인가, 거기 계셨다면서요?
저도 영국 프리미어리그 좋아하는데 러시아보다는 영국 축구가 재밌죠.

모의심 야, 무슨 쓸데없는 소리야?

190

벌　린 아니, 괜찮아요. 재미있는 학생이군요. 나는 축구를 보려고 영국으로 간
　　　것은 아니에요. 나는 당시 사회주의 혁명이 일어났던 러시아를 별로 좋아
　　　하지 않았거든요. 엄격한 체계를 중시하는 러시아 문화는 내 자유 개념에
　　　도 맞지 않았고, 오히려 나는 체계보다는 개인을 중요하게 생각하고 합리
　　　적인 문화를 갖고 있는 영국이 훨씬 마음에 들었답니다.

장공부 단순이 너랑은 확실히 다르시다. 그치?

모의심 단순이는 축구 이야기로 시간 좀 때울까 했을 텐데 실망이 크겠다.

진단순 음, 뭐, 이유가 좀 거창하시네요. 자, 그럼 자유에 대해 이야기해 주세요.

벌　린 내 이야기를 하기 전에 여러분들 생각부터 들어 봤으면 좋겠네요. 자유가
　　　무엇인지 누가 한번 이야기해 볼까요?

진단순 저요! 저요!

벌　린 그래, 거기 시끄러운 학생, 이야기해 보세요.

진단순 오늘 저희 반에서 학급 회의가 있었는데요. 소풍을 어디로 갈 것인지, 가
　　　서 장기 자랑은 뭘 할 것인지를 결정하는 엄청 중요한 안건을 다뤘거든요.
　　　그런데 얌체 같은 한 친구가 혼자만 자기 공부를 하면서 회의에 전혀 참여
　　　하지 않는 거예요! 그래서 제가 한마디 했더니, 나 참! 자유니까 간섭하지
　　　말라는 거예요. 아니, 그게 무슨 자유예요?

장공부 아, 저기, 그 얌체 같은 학생이 바로 전데요. 일반적으로 다른 사람의 강요
　　　나 간섭을 받지 않고 자기가 하고 싶은 대로 할 수 있을 때 "자유롭다."라
　　　고 하잖아요. 공부하고 싶으면 공부하고, 잠을 자고 싶으면 잠을 잘 수 있
　　　어야 자유로운 거죠. 학급 회의에 참여하기 싫으면 안 할 수 있어야 하고.

 아무튼 내가 하고 싶은 걸 못하거나 남이 시키는 대로
한다면 그게 어떻게 자유롭다고 할 수 있겠어요? 제 말
이 맞지 않나요?

벌　린 음, 자유는 **소극적 자유**(negative freedom)와 **적극적 자유**(positive freedom)로 구분할 수 있어요. 내가 옥스퍼드에서 강의했던 내용이 바로 이 두 가지 자유에 대한 거였죠. 방금 장공부 학생이 이야기한 자유는 내 식으로 분류하자면 소극적 자유에 가깝고, 학급 회의에 참여 안 했다고 분 개하던 진단순 학생은 뭘 정확히 알고 말하는 건 아닌 것처럼 보이지만 굳 이 나누자면 적극적 자유에 가깝다고 할 수 있을 것 같네요.

모의심

> 소극적, 적극적이라고 하시니까 말이 너무 어려운데, 좀 더 쉽게 설명해 주시면 안 되나요?

벌　린 쉽게 말해 **소극적 자유는 개인의 행동이 타인의 자유를 방해하지 않는 한 그 개인이 원하는 것을 하도록 내버려두는 거예요.** 외부에서 간섭하거나 제약을 가해서는 안 되는 거죠. 나의 이런 생각들을 현대 학자들은 타인에 의한 간섭이 없는 상태, 즉 불간섭으로서의 자유라고 설명한답니다.

장공부 그렇게 보면, 회의에 참여하지 않고 공부를 하고 있을 때, 제가 남의 자유 를 방해하는 건 아니니까 서 너석들도 제가 하고 싶은 공부를 하도록 내 버려둬야 하는 게 맞는 거죠?

벌　린 그렇죠!

진단순 역시, 벌린 님은 내 편이 아닌 줄 알았다니까. 소극적 자유라니, 뭔가 말 자 체부터 별로 마음에 안 들고…….

모의심 소극적이라는 단어는 저도 느낌이 별로인데요. 뭔가 끌려가는 느낌도 들 고 수동적인 분위기를 주잖아요. 그럼 간섭만 안 받으면 완전히 자유로운 거예요? 그것만으로는 부족하니까 소극적이라고 한 거 아닌가요?

벌　린 두 사람은 소극적 자유 개념이 마음에 들지 않는 것 같네요. 그럼 적극적 자유에 대해 이야기해 볼까요? **적극적 자유는 어떤 사람이 자신의 의지에 따라 무엇을 할 수 있는 자유**를 말하지요. 적극적 자유를 중시하는 사람들 은 자신의 삶을 스스로의 생각대로 실현해 나가기 위해 공동의 의사 결정 에 참여하고 결정할 수 있는 권리를 중요하게 생각한답니다. 이 경우에는 참여가 곧 자유라고 보는 거지요.

진단순

맞아요. 제가 원한 게 이거예요. 거봐, 장공부. 너는 진정한 자유인이 아닌 거야!

장공부

무슨 소리야. 그건 적극적 자유에서나 그런 거잖아.

사회샘 자자, 진정한 자유에 대한 논쟁은 조금 후에 하도록 하고, 지금은 각각의 개념을 이해하는데 집중해 보자. 벌린 님이 잘 설명해 주신 것처럼 소극적 자유에서는 간섭을 받고 안 받고가 중요한 거란다. 반대로 적극적 자유에서는 간섭과 관계없이 정작 내가 무언가를 결정하는 데 참여하는 것이 중요한 것이고, 그렇게 보면 소극적 자유니 적극적 자유니 하는 말이 조금 이해가 되겠지?

모의심 근데 왜 굳이 이렇게 분류를 한 건가요? 그냥 '적극적 자유가 진짜 자유다!'라고 하면 되잖아요?

진단순 의심이 너 말 한번 잘 했다! 그러게요. 선생님, 다른 학자들이랑 합의를 하든지, 좀 신중하게 생각해서 자유의 의미를 하나로 딱! 결정했으면 오늘날 저희들이 이렇게 고민하거나 다투지 않아도 되었을 거 아닌가요?

벌 린 여러분들, 뭔가 오해하고 있는 것 같네요. 나는 적극적 자유가 진정한 자유라고 주장한 게 아니에요. 오히려 난 소극적 자유가 훨씬 더 중요하다고 생각합니다. 우리가 적극적 자유를 계속해서 주장하다 보면 결국 개인의 삶에 엄청난 간섭을 할 수밖에 없을 거예요. 그건 결국 사회주의 국가나 전체주의 국가로 변할 위험을 가지고 있지요. 이런 사회에서 살아가는 사람의 모습을 보면서 우리가 자유롭다고 말할 수 있을까요? 결국 자유의 핵심은 개인이 간섭을 받지 않아야 한다는 거니까 소극적 자유가 중요한 것이 되는 거죠.

진단순 역시 내 편이 아니었던 거야. 흠…….

장공부 벌린 님은 올바른 판단을 내려 주실 거라 믿었어요. 소극적 자유가 역시
중요하죠. (벌린의 형상이 사라진다.)

사회샘 얘들아. 여기서 우리의 초점은 자유 개념을 이해하는 거니까 일단 벌린 님
이 말씀하신 두 가지 자유 개념을 잘 이해하는 게 중요해. 역사적으로 살
펴보면 처음에는 소극적인 자유, 즉 간섭받지 않는 것을 우선적으로 요구
했지만, 시간이 지나면서 적극적인 자유의 중요성에 대해서도 많은 사람
들이 주장하고 있기 때문에 아직 결론을 내리기는 일러.

모의심 선생님. 그럼 빨리 다른 입장도 알려 주세요.

진단순 정말, 이번에는 저도 빨리 듣고 싶어요. 잘난척하는 장공부에게 진짜 자유
가 뭔지 알려 수고야 말겠어요!

자유롭다는 건, 지배가 없는 것!

사회샘 이야, 오늘은 단순이가 수업에 아주 적극적
인데? 이번에 모실 분은 현재 미국 프린스턴
대학교에서 정치학을 가르치고 있는 필립 페
팃이라는 분이야. 벌린 님의 자유 개념에 대
해 반대하는 대표적인 분이라고 할 수 있지.

장공부 페팃? 이건 교과서에서도 본 적이 없는 이름
인데요?

진단순 장공부가 모른다니. 더더욱 흥미가 생기네
요. 빨리 벌린 님과 장공부를 꼼짝 못하게 할
페팃인가 하는 그 분을 불러주세요.

필립 페팃(Philip Pettit)

사회샘 그래. 페팃 님 오셨나요? (페팃의 사념파가 형상화된다.)

페 팃 안녕하십니까? 이렇게 어린 학생들과의 만남은 오랜만이라 조금 긴장되네
요. 지난번에 한국에 왔을 때는 주로 기자들과 학자들만 만나서…….

장공부 한국에 오신 적이 있으신가요?

페 팃 2012년에 한 대학에서 강연을 한 적이 있지요. 제가 쓴『신공화주의』가 번역되어 한국에서도 공화주의에 대한 관심이 높아졌다는 얘기를 들었습니다.

모의심 공화주의요? 솔직히 너무 낯선 단어라, 그게 자유랑 무슨 관계인가요?

진단순 맞아요. 자꾸 복잡한 얘기하지 마시고 자유에 대한 얘기를 해주세요. 특히 벌린 님 주장을 어떻게 반박할 수 있는지 자세히 좀 알려 주시고요.

페 팃 아, 벌린 님을 만나셨나요?

장공부 네, 방금 저희한테 오셔서 소극적 자유와 적극적 자유를 설명해 주셨어요. 그리고 소극적 자유가 진짜 중요하다고 하셨어요.

페 팃 그랬군요. 우선 저는 벌린 님과는 확실히 다른 입장이에요. 벌린 님은 흔히 자유주의 사상가로 알려져 있죠. 자유주의에서는 자유를 결정하는 가장 중요한 기준을 간섭의 유무로 보죠. 즉, 간섭받지 않는 것을 자유라고 생각하는 겁니다.

진단순 아, 그 얘기는 아까도 들었고요. 그래서 페팃 님의 생각은 어떻게 다르다는 건데요?

페 팃 저는 **자유를 결정하는 중요한 기준을 '지배(예속)'의 유무**라고 생각합니다. 즉, 지배받지 않는 것, 비지배야말로 자유로운 상태죠.

모의심

불간섭이랑 비지배랑 어떻게 다르죠? 아니 먼저 간섭이랑 지배랑 어떻게 다른 건지 말씀해 주셔야죠.

페 팃 음……, 어떻게 설명해야 이해하기 쉬울까요? **간섭은 무언가를 "해라, 하지 마라."와 같은 직접적인 개입인데 비해 지배는 예속의 상태**라고 할 수 있어요.

진단순 예속은 또 뭐예요? 간단하게 좀 말해 주세요.

페 팃 음. 사실 이 둘을 구분하는 게 쉽지가 않죠. 이 둘을 설명할 때마다 제가 얼마나 애를 먹는지 몰라요. 간단하게 지배를 받지만 간섭은 안 받는 경우와 지배는 없지만 간섭을 받는 경우를 구분해서 살펴볼까요? 주인과 노예의 관계를 생각하면 이해가 쉽겠네요.

모의심 노예는 주인의 지배도 받고 간섭도 받잖아요.

페 팃 만약 그 주인이 매우 자비로운 주인이라고 해보죠. 즉, 주인이 매우 자비로워서 노예를 괴롭히지도 않고 아무런 간섭도 하지 않는 거죠.

진단순 그런 주인이 있어요?

페 팃 일단, 있다고 가정하는 거죠. 이 경우에는 간섭이 없으니까 벌린 님의 개념에 따르면 자유로운 게 되는 겁니다. 하지만 여러분들은 이 경우를 정말 자유롭다고 말할 수 있나요?

모의심 주인이 아무리 자비롭다고 해도 노예 입장에서는 주인 눈치를 볼 수밖에 없을 테니까. 아주 자유롭다고 하기는 어렵겠네요.

진단순 그런 주인이 없다니까…….

사회샘 결국 노예라는 입장 자체가 주인이 어떻게 마음을 먹느냐에 따라 달라지는 것이니 사실 이 경우에 자유는 무척 우연적인 것이고 인제 주인이 돌변할지 모르니까 맘 편히 자유를 누릴 수가 없는 것이죠.

페 팃 맞습니다. 그래서 저는 이렇게 간섭이 없는 상태라고 해도 지배를 받는 상태가 있을 수 있고, 이 경우는 자유롭지 않다고 본 겁니다.

장공부 음. 좀 일리가 있네요. 그런데 간섭을 받으면서 지배는 받지 않는 경우가 있나요? 그런 경우는 거의 없을 것 같은데요.

페 팃 쉽게 생각하면 주인과 노예 관계가 아니라 평등한 개인들 사이의 관계를 생각해 보세요. 이 경우는 일단 지배는 없다고 볼 수 있죠. 하지만 평등한 개인들 간의 관계라고 해서 간섭도 없나요?

모의심 그렇진 않죠. 아무리 평등한 사람들끼리라고 해도 함께 살아가기 위해서는 자기 마음대로 하고 싶은 것을 다 할 수는 없으니까, 일정 부분 간섭이 있죠. 함께 지켜야 할 것도 있고요.

196

페 팃 맞아요. 대표적인 것으로 법이 있죠. 여러분들은 청소년보호법 같은 것 때문에 하고 싶은 일이 있어도 못하는 게 많잖아요?

진단순 맞아요. PC방에서 늦게까지 놀지 못하고, 영화 보는 것도 제한되고, 술도 못 마시고 완전 간섭받는데…….

페 팃 국가에서 행하는 여러 가지 정책이나 법률 등은 분명 우리를 간섭하는 면이 있어요. 하지만 그렇다고 해서 우리가 자유롭지 않다고 말할 수 있을까요?

장공부 자유롭지 않은 것 맞지 않아요? 하고 싶은 것도 못하고 내기 싫은 세금도 내야 하고, 가기 싫은 군대도 가야 하는데 분명 간섭도 있고 자유롭지도 않잖아요?

페 팃 여전히 장공부 학생은 벌린 님의 자유 개념에 따라서 생각하는군요. 하지만 생각해 보세요. 오늘날 많은 국가에서는 민주주의 절차에 따라 선거도 하고, 그리고 국민의 대표들이 정당한 과정을 통해 여러 가지 정책들을 펼치고 있잖아요. 그럼 이 나라에 사는 모든 사람들은 자유롭지 않게 살고 있는 건가요? 진정 자유롭기 위해서 그런 간섭들이 다 없어져야 할까요?

장공부 모든 간섭들이 다 없어질 수는 없겠죠. 그리고 그게 무조건 바람직하다고 할 수도 없을 것 같긴 해요.

페 팃

맞아요, 그런 면에서 저는 올바른 절차와 기준에 따라 이뤄지는 간섭이라면 정당하다고 봅니다. 그리고 이런 **정당한 간섭이라면 아무리 간섭받더라도 충분히 자유로울 수 있다고 생각**하는 거예요.

모의심 정당하지 않은 간섭은 어떤 건가요?

페 팃 저는 어떤 사람이 자기 마음 내키는대로 다른 사람에게 함부로 간섭할 수 있다면 이건 정당하지 않은 간섭이라고 생각합니다. 아까 말한 주인과 노예의 관계가 대표적이죠. 주인이 마음만 먹으면 타당한 이유 없이도 노예를 괴롭힐 수도 있고 수많은 간섭을 할 수 있으니까요.

장공부 그럼 결국 페팃 님이 말씀하시는 올바른 절차에 따른 정당한 간섭이란 법을 말하는 건가요?

페 팃 맞습니다. 제가 강조하는 바는 시민들이 올바른 절차에 따라 만들어진 법을 따라야 한다는 것입니다. 이런 법은 분명 우리를 간섭하지만 이러한 간섭은 개인이 자기 마음대로 행사하는 간섭과는 분명히 다르죠. 원래 법이라는 것은 공동체 모두를 위해 만들어진 것이고, 변덕이 심한 개인의 마음과는 달리 쉽게 변하지도 않죠. 오히려 아무리 포악한 사람이 나라를 다스리게 될 경우라도 법이 있고 그에 따라 통치한다면, 이 법은 포악한 사람이 제멋대로 횡포를 부리지 않게 하고 그 나라 시민들을 보호해 줄 겁니다.

모의심 그런데 법이 꼭 그렇게 정의로운 것만은 아니잖아요…….

진단순 아유, 그러니까 법을 잘 만들어서 제대로 운영하는 게 중요한 거지. 그렇죠. 페팃 님?

페 팃 맞습니다. 저는 나쁜 법이라도 무조건 따라야 한다고 말하는 것은 아닙니다. 제가 말하는 법은 자의적이지 않고, 즉 보편적 규범을 존중하고 공공성을 지향하는 법이어야 합니다. 물론 이런 법을 만들고 운영하기 위해서는 공공성을 소중하게 여기는 훌륭한 덕성을 가진 시민들이 있어야겠죠.

모의심 그럼 페팃 님은 적극적 자유를 옹호하시는 건가요? 시민의 덕성을 중요하게 여기시니 참여도 중요하게 여기시겠죠?

페 팃 시민들의 참여는 왕이나 귀족들의 자의적인 결정과 지배를 막는다는 점에서 의의가 있죠. 하지만 그렇다고 해서 참여가 무조건 좋다는 건 아니에요. 과거에는 왕이나 귀족 같은 소수의 사람들이 제멋대로 횡포를 부렸지만, 오늘날과 같은 민주주의 사회에서는 다수의 사람들이 수적 우위를 앞세워 나라의 운영을 자기들 뜻대로 좌우하고 개인의 권리를 침해할 위험이 있다는 것을 명심해야 합니다. 이 경우 소수의 개인들에게는 정당하지

198

않는 간섭이 이루어지는 것이고, 이를 막지 못한다면 결국 일부 국민들은 지배 상태를 벗어나지 못하게 되는 거죠.

장공부 그럼 선생님이 생각하시는 바람직한 참여의 기준은 뭔가요?

페 팃 저의 목표는 말 그대로 '비지배로서의 자유'예요. 제 입장에서 시민들의 참여는 그게 누구든 특정인, 특정 집단의 자의적인 결정을 막기 위해서 필요한 것일 뿐입니다. 다수의 시민들도 자의적인 결정을 내릴 수 있다는 점에서 이들에 대한 견제도 당연히 필요하죠. 그것이 바로 제가 올바른 절차와 법을 강조하는 이유입니다. (페팃의 형상이 사라진다.)

진단순 뭐예요? 페팃 님도 내 편이 아닌 거잖아.

사회샘 단순이 입장에서는 그렇겠네. 하지만 페팃 님 얘기가 너희들에게 분명 의미가 있을 거 같구나.

모의심 음. 자유를 단순히 간섭의 유무로만 생각하지 않고, 지배와 관련해 더 넓은 관점에서 생각해 보는 계기가 된 것 같아요.

진단순 몰라요. 하여튼 제 편은 없는 거잖아요. 선생님, 빨리 제 입장을 대변해 줄 분을 불러 주세요.

자유롭다는 건, 공적 영역에 참여하는 것!

사회샘 그래. 확실히 오늘은 단순이가 가장 열심히 수업에 참여하는 것 같구나. 단순이를 위해서라도 다른 분을 불러봐야겠다. 이번에 모실 분은 위르겐 하버마스라는 독일 학자야. 이 분도 지금까지 살아계시는데 오늘날 세계적으로 가장 명망 있는 학자 중 한 분이지.

위르겐 하버마스
(Jürgen Habermas)

진단순 이제 독일에서 오신 분인가요? 뭐, 제 편을 들어 주는 분이라면야. 어디서 온들, 누군들 무슨 상관이겠어요. 그냥 빨리 불러주세요.

사회샘 하버마스 님, 나와 주시죠. (소환기를 작동한다.)

하버마스 안녕하세요. 여러분.

장공부 하버마스 님. 단도직입적으로 묻겠습니다. 선생님은 자유가 무엇이라고 생각하시나요?

진단순 하버마스 님. 기대가 큽니다. 정말 잘 얘기해 주세요.

하버마스 네, 그러죠. 나는 자유를 사적인 것과 공적인 것으로 나눠서 설명할까 해요. **신앙과 양심, 생명, 재산의 자유 등 우리가 흔히 자유권이라고 부르는 것은 사적 자유, 그리고 시민들이 공동체의 의사소통과 결정에 참여하는 것은 공적 자유**로 구분할 수 있죠.

모의심

사적 자유와 공적 자유요? 그거 벌린 님이 얘기했던 소극적 자유, 적극적 자유랑 뭐가 달라요?

하버마스 성격은 조금 비슷할 수도 있겠네요. 하지만 소극적, 적극적이라는 구분과 사적, 공적이라는 구분은 분명히 차이가 있어요. 벌린 님은 행위자를 중심으로 간섭과 참여의 유무에 따라 자유를 구분했지만, 저는 자유를 발휘하는 영역이 개인적인 삶인지 공적인 삶인지에 따라 구분한 거니까요. **공적 자유는 정치와 같은 공동체의 공적 영역에 참여하는 자유**를 말하고, **사적 자유는 경제적 영역에서 자기 이익을 추구하는 것처럼 개인적인 성격**이 강해요. 물론 공적 자유는 벌린 님이 말하는 적극적 자유와 겹치는 면이 많기는 합니다.

장공부 그런데 벌린 님은 적극적 자유는 잘못하면 전체주의가 될 위험이 있다고 소극적 자유가 더욱 중요하다고 하셨거든요. 하버마스 님은 어떻게 생각하시나요?

하버마스 벌린 님은 소극적 자유와 적극적 자유가 서로 조화될 수 없다고 보고, 소극적 자유가 더욱 중요하다고 생각하시는 분이죠. 하지만 나는 조금 입장이 달라요.

진단순 아! 그럼 하버마스 님은 공적 영역에 적극적으로 참여하는 게 더 중요하다고 보시는 거군요!

하버마스 아니, 꼭 그렇지는 않아요. 자유주의자들이 사적 자율성을 옹호하면서 사적인 권리 보호에 중점을 두었다면, 공화주의자들은 시민들이 공동체 속에서 함께 만들어간다는 의미에서 공적 자율성에 무게를 더 실어 주었어요. 하지만 나는 시민의 사적 정체성과 공적(정치적) 정체성 간의 경직된 경계를 부정하고, 사적 자율성과 공적 자율성이 서로를 전제한다고 보는 입장이에요.

진단순 서로를 전제한다고요? 이건 또 무슨 소리예요? 너무 복잡하게 말씀하시지 마세요…….

모의심 하버마스 님. 사적 자율성과 공적 자율성은 반대되는 거 아닌가요? 우리도 사적이다, 공적이다. 뭐 그런 말을 많이 쓰는데, 서로 반대의 의미로 쓰거든요. 그런데 그 두 가지가 서로를 전제한다는 게 무슨 말이죠?

하버마스

음. 사적 자율성을 위해서는 공적 자율성이 필요하고, 또 공적 자율성을 위해서는 사적 자율성이 필요하다는 거죠.

진단순 조금만 더 쉽게 말씀해 주세요.

하버마스 예를 들어봅시다. 대표적인 사적 자유의 일부라고 할 수 있는 신체의 자유라든지 재산 소유라든지 이런 것들은 개인이 원한다고 해서 그냥 보호되는 것이 아닙니다. 오히려 공동체가 나서서 권리로 규정하고, 이를 법으로 강제하고, 어기는 사람들을 처벌하는 것을 통해 지켜지는 거죠. 이때 공동체가 나서기 위해서는 공동체를 구성하는 각 개인들이 정치에 참여하는 것이 필요합니다. 이런 정치 참여야말로 대표적인 공적 자유라고 할 수 있죠.

장공부

음, 개인의 사적 자유를 지키기 위해서는 공적 자유가 있어야 한다는 말씀이군요.

하버마스 맞습니다. 정치적인 발언권과 참정권과 같은 공적인 자유가 없는 상황에서 자신들의 재산이나 신체 등에 관련된 자유를 보장받는다는 것은 불가능한 것이죠.

모의심 사적 자유를 위해서 공적 자유가 필요하다는 것은 이해가 되네요. 하지만 공적 자유를 위해 사적 자유가 필요하다는 것은 무슨 말인가요? 양쪽이 서로를 전제한다고 하셨잖아요.

하버마스 네, 말씀드리죠. 우리가 말한 공적 자유가 가능하려면 사적 자유가 반드시 필요합니다. 예를 들어 신체의 자유나 양심의 자유와 같은 사적인 자유가 없다면 개인이 어떻게 공동체의 의사 결정에 참여할 수 있겠습니까? 또한 그런 사적인 자유가 없다면 사실상 개인들이 정치에 참여할 이유도 없어지겠죠. 개인들이 정치에 참여하고자 하는 것은 개인적으로 실현하고 싶은 것이 있어서일 테니까요.

장공부 아하, 좀 이해가 될 것 같아요.

모의심

학급 회의를 예로 들자면 우리가 사적 자유를 소중하게 생각하기 때문에 학급 회의에 참여하는 거군요. 특히 마음껏 의사를 표현할 자유가 있고 어떤 말을 해도 불이익을 받지 않는다는 것이 보장되어야만 우리가 공적인 공간에서 의사를 표현할 수 있겠네요.

말 한마디 잘못한다고 해서 불려가 혼나거나 다수의 친구들과 다른 생각을 가진다고 해서 따돌림을 당한다면 하고 싶은 말을 못할 테니까요.

장공부 거꾸로 생각하면, 학급 회의나 학생회에 자유롭게 참여할 수 없다면, 학교의 여러 가지 규칙이나 행사 등에 있어서 저희들의 의견은 배제되겠죠. 저희가 참여하지도 않는데 선생님들이 알아서 저희의 자유를 확대시켜주는 일은 거의 없으니까요.

하버마스 오! 모두들 잘 이해하고 있군요. 네, 바로 그런 의미에서 **사적 자유와 공적 자유는 상호보완적**입니다. 하나가 없다면 다른 하나 역시 무너지게 마런이지요. 하지만 현재 우리 사회에서는 자유에 대한 논의가 사적인 것에 치우친 측면이 있어요. 자유 민주주의가 확대되면서 개인의 사적인 권리 보호에 치중하게 되었지요. 그런 점에서는 공적인 자유에 대한 논의가 더욱 활발해지고 그 중요성이 강조될 필요가 있습니다.

진단순 와, 하버마스 님! 저와 생각이 비슷하시네요. 오늘 아침에 제가 아주 사적인 자유에만 빠져 있는 한 친구 녀석과 다퉜거든요. 그 친구가 학급 일에 참여하지 않고 자기 마음대로 하면서 그게 자기 자유라고 하더라고요. 그때 전 "나도 그럼 내 마음대로 해서 널 괴롭힐 테다!"라고 대꾸했는데, 선생님의 말씀을 들으니 그 친구를 설득할 수 있을 것 같아요.

하버마스 그래? 뭐라고 설득할 건가?

진단순

으흠, "이봐 장공부. 내 진정으로 자네를 위해 우정 어린 마음으로 충고하는 거야. 지금처럼 학급 일에 무관심하면, 나중에 우리는 으레 자넬 회의 참여자에서 빼버릴 거고, 그럼 나중에 자넨 자네가 하고 싶은 말 한마디 못하면서 그토록 아끼는 자유를 누리지 못하게 될 걸세." 하하! 어때요?

(소환 시간이 다 되어 하버마스의 형상이 사라진다.)

사회샘 와! 단순이가 제법인데? 그럼 오늘 공부한 거 단순이가 한번 정리해 보자.

진단순 어, 그게……. 아, 그러니까 결론은 자유롭게 살려면 회의에도 열심히 참여해야 한다는 거 아닐까요?

모의심 거기에 사생활도 잘 지켜 줘야 된다는 것도 덧붙여야지. 결론은 둘 다 중요하다는 거예요.

사회샘 그래. 이제 너희들이 자유 개념에 대해서 잘 알게 된 것 같구나.

자유는 왜 그토록 중요한 것일까?

모의심 그런데 선생님! 갑자기 의문이 들었는데요. 자유롭게 살고 싶은 건 모든 생명체의 근원적인 욕구인 거 같긴 하지만 그래도 특별히 자유가 소중하고 중요한 이유가 있나요?

장공부 네, 저도 그게 궁금해요. 사실 가끔 저는 자유가 없었으면 좋겠다고 생각할 때도 있거든요.

진단순 뭐야? 너! 와……. 어떻게 그런 생각을 할 수가 있어? 아깐 그렇게 자유가 중요하다고, 자기 자유를 침해하지 말라고 난리를 치더니. 순식간에 손바닥 뒤집듯 생각을 바꾸는 건 또 뭐냐?

모의심   꼭 그렇게 생각할 필요는 없잖아. 나도 자유가 소중하고 침해당하는 건 싫지만 아주 가끔은 자유로워서 더 불편하다고 생각할 때가 있다고.

사회샘 공부랑 의심이는 어떤 때 그런 생각을 하는지 자세하게 말해 줄 수 있겠니?

모의심 소풍가거나 학급 대항 장기 자랑을 하거나, 뭐 아무튼 학급에서 뭔가 결정할 때 말이에요. 옆 반은 담임 선생님이 카리스마가 강해서 "어디 어디로 가는 거야!"라고 한마디 하면 그냥 끝이거든요. 그런데 저희 담임 선생님은 완전 자유주의자에 민주적으로 해주신다고 우리 보고 결정하라고 하시는데,

 도대체 회의가 결론이 안 나서 짜증날 때가 많아요.

장공부 맞아요. 서로 이 얘기 저 얘기하다가 시간만 흘러 버리고, 결국 담임 선생님 보고 정해 달라고 한 적도 있어요. 사실 그렇게 시간이 가는 게 아까워서 학급 회의에 참여하기 싫은 것도 있다고요.

진단순 야! 그래도 옆 반 애들은 우리 반 부러워 해. 거긴 완전 독재라니까.

모의심 물론 선택과 발언의 자유가 있는 건 좋아요. 그런데 가끔 부담스럽다고 해야 하나……. 그런 마음이 들더라고요. 내가 선택한 거니까 누굴 탓할 수도 없고 내가 다 책임져야 한다는 것도 그렇고.

진단순 음. 우리 형도 가끔 그런 얘기 하더라. 이렇게 해라 저렇게 해라 누가 다 정해 줬으면 좋겠다고. 특히 여자 친구 만나서 데이트할 때 그런 생각이

많이 든대요. 무얼 먹을지, 어디에 갈지도 다 형이 선택해야 하는데, 좋지 않으면 책임도 져야 하니까 부담스러운 거죠. 저 같아도 그런 상황이라면 차라리 누가 그냥 정해 주는 게 좋을 것 같아요.

사회샘 매일 엄마 잔소리, 선생님 잔소리 싫다고 난리치던 녀석들은 어디로 가고 다들 이러는 거야?

모의심 아, 물론 자꾸 들으면 싫죠. 하지만 가끔은 필요한 것도 같고……, 이런 저희 마음이 이해가 안 되세요, 선생님?

사회샘

물론 이해가 되는 면이 있긴 해. 에리히 프롬(Erich Fromm) 이라는 학자는 『자유로부터의 도피』라는 책에서 사람들이 개인적인 자유를 얻게 되면서 오히려 무력감과 고독, 불안을 함께 떠안게 되었다고 보았어. 그래서 근대인들이 오히려 자유라는 무거운 짐으로부터 도망쳐 새로운 의존과 복종의 대상을 찾으려는 경향이 생긴다고 설명하기도 했거든.

장공부 그래요? 자유로워진다는 것은 쉬운 일이 아닌 거군요.

사회샘 그렇단다. 너희들이 말한 것처럼 책임이 뒤따르기 때문이기도 하고, 자신이 무엇을 원하는지 정확히 알지 못하는 데에서 오는 불안, 그리고 다른 사람들과 별개로 독립적인 인간으로 홀로 서야 한다는 점에서 자유인이 된다는 것은 결코 쉬운 일이 아니지.

모의심 하지만 그렇게 부담스러워서 도피하고 싶기까지 한 자유를 얻기 위해 우리의 선조들은 오랫동안 싸워왔잖아요.

사회샘 그래, 자유는 부담을 주기도 하지만 인간답게 살기 위해서는 필수적인 요소니까. 그만큼의 부담과 희생을 감수할 만한 가치가 있다고 볼 수 있어. 너희는 태어난 그 순간부터 신체, 양심, 종교 등 기본적인 자유를 가지고 있지만, 아까 살펴본 것처럼 과거에는 그렇지 않았단다. 모두 알고 있지?

장공부 네, 근대 시민 혁명을 통해 자유권이 확립되었다고 들은 것 같아요.

사회샘 근대 유럽과 미국의 역사는 사람들을 구속해 왔던 많은 정치적·경제적 억압으로부터 벗어나 자유가 확대되어가는 과정이라고 요약할 수 있어. 어느 시인의 말처럼 "자유에는 피의 냄새가 섞여 있으며" 동서양을 막론하고 수많은 사람들이 자유를 위해 많은 피와 땀을 흘려야 했지. 그 결과 오늘날 우리는 '자유'라는 가치를 당연하게 받아들이게 되었고, 과거와 비교할 때 많은 자유를 누리게 되었단다. 수많은 사람들이 값비싼 희생을 치를 만큼 자유가 그렇게 가치 있는 것인지가 의심된다면, 자유가 없는 세상을 생각해 보렴.

진단순

자유가 없다면, 아까 만났던 노예와 같은 삶을 살게 되는 거겠죠?

모의심

제 삶의 주인은 제가 아니라 다른 사람이 되는 거고요.

장공부

페팃 님이 말한 예속 상태에서 늘 남의 눈치를 보면서 살아야 할 거고요.

모의심

선택하고 결정하는 고민은 없지만 종종 '왜 이러고 사나' 하는 회의가 밀려들기도 할 것 같네요.

장공부

내 인생 내 마음대로 살 수 없다고 생각하면 꼭두각시나 로봇이 된 것만 같을 거예요. 아……. 생각해 보니 끔찍한 삶이네요.

사회샘 선생님이 좋아하는 '자유'의 사상가 중에 존 스튜어트 밀이라는 사람이 있어. 그가 부인과 함께 쓴 『자유론』이라는 책에 보면 이런 말이 나온단다. **우리의 몸과 정신, 영혼을 건강하게 만드는 데 있어 최고의 적임자는 바로 자기 자신**이라는 거야. 설령 자신이 옳다고 생각하는 길로 가다가 일이 잘못되어 실패하거나 고통을 겪을 때도 있겠지. 하지만 그런 순간이 오더라도 자신이 선택한 길을 가는 것이 다른 사람이 좋다고 말하는 길로 억지로 가는 것보다는 궁극적으로 더 낫다는 거야. 그러니 자유가 주는 부담이 무겁더라도 남에게 덥석 자기 인생을 맡기기보다는 그 짐을 지고 자기 길을 갈 수 있는 사람이 되도록 노력하도록 하자.

학생들 네!

불간섭의 자유인가? 비지배의 자유인가?

장공부 선생님, 자유의 여러 가지 의미를 배우기는 했지만 진정한 자유가 무엇인가에 대한 답을 내리지는 못했잖아요. 단순이와 저 사이의 의견 충돌도 아직 완전히 해결된 것은 아니고…….

진단순 맞아요, 도대체 자유를 한마디로 정의하면 뭐라고 할 수 있나요?

사회샘 음, 글쎄. 선생님이 한 가지 입장을 정해서 '이걸로 외워라'라고 한다면, 그것 또한 지금까지 배운 자유의 정신에는 맞지 않는 것 같은데? 일단 앞에서 자유에 대해 설명해 주신 학자 분들을 다시 불러서 자유에 대한 논쟁을 좀 더 깊이 살펴보는 게 도움이 될 것 같구나. (소환기를 작동하여 벌린과 페팃을 다시 불러낸다.)

벌 린 안녕하십니까? 또 나왔습니다. 벌린입니다.

페 팃 안녕하세요? 페팃입니다. 안 그래도 벌린 님을 꼭 만나 뵙고 싶었는데, 정말 고맙습니다.

사회샘 앞에서 두 분이 자유의 의미에 대해 소개해 주셨는데 두 분의 의견이 분명 다르다는 것을 알 수 있었습니다. 이 기회에 두 분이 자유롭게 토론하는 모습을 학생들에게 보여 주세요. 아마 우리 학생들이 자유를 좀 더 깊이 이해하는 데 큰 도움이 되리라 생각합니다.

벌 린 네, 알겠습니다. 페팃 님 이야기는 저도 들은 바가 있는데……. 제 주장을 반대한다면서요? 도대체 소극적 자유가 중요하다는 제 주장의 어디가 그렇게 못마땅한 건가요?

페 팃 벌린 님, 저는 자유를 왜 꼭 그런 식으로 나누어야 하는 것인지, 그리고 선생님께서 말씀하시는 소극적 자유가 진정한 자유인지 줄곧 의문을 품어

왔습니다. 선생님이 빡빡한 러시아 생활로 힘드셨다는 것을 감안하면 이해가 되는 부분도 없지는 않지만 그렇다고 해도 소극적 자유가 과연 최선인가요?

벌 린 먼저 내가 소극적 자유를 소중하게 여기는 건 개인적인 사정 때문만이 아니라는 점을 밝히고 싶군요. 오히려 내가 유대인이라는 점을 감안하면 나는 페팃 님보다 더 공동체를 소중하게 여겼어야 할 테니까요. 나를 그렇게 단순한 사람으로 몰아가지 마세요.

페 팃 네, 그럼 설명해 주세요. 소극적 자유를 그렇게 중요하게 생각하는 이유를 말이죠.

벌 린 나는 무엇보다도 **조금이라도 '간섭'이 있으면 자유롭다고 볼 수 없다**고 생각해요. 이건 자유에 대해 누구나 상식적으로 받아들일 수 있는 견해일 겁니다. 누군가가 "이거 해라, 저거 해라, 이건 하지 마라."라고 해서 자신이 하고 싶은 걸 뜻대로 하지 못하고 강제를 당한다면 다른 조건들이 아무리 만족된다고 해도 그 사람을 자유롭다고 할 수는 없을 테니까요. 페팃 님은 공동체에 대한 적극적 참여나 시민적 덕성을 강조하는 것 같은데 도대체 이런 간섭이 있는 상태에서 그런 것들이 무슨 의미가 있는지 의문이 드네요.

페 팃 음, 저는 간섭이 있고 없고는 중요한 게 아니라고 생각합니다. 간섭이 있어도 지배하지 않는다면, 괜찮다는 거죠. 저희를 **간섭하지만 지배하지는 않는 대표적인 것이 바로 법**입니다.

무법천지인 세상에서는 아무런 간섭이 없을지도 모르지만 어떤 일을 당할지 예상조차 불가능하고 불안하게 살아야 할 겁니다. 그보다는 오히려 올바른 법이 공정하게 제정되고 적용되는 세상이 더 자유롭지 않겠습니까?
법은 나를 간섭하기도 하지만 그 법 덕분에 우리는 밤거리도 자유롭게 활보하고 다니고, 내가 하고 싶은 것도 더 쉽게 할 수 있는 거죠.

벌　린　하지만 페팃 님이 말하는 간섭과 지배를 어떻게 구분할 수 있단 말인가요? 아까 개념적으로는 구분을 했지만, 실제로는 구분이 어려울 거 같은데……, 결국 비지배에 대한 논의가 현실적으로 별 의미가 없다는 거 아닌가요?

페　팃　아까도 잠깐 이야기가 나왔지만, 간섭하지 않는 지배자, 즉 마음씨 좋은 주인을 만난 노예는 우연에 기대어 겉으로는 자유로워 보이지만 사실은 불안한 삶을 살아갈 뿐입니다. 하지만 지배하지 않는 간섭, 즉 법의 통제를 받는 건 다릅니다. 우연적인 것도 없고, 불안해 할 필요도 없죠. 법을 만들고 적용하는 것만 제대로 이루어진다면 말입니다. 누군가 나를 지배한다면 나는 그 사람의 자의적인 뜻에 따라 움직이게 되는 거고, 주인은 그 사람이지 내가 아니게 되지요. 하지만 누군가 나를 지배하지 않은 채 합의된 정당한 법의 간섭만 있다면, 내 삶의 주인은 나라고 분명히 말할 수 있습니다.

벌　린　여전히 잘 와 닿지 않는군요. 구체적이고 현실적인 사례를 들어 설명해 주시겠습니까?

페　팃　예. 이해하기 쉽게 학교 담임 선생님을 예로 들어 보겠습니다. 선생님이 학생들을 지배하고 있다면 어떨까요? 이 선생님은 마음씨가 아주 좋아서 일 년 내내 거의 화를 내거나 아이들에게 이래라 저래라 하신 적이 없어요. 그래도 선생님이 조금이라도 마음이 바뀌면 그들의 자유는 끝입니다. 결국 학생들은 하고 싶은 말도 한마디 할 수가 없게 되는 거죠.

벌　린　선생님이 간섭은 해도 지배하고 있지는 않다면?

페　팃　분명 선생님이 자기 마음대로만 학급을 운영하지는 못하겠죠. 학생들은 숙제 검사도 받아야 하고 지각하면 잔소리도 들을 수 있을 것입니다. 하지만 적어도 학급의 규칙이나 중요한 결정을 내릴 때 학생들은 스스로의 목소리를 낼 수 있고, 필요하다면 규칙도 바꿀 수 있을 거예요. 저는 이게 훨씬 더 자유롭고 인간적인 대우를 받는 거라고 생각합니다.

벌　린 글쎄, 그건 간섭의 정도에 따라 다르지 않을까요? 아무리 지배하지 않는다
고 해도 간섭의 도가 지나쳐서 사사건건 간섭을 한다면 그때도 나는 지배
받지 않으니 자유롭다라고 할 수 있을까요?

너무 세세한 것까지 다 법으로 만들어놓으면 우연적인 요소가 지배하
거나 누군가가 자기 마음대로 지배할 수는 없겠죠. 하지만 간섭투성
이. 그것도 못할 짓 아닌가요? 내게는 페팃 님의 생각이 조금 관념적
인 것으로 들리네요. 실제로는 지배를 받고 안 받고 보다 간섭이 있고
없고가 자유로움을 결정하는 데 더 큰 영향을 끼친다는 말입니다.

페　팃 그럼 선생님은 불간섭이라는 소극적인 자유만으로 충분하다고 생각하신
단 말씀이시죠?

벌　린 뭐, 충분하다, 아니다. 그런 것까지 확신할 수는 없어요. 하지만 자유의 가
장 본질적인 요소가 거기에 있다고는 확신합니다. (갑자기 하버마스의 사념파
가 나타난다.)

불간섭, 비지배의 자유만으로는 충분하지 않다

하버마스 뒤에서 두 분의 이야기를 듣다가 답답해서 뛰쳐나왔습니다. 언제쯤 저
를 불러 줄까 기다렸는데 아무리 기다려도 도통 부를 기미가 보이지 않아
서요.

페　팃 어서 오시오, 하버마스 님. 벌린 님을 좀 설득해 보시지요.

하버마스 페팃 님이 나를 이렇게 반겨줄 줄은 미처 몰랐는데……, 아무튼 반갑습
니다.

페　팃 소극적 자유 개념을 넘어서려고 한다는 점에서 우리는 서로 같은 편이 아
닌가요?

하버마스 물론 나는 페팃 님이 제시한 '비지배'라는 독특한 개념에 매력을 느꼈어
요. 하지만 페팃 님이 말하는 비지배 개념의 핵심은 예속되지 않는 삶에
있더군요. 나는 그것을 넘어서 공적인 참여를 강조하는 입장이에요. 그러
니 페팃 님과 나의 견해는 분명히 다르다고 할 수 있죠. 내가 보기에 비지

배의 자유를 누리는 것으로 만족한다는 것은 너무 소극적인 자세인 것 같아요. 만약 그 정도에 그친다면 페팃 님이 그토록 비판하는 자유주의자들의 자유와 무슨 큰 차이가 있는지 묻고 싶군요.

페 팃 아, 하버마스 님이 나오시자마자 저부터 비판하시다니 실망입니다. 물론 제 견해는 고대의 시민들이 누렸었던 완전한 자치와 같은 것을 목표로 하지는 않습니다. 하지만 그렇다고 해서 자유주의자들과 동일한 입장을 지닌 것으로 취급하시는 건 너무하지 않습니까?

하버마스

> 물론 자유주의자들이 주장하는 소극적인 자유, 즉 불간섭의 자유만으로는 불완전하다는 것을 드러낸 페팃 님의 공로는 인정합니다. 하지만 '진정한 자유인이 되는 데 비지배로 충분한가?'라는 질문을 던진다면 나는 페팃 님 입장에 대해서도 비판적인 태도를 취할 수밖에 없어요. 나는 페팃 님 입장이 더욱 강력해지려면, **공적 영역에 대한 참여**기 더욱 강조되어야 한다고 생각해요.

페 팃 하지만 오히려 그건 사람들에게 너무 많은 것을 요구하는 것 아닌가요? 물론 사람들이 자발적으로 그렇게 한다면야 더할 나위 없이 좋겠죠. 그렇지만 그것을 자유인이 되는 조건이라고 하는 건 조금 과한 것 같군요. "자유로운" 상태가 되는 가장 근본적인 기준은 역시 내가 말하는 "비지배"가 아닐까 합니다.

하버마스 그럴 줄 알았습니다. 바로 그런 점에서 페팃 님은 오히려 나보다는 벌린 님과 가깝다고 생각되네요. 그리고 나는 페팃 님의 기대와 달리 벌린 님보다 오히려 페팃 님과 논쟁을 벌이려고 이 자리에 온 것입니다. 내 보기에 페팃 님의 비지배는 전적으로 법치(法治)에 의존하는 것 같단 말입니다.

페 팃 강자에 의해 자의적으로 지배받는 것보다 법에 의해 안전하게 보호되는 것이 더 자유롭다는 게 뭐가 문제인가요?

하버마스 페팃 님이 말하는 비지배의 자유는 '강자로부터 안전을 보장받음으로써 자의적인 권력들에 의해 간섭을 받지 않는 세계'에 있는 것 같더군요. 물론 힘 있는 개인들이 멋대로 내리는 명령에 따르는 것보다야, 만인이 그 앞에서 평등한 법에 의해 통치되는 것이 더 낫겠지요. 하지만 내 보기엔 페팃 님의 비지배는 불간섭의 자유와 크게 다를 바 없고, 결국 간섭의 주체가 자의적인 개인인가 법과 제도인가 하는 것만 다를 뿐이에요.

페 팃 너무 심하게 표현하시네요. 저 역시 자유를 위해 필요한 훌륭한 법과 제도를 만드는 데 시민들이 참여하는 것이 중요하다고 생각합니다. 그래서 시민적 덕성을 강조한 것이고요.

하버마스 물론 그런 면이 조금은 엿보이지만 역시 좀 약하다는 생각이 드네요. 훌륭한 법과 제도가 만들어진 다음에는 어떻게 되는 건가요? 사람들이 그 법의 간섭과 지배를 받으면서 사는 것 아닌가요? 나는 자유롭다는 것은 자기 삶의 주인이 되는 거라고 생각합니다.

 간섭이나 지배를 안 받는다 뿐이지 뭔가 참여하고 스스로의 삶을 결정하는 자유가 없다면 그런 사람을 어떻게 자유인이라고 할 수 있겠습니까?

페 팃 저는 선생님의 주장과 제 주장이 그렇게 거리가 멀다고 생각하지 않았는데…….

벌 린 이봐요, 페팃 님. 하버마스 님은 페팃 님과 같은 편이 될 생각이 조금도 없어 보이니 이쯤에서 그만두는 게 좋겠어요. 오히려 내가 페팃 님을 대신해서 하버마스 님에게 한마디 해주고 싶네요. 하버마스 님, 왜 자유인이 되는 데 정치나 의사 결정에 참여하는 것이 필수 조건이 되어야 하나요? 뭐, 아리스토텔레스 님이 그랬다죠? 인간은 정치적 동물이라고 말이죠. 그처럼 고대인들은 사생활에만 관심이 있는 사람을 바보 취급했다고 하는데, 나는 그 생각에 동의할 수가 없어요. 사생활에만 관심을 갖든, 공적 영역에 참여하든 모두 개인의 선택에 맡겨둬야 하는 것 아닌가요? 적어도 우리가 자유인이라면 말입니다. 장공부 학생은 학급 회의에 참여할 생각이 없기 때문에 안 하는 것인데 이를 보고 자유롭지 않다고 말할 수 있는 근거가 어디에 있느냐는 겁니다.

하버마스 물론 저는 소극적 자유도 중요하다고 생각합니다. 하지만 그런 자유를 보장받을 수 있으려면 먼저 공적인 영역에 참여가 전제되어야 합니다. 만약 그러한 참여가 없이 소극적 자유만 주장하는 사람들만 넘쳐난다면 결국 그 소극적 자유를 지켜 줄 수 있는 사회는 더욱 위태로워질 수밖에 없습니다.

벌 린

음, 나는 자유라는 것은 우리가 개인으로서 존재할 때만 가능하다고 생각해요.

그러니까 공적인 자율성이니 적극적 자유니 하면서 뭔가 공동체 속에 함께 엮어 넣는 순간 '그 전체의 결정과 생각 속에서 개인의 자유는 사라지는 게 아닐까?' 하고 의심하는 겁니다.

하버마스 네, 물론 선생님께서 뭘 염려하시는지는 잘 알고 있습니다. 자유에 대한 사랑과 개인주의는 역사적으로나 개념상으로나 뗄레야 뗄 수 없는 관계에 있지요. 하지만 간섭을 받지 않는 것만으로 자유가 완성되었다고 볼 수는 없을 것 같습니다. 그건 그야말로 최소한의 조건이 될 수 있겠죠. 저도 간섭이 없어야 한다는 입장에는 동의해요. 하지만 그게 자유의 본질이라고는 생각하지 않습니다. 저는 그러한 소극적 자유를 바탕으로 자기 삶의 진짜 주인이 되기 위해 공적 영역에 참여할 때라야 진정한 자유를 누릴 수 있다고 생각합니다.

벌 린 참, 답답하네요, 이것 봐요. 그러한 참여가 어떤 사람들에게는 강요와 간섭이 되는 거라니까요.

하버마스 전 자유로워지기 위해서는 다른 사람이 아니라 자기 자신의 의지가 중심이 되어야 한다고 생각해요. 다른 사람이 간섭을 하느냐 안 하느냐가 아니라, 내가 무엇을 원하고 어떻게 선택할 것인가가 자유의 더 본질적인 요소를 이룬다는 거죠. 공적 영역에 참여하는 것도 마찬가지예요. 내가 살고 있는 공동체에서 이루어지는 중요한 결정은 당연히 내 삶에 영향을 미치게 될 거예요. 그렇다면 거기에서 내가 원하는 선택, 의사 표현을 하는 게 자유인으로서 당연한 거 아닌가요? 그리고 만약 소극적인 자유만으로 자유가 보장된다고 한다면, 현재 정치에서 배제되어 있는 사람들은 더더욱 정치에 참여할 수도 없고, 정치에 참여할 수 있는 권리를 요구할 수도 없겠지요. 결국 나라는 소수의 사람들이 좌지우지하게 될 것입니다. 결국 남의 손에 내 인생이 굴러가는 것과 뭐가 다르겠어요?

진단순 아, 할아버지들! 소극적인 자유도 참여하는 것도 모두 중요하다고 알아들었으니 이제 그만 싸우세요!

사회샘 네, 갑자기 다들 감정이 격해지신 것 같은데, 조금 진정하시고요. 세 분 선생님들의 말씀 감사합니다. 적어도 각자의 입장만큼은 좀 더 분명해진 느낌입니다. 앞으로 더 생각해 보아야겠지만 현재 우리가 처한 상황 속에서 자유에 대한 여러 논의들이 어떤 함의를 갖는지 살펴보는 것도 필요할 것 같군요. (열띤 논쟁을 벌이던 벌린, 페팃, 하버마스의 형상이 소환 시간이 다 되어 사라진다.)

나는 내 의지대로 살아가는 걸까?

사회샘 참! 얘들아, 선생님이 한 가지 더 이야기한다는 걸 깜빡했네.

진단순 에이, 선생님! 이제 다 끝난 줄 알고 머리 좀 식히려고 했는데, 또 무슨 얘기예요?

사회샘 이건 너희들이 헷갈릴까 봐 이야기해두는 거야. 시험에 나오거나 뭐 그런 건 아니니까 외울 필요까진 없지만, 그래도 "자유"라고 하면 한번쯤 생각해 볼 필요가 있는 문제가 아직 남아 있거든.

장공부 뭔데요?

사회샘 지금까지 우리가 이야기했던 자유는 정치 철학에서 주로 다루는 문제였는데,

그것 외에 '**의지의 자유**'라고 하는 것도 중요한 테마거든.

이거랑 자유권 보장이나 공적 영역에의 참여와 같이 정치 철학에서 논하는 자유를 혼동하면 안 되기 때문에 잠깐 일러두는 거니까 잘 들어 보렴.

진단순 의지의 자유요? 아, 용어부터 너무 어려워요.

사회샘 쉽게 이야기해 보자. 자, 너희들이 자유롭다고 느끼는 건 어떤 때니?

진단순 에이, 선생님. 뭘 그런 걸 물어 보세요. 보나마나 뻔하죠! 게임하고 싶을 때 게임하고, 먹고 싶을 때 맘껏 먹고, 사고 싶은 거 맘껏 살 때, 제 영혼이 자유롭다는 걸 느껴요.

모의심, 장공부 꼭 다 그런 건 아니지만, 대부분 그러네요.

사회샘 그럼 그게 정말로 너희들이 하고 싶은 것들이야?

진단순 예? 뭐, 그런 당연한 걸 물으세요?

사회샘 정말 당연한 걸까? 너희들 PC 게임이 좋아서 한다고는 하지만 몇 시간씩 게임하고 나면 좀 후회되기도 하고 시간이 아깝기도 하고 그런 느낌이 들잖아. 먹는 것도 마찬가지지. 살찌고, 또 몸에 해로우니까 안 먹어야 한다는 생각을 하면서도 어쩔 수 없이 먹고 나서는 후회하는 거 그런 경험해 본 적 없니?

장공부 선생님 말씀 듣고 보니까 그런 적이 많은 것 같네요. 제가 원해서 한 것 같지만 나중에 생각해 보니 정말 원했던 건지 헷갈리는 경우가 많았어요.

사회샘 그래. 아마 너희들 모두 그런 생각해 본 적 있을 거야. 무언가를 원하면서 내가 정말로 이걸 원하는 것인가. 내가 정말 내 의지대로 살고 있는 건가. 오히려 본능이나 욕구를 제어하지 못하고 이끌려 가는 거 아닌가. 뭐, 그런 생각?

진단순 아, 선생님. 왜 그렇게 인생을 피곤하게 사세요? 그런 것까지 다 따지면 너무 골치 아프잖아요.

모의심 선생님. 저도 좀 머리가 아프긴 한데, 그럼 본능이나 욕구에 끌리지 않고

216

도대체 어떻게 사는 게 자유로운 건데요?

사회샘 음. 지금 선생님이 말하고 싶은 건 바로 의지의 자유에 관한 얘기인데, 이 건 칸트 님이 잘 설명해 주실 거야.

장공부 임마누엘 칸트 님, 지난번에 만나뵈서 알아요.

사회샘 그래, 우리가 모신 적이 있지.

진단순 아, 완전 따분할 것 같은데……. (소환기를 작동한다.)

자연적 필연성과 경향성으로부터의 자유

칸　트 안녕하세요. 여러분. 그동안 자유에 대해서 배우고 있었다고 하던데…….

장공부 사회 선생님이 갑자기 의지의 자유 이야기까지 더하셔서 저희를 혼란에 빠뜨리셨어요.

칸　트 뒤에서 다 듣고 있었습니다. 여러분들은 자유를 원하는 대로 하거나 원하 는 바를 방해받지 않는 것이라고 생각하는 경향이 있는 것 같은데, 그런 점에서 사회 선생님께서 아주 좋은 문제를 제기하신 것 같습니다. 진단순 학생, 동물처럼 쾌락과 충동을 좇을 때 그게 진짜 자유로운 건지 생각해 보세요. 게임을 하고 싶은 마음을 참지 못해서 게임에 매달려 있을 때 정 말 자유로울까요?

진단순 왜 하필 절 콕 집어서 물으시는 건가요? 어쨌든, 예. 솔직히 저는 그런 때 자유로운 것 같아요.

칸　트 제가 보기에 그런 상태는 자신의 감정과 욕구의 노예로 행동하기 때문에 자유롭다고 할 수 없습니다. 스스로도 학업과 기타, 다른 일들을 위해 게 임을 줄여야 한다고 생각하면서도 그 순간 게임이 너무 하고 싶어서 하는 건, 자신의 욕구를 충족시키려는 자연적인 필연성에 따른 것이고, 이는 결 국 진짜 자신의 의지대로 움직이는 게 아니라는 겁니다.

인간이 감정과 욕구에만 이끌려 산다면 어찌 이성을 가진 자유로운 존재라고 할 수 있겠습니까?

장공부 그럼 칸트 님이 생각하시는 자유는 뭔가요?

칸 트 저는 자유로운 행동은 자율적인 행동이라고 생각합니다. **자유로운 사람은 자신이 스스로에게 부과한 법칙에 따라 움직이는 사람**입니다. 즉, 인과 법칙이나 필연성, 경향성에 따라 움직이는 사람이 아니란 말입니다.

진단순 필연성, 경향성, 도대체 무슨 말이에요? 우리 말 맞아요?

칸 트 음, 사실 세상만물은 필연성이나 경향성에 따르기 마련입니다. 물은 위에서 아래로 흐르는 게 필연적이고, 동물은 고통은 피하고 쾌락은 더 많이 누리려는 경향이 있습니다. 필연성이나 경향성은 바로 이런 자연적인 세상의 흐름을 말합니다.

모의심

칸트 님도 지금 말씀하셨지만 그런 건 자연적인 경향이고, 필연적인 건데 이걸 따르는 건 어쩔 수 없는 거 아닌가요?

칸 트 인간은 그런 필연성과 경향성에서 벗어날 수 있답니다. 또한 그렇게 필연성과 경향성에서 벗어날 때라야 신정으로 사유로운 인간이라고 말할 수 있지요. 예를 들어 단순히 배고프다는 욕구에 이끌려 아무 가게에서나 빵을 덥석 집어 먹는 것은 경향성에 사로잡힌 모습일 뿐입니다. 오히려 그런 욕구에도 불구하고 내 빵이 아니라면 참을 수 있는 것이 자유로운 인간의 모습입니다.

장공부

그래도 모든 경향성으로부터 자유로울 필요까지 있을까요? 좋은 경향성도 있을 수 있잖아요.

칸 트 아주 좋은 질문입니다. 물론 좋은 경향성도 있지요. 예를 들면 길을 가다 헐벗은 사람을 보면 대부분의 사람들은 자연스럽게 동정심을 느낄 것입니다. 그래서 선행을 베풀게 된다면 이것 역시 경향성을 따르는 행동에 속합니다. 하지만 제 견해에 따르면 이러한 행위조차도 그 자체로 자유롭다거나 도덕적으로 선한 행동이라고는 볼 수는 없습니다.

218

진단순 우와! 말도 안 돼요! 게임하는 거나 먹는 건 그렇다고 해도, 불쌍한 사람 도
     와주는 것도 자유로운 행동이 아니라고요?

칸 트 물론 불쌍한 사람은 도와야 합니다. 하지만 겉으로 볼 때 착한 행동일지라도
     동정심에서 출발한 거라면, 그걸 자유로운 행동이라고 보기는 어렵다는 것
     입니다.

진단순 동정심이 아니면 어디에서 그런 행동이 나오는 데요?

칸 트 **스스로가 자신에게 부과하는 법칙과 명령**이 출발점이 되어야 합니다. 단
     지 마음이 아파서가 아니라 "불쌍한 사람은 도와야 한다."라는 **이성의 명
     령**에서부터 출발해야 하는 거지요.

모의심 이성의 명령이요? 명령이라면 다소 강제적인
     것처럼 느껴지는데 그렇다면 자유랑 완전 반대
     아닌가요?

칸 트 그래서 제가 말하는 명령은 다른 사람이 내리는 명령이 아니라 내 스스로
     가, 즉 나의 이성이 나 자신에게 부과하는 명령이나 의무를 말합니다.

진단순 그래도 명령이나 의무에 따라 행동한다는 건 완전 가혹하고 비인간적으로
     느껴지는데요……. 칸트 님이 아무리 그렇게 말해도 전 오히려 자연스럽게
     동정심을 느끼고 그에 따라 행동하는 게 더 자유롭고 인간적인 것 같네요.

칸 트 물론 그렇게 생각할 수도 있겠지요. 하지만 그런 동정심 등은 불완전한 감
     각이나 감정에 의존하는 것입니다. 우리는 모든 사람에게 다 동정심이 생
     기는 것도 아니고, 또 똑같은 정도로 동정심을 갖는 것도 아닙니다. 오히
     려 나와 친하고 가까운 사람에게 더 많은 동정심을 느끼지요. 이게 의미하
     는 것은 무엇일까요? 바로 동정심과 같은 감정이나 욕구는 매우 충동적이
     고 변하기 쉬운 것이라서 보편적으로 따라야 할 규범의 근거로서는 부적
     합하다는 것입니다. 우리의 자유가 그런 불안정한 감정에 기반해서야 되
     겠습니까?

장공부 듣고보니 동정심과 같은 감정이 보편적인 규범의 기반이 되기에는 부족하겠네요. 그럼 저희가 자유로운 사람이 되려면 어떻게 해야 하는 건가요?

칸 트 음, 자유롭기 위해서는 오히려 그런 불안정한 감정이나 욕구에도 불구하고 자신이 세운 법칙에 따라 행동해야 합니다. 특히 부자가 되는 것, 행복해지는 것, 칭찬을 받는 것 등과 같은 특정한 결과에 관계없이 보편적으로 추구할 수 있는 목적과 의무에 따른 법칙을 정하고 그에 따르는 것이 정말 자유로운 것입니다. 아주 싫어하는 친구가 위험에 처했을 때라도, 마음은 도와주기 싫어도 "위험에 처한 사람은 도와야 한다."라는 법칙을 정했으면 그를 도와야 하는 것이지요.

진단순 차라리 아까 벌린 님이나 페팃 님, 하버마스 님 말씀대로 사는 게 더 쉬울 것 같아요. 싫은 친구까지 도와주며 살라니. 아……. 내 자유가 다 사라지는 깃 같아 괴롭다.

칸 트 자유롭게 사는 게 그렇게 쉬운 일이 아니지요.

모의심 모든 사람이 그런 마음을 가지고 산다고 상상하면, 세상이 훨씬 더 아름다울 것 같다는 생각은 드네요

칸 트 이제 떠나야 할 시간이 되었네요. 여러분들이 자유로워지는데 제 얘기가 많은 도움이 되었으면 합니다. (칸트의 형상이 사라진다.)

학생들 안녕히 가세요!

사회샘 칸트 님 이야기 잘 들었지? 아마 진정한 자유가 무엇인지에 대해 좀 더 깊이 있게 이해할 수 있는 기회가 되었겠지?

장공부 역시 어렵기는 하지만 그래도 기존에 틀에 박힌 듯이 알고 있던 자유 개념에서 벗어나 좀 더 폭넓게 사고하게 된 것만 해도 저는 무척 자유로워진 것 같네요.

220

진단순

아……. 정말 장공부 잘난 척은.

우리는 로봇과 같은 삶을 원하지 않는다

사회샘 칸트 님 말씀을 듣고 보니 선생님도 평소 행동할 때는 나의 자유로운 의지 같은 걸 생각하지 않고, 욕구나 감정의 지배를 많이 받은 것 같아 조금 찔리는 면이 있구나. 사실 그런 욕구조차 진짜 내가 원하는 것이 아닐 수도 있는데 말이야.

장공부 욕구가 내가 원하는 게 아니라는 게 무슨 말씀이신가요? 적어도 저는 제가 지금 뭘 원하는지는 알고 있고, 그것만큼은 진짜 아닌가요?

사회샘 그건 스스로 그렇게 믿는 것일 뿐, 사실은 내가 나라고 믿는 것, 나의 욕구들조차 조작된 것일 수 있으니까.

진단순 에이, 그런 사람이 어디 있어요? 사람이 로봇도 아니고.

사회샘 하지만 로봇같은 삶을 사는 사람들도 있지 않을까?

모의심 슬프게도, 생각보다 많을 수도 있겠다는 느낌이 드네요. 장공부, 너는 공부하고 싶다는 거 그거 진짜로 네가 하고 싶어서 하는 거야?

진단순 그래. 나도 네가 진짜 공부가 좋아서, 막 하고 싶어서 하는 건지 궁금했었어.

장공부 너희들 내 걱정은 그만 하고 하던 이야기나 하자. 난 내 의지대로 사는 거니까!

사회샘 그럼 잠깐 쉬어가는 의미에서 문학 작품 속에서는 이런 자유를 어떻게 다루고 있는지 살펴보자. 올더스 헉슬리라는 작가가 쓴 『멋진 신세계』라는 책이 바로 그런 주제를 다루고 있는데, 잠깐 한 구절을 같이 읽어볼까?

"하지만 저는 불편한 것을 좋아합니다."

"우리는 그렇지 않아." 총통이 말했다.

"우리는 여건을 안락하게 만들기를 좋아하네."

"하지만 저는 안락을 원하지 않습니다. 저는 신을 원합니다. 시와 진정한 위험과 자유와 선을 원합니다. 저는 죄를 원합니다."

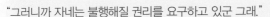
올더스 헉슬리

"그러니까 자네는 불행해질 권리를 요구하고 있군 그래."

"그렇게 말씀하셔도 좋습니다." 야만인은 반항적으로 말했다.

"불행해질 권리를 요구합니다."

"그렇다면 말할 것도 없이 나이를 먹어 추해지는 권리, 매독과 암에 걸릴 권리, 먹을 것이 떨어지는 권리, 이가 들끓는 권리, 내일 무슨 일이 일어날지 몰라서 끊임없이 불안에 떨 권리, 장티푸스에 걸릴 권리, 온갖 표현할 수 없는 고민에 시달릴 권리도 요구하겠지?"

긴 침묵이 흘렀다.

"저는 그 모든 것을 요구합니다. "

– 올더스 헉슬리, 『멋진 신세계』, 문예출판사 –

진단순 도대체 무슨 말인지 잘 모르겠어요. 선생님, 왜 불행해지고 아플 권리를 요구하는 거예요? 그런 것도 권리라고 할 수 있어요? 이 게 자유랑 무슨 상관이 있는 건지 도통 이해가 안 돼요.

사회샘 음. 약간 부연 설명이 필요한 것 같구나. 헉슬리 님이 그려놓은 소설 속 세계는 태어날 때부터 알파, 베타, 감마, 델타, 엡실론 등의 계급이 정해져 있고 계급에 따라 체격이 달라지도록 영양분을 다르게 주입받아. 태아 때부터 수면 중에 끊임없는 세뇌 교육을 통해 자신의 일이나 삶에 대해 전혀 불만을 갖지 못하도록 모든 것이 정해져 있지. 괴롭고 힘들어도 약 한 알 먹으면 끝나고, 사랑도 없고, 격정도 없고, 늙지도 않고, 고민과 갈등도 없는 삶, 제목 그대로 정말 멋진 신세계지?

장공부 네, 정말 판타스틱한 세상이네요. 그렇게 완벽하고 멋진 세상인데 소설 속 주인공은 불행해질 자유를 원하고 있군요.

모의심 하지만 뭔가 씁쓸하고, 으스스한 느낌이 드는 건 왜죠? 마치 너무 깨끗하고 완벽해서 손 끝 하나 댈 수 없는 그런 컴퓨터가 눈앞에 있는 것처럼…….

진단순 응! 확실히 뭔가 비인간적이야. 좀 고민이 되긴 하지만 이런 세상이라면 저도 야만인이 되기를 선택할 수도 있을 것 같아요.

장공부 음. 저는 여전히 자신이 없어요. 평소에도 선택에 따른 책임이 부담스러워서 자유로부터 도망가고 싶은 마음이 들 때가 있었거든요. 자유인으로 산다는 것은 누군가에게 의지하지 않고 홀로 서야 하고, 많은 책임이 따르는 일이라 불안한 것 같아요. 그래서 저는 제 자신을 완벽하게 속일 수만 있다면, 아마도 기꺼이 속아줄 것 같아요.

올더스 헉슬리가 쓴 『멋진 신세계』의 한 장면을 묘사하고 있는 그림입니다.

모의심 평소 같으면 공부의 말에 바로 반박했겠지만 이 문제는 저도 쉽지가 않네요. 저 역시 제가 원하는 것, 하고 있는 것이 정말로 저 자신으로부터 나온 것인지 별로 의심해 보지 않았거든요. 피곤하기도 하고, 그런 정도까지 진지하게 스스로를 들여다보지 않았던 것 같아요.

사회샘 그래, 그건 선생님도 마찬가지야. 자기 자신의 욕구를 자꾸 검토하고 반성하고 들여다본다는 것은 괴로운 일이거든. 누가 어떤 선택을 하든지 거기에 대해 이렇다 저렇다 평가하기는 쉽지 않아. 하지만 자유가 말처럼 쉽지 않다는 것과 진짜 자유롭다는 것이 무엇인지 곰곰이 생각해 볼 필요가 있다는 건 분명해. 그리고 힘들지만, 자기 자신의 욕구를 들여다보고 충족시키는 연습도 필요하지.

우리의 일상 속에서 자유를 실천하면서 사는 게 중요하다

사회샘 오늘 공부한 내용을 정리해 보자. 오늘 뭔가 새롭게 알았던 거, 혹은 좀 더 의미 있게 다가왔던 것을 한 번 얘기해 볼까?

장공부 자유를 바라보는 관점이 이렇게 다양할 거라고는 생각하지 못했어요. 여러 학자들을 만나고 와서 좀 헷갈리지만 간섭 안 받는 것만이 자유라는 생각에서는 벗어나게 된 것 같아요. 그동안은 '남한테 피해만 안주면 괜찮다.'고 생각했거든요. 그리고 다양한 각도에서 살펴보니까 제 사고도 좀 더 자유로워지는 것 같아요. 꼭 교과서에 나오는 한 가지 입장만 고수할 필요는 없다는 생각……. 하하.

진단순 그래. 너 같은 모범생한텐 그런 자유가 필요해.

모의심 저는 늘 우리를 규제하고 구속하는 것만 같았던 법과 여러 가지 규칙들도 조금 달리 보여요. 아까 단순이와 공부가 시로 자기 말이 옳다면서 다툴 때, 전 진짜 헷갈렸거든요. 공부를 참여시키자니 간섭을 해야 하고, 간섭을 안 하고 사기 마음대로 하게 내버려둘 수도 없고, 그게 실제 현실에서 부딪히는 문제인 거 같아요.

결국 개개인들의 자유가 서로 충돌하고 갈등할 수밖에 없다면 적절한 규칙을 만들어서 자유의 침해가 최소한으로 일어나도록 하는 게 중요할 것 같아요.

진단순 그런데 그 과정에서 구성원들이 좀 더 적극적으로 참여했으면 해요. 알겠지? 공부야.

장공부

응. 나도 이번 수업을 통해 느낀 바가 많아. 그동안 학교 일이나 학급 일에 무관심한 태도로 일관해 왔는데, 그게 결국은 나의 사적인 자유에도 위협이 된다는 사실을 깨달았어.

진단순 그래! 내가 널 괴롭히려고 그런 게 아니라니까. 다 이런 깨달음을 주기 위해서 그런 거라고. 이 오빠의 큰 뜻을 네가 어찌 알겠어?

장공부 뭐? 하여튼 뭐든 자기 편한대로 해석한다니까. 하하하.

모의심 선생님, 우리는 학교에 다니면서 늘 자유가 소중하다느니, 자유로운 인간이 되어야 한다느니 하는 말들을 수없이 들어 왔지만 실제로 학교에서 일어나는 여러 가지 일에 대해 그다지 자유롭게 의견을 제시하거나 참여하지 못했던 것 같아요. 그냥 주어진 대로, 시키는 대로 따라만 했던 거죠.

그런데 어른이 된다고 해도 말로만 배웠던 자유를 잘 실천할 수 있을지는 의문이네요.

사회샘

그래, 너희들 말을 듣고 보니 학교에 자유가 너무 없는 건가 싶기도 하네. 그럼 앞으로 사회 시간만이라도 좀 더 자유롭게 진행해 보도록 하자!

진단순 네, 선생님. 벌써 종이 쳤어요! 저희에게 매점에 갈 자유를 주시죠.

사회샘 그래, 알았다. 다음 시간에 보자!

(매점에서)

진단순 야, 모의심. 넌 뭐 먹을 거야?

모의심 나, 초코맛 아이스크림!

진단순 그게 정녕 네가 원하는 게 맞는 거야? 너 얼마 전부터 복근 만든다고 군것질 끊겠다고 했잖아! 그런데 바로 아이스크림이라니. 욕구와 경향성으로부터 자유로워져야 한다는 칸트 님의 말씀 잊었어?

모의심 오, 그거 좀 배웠다고 그새 이야기하는 수준이 달라졌는데? 세상 오래 살고 볼 일이야. 단순이 입에서 칸트라는 이름이 나올 줄 누가 알았겠어?

진단순 내가 단기 암기력과 응용 능력은 우리 중에 제일일걸! 아까 그 허크인지 뭔지 하는 애도 불러서 알려줄걸. 학교 다니기 싫다고 안 다니는 게 자유는 아니라는 걸 말이야. 그나저나 난 오늘 돈이 별로 없어. 성적 떨어져서 엄마가 용돈을 팍 줄여 버렸거든.

장공부 경향성으로부터 자유로워져도, 여전히 성적과 돈의 지배를 받는구나. 역시 공부를 열심히 해야 해.

모의심　돈보다는 엄마의 지배를 받는 거겠지. 엄마의 기분에 따라 용돈은 줄어들 수도, 늘어날 수도 있는 거잖아. 꼭 성적만 영향을 끼치겠어?

진단순　아, 이러나 저러나 노예 신세는 못 벗어나는구나. 이런 내 마음은 페릿 님만 알아주겠지? 아, 비지배, 그건 정녕 꿈이야…….

모의심　음. 좀 쉬운 방법을 찾아보자. 일단 넌 당분간은 엄마의 지배 상태로부터 벗어날 수는 없을 것 같으니까 기분 잘 맞춰주는 요령 있는 노예라도 되란 말이야. 너한텐 성적 올리는 거 보다야 그게 쉬울 거고, 그래야 최소한 간섭이라도 덜 받을 거 아니겠어? 한번에 완벽한 자유를 얻는 건 불가능할 거 같으니까!

진단순　와, 그거 괜찮은데? 뭘 해서 엄마 기분을 풀어 드리지? 와, 수업 시간에 배운 걸 이렇게 써 먹을 줄이야. 이런 식으로 써먹어서 사회 선생님께는 조금 죄송하지만, 그래도 교실에서 배운 설 생활에 바로 적용하는 우리를 보면 기뻐하실 거야.

모의심, 장공부　과연……, 그럴까?

필립 페팃, 『신공화주의』, 나남

지배는 노예(또는 하인)에 대한 주인의 관계가 전형적인 예가 된다. 이런 관계 속에서는 지배하는 쪽이 지배받는 사람에게 자의적으로 간섭할 수 있다. 특히 영향을 받는 사람이 공유하지 않는 이해 관심이나 이유를 가지고도 간섭할 수 있다. 지배하는 쪽은 누군가의 허가를 얻으려고 할 필요도, 어떤 정밀조사나 처벌을 받을 필요도 없이 마음대로 간섭할 수 있다.

간섭과 지배의 차이는 간섭 없이 지배하는 것과 지배 없이 간섭하는 것이 가능하다는 사실에서 드러난다. 나는 나의 선택에 대해 실질적으로 어떤 간섭도 받지 않고서도 다른 사람에 의해 지배당할 수 있다. 극단적으로 예로, 내가 다른 사람의 노예일 경우 나의 주인은 친절하고 간섭하지 않는 성향을 가진 사람일 수 있다. 아니면 내가 충분히 교활하거나 아양을 잘 떨어 주인 마음에 들 수도 있다. 이때 나는 주인이 있기 때문에 지배를 받지만, 주인이 간섭을 하지 않는 결과로 비간섭을 향유한다. …(중략)… 이렇게 당신은 실제 세계에서 우연히 비간섭을 누릴 수 있지만, 그러나 권력자에게 맞서 안전하고, 활기차며 쾌활하게 비간섭을 누릴 수는 없다. …(중략)… 비간섭의 이상이 이러한 내재된 우연성과 관련된 반면, 비지배 상태에서는 그렇지 않다. 만약 당신이 다른 누군가에 의해 지배되지 않는다면, 당신은 활기차고 안전하게 비간섭을 누린다. 당신이 덜 호감을 얻거나 덜 교활하거나 간에 당신이 누리는 비간섭에는 차이가 없다. 그리고 당신은 모든 간섭에 반하여 보호받게 될 것이다.

이사야 벌린, 『자유론』, 아카넷

"나는 보통 다른 사람이나 또는 사람들로 이루어진 집단이 나의 행동을 간섭하지 않는 만큼만 자유롭다고 말할 수 있다. 이러한 의미에서의 정치적 자유는 쉽게 말해서 한 사람이 다른 사람들에 의해 방해받지 않고 행위할 수 있는 공간(空間)을 의미한다. …(중략)… 이러한 의미에서의 자유는 어떤 논리를 펼치더라도 민주주의나 자치와 무관하다. 자치(자기 통치)는 전체적으로는 다른 어떤 정치 체제보다 시민적 자유를 유지하는 것을 더 잘 보장해 줄 수 있을 것이며, 실제로 그러하기 때문에 자유주의자들에 의해 옹호된다. 하지만 개인적 자유와 민주적 통치 방식 사이에는 어떤 필연적 관련성은 없다."

"'적극적' 의미의 '자유'라는 개념은 개인이 자기 자신의 주인이 되고자 하는 욕구에서 나온다. 나는 나의 삶과 결정들이 어떤 외부의 힘에도 의존하지 않고 오직 내 자신에 의해서만 유지되고 이루어지길 바란다. 나는 타인이 아닌 내 자신의 의지에 따르는 수단이 되고자 한다. 나는 객체가 아니라 주체가 되기를 바란다. 나는 밖에서 나에게 영향을 미치는 여러 원인들이 아니라 나 자신의 것인 나의 이성, 그리고 내가 의식하는 목적에 의해서만 움직여지기를 바란다."

위르겐 하버마스, 『이질성의 포용』, 나남

자유주의자들은 '근대인의 자유들', 무엇보다도 신앙과 양심의 자유 및 생명, 개인적 자유, 재산의 보호와 같은 사적(私的) 권리들의 핵심을 강조해왔다. 이에 반해 공화주의자들은 '고대인들의 자유', 즉 시민들의 자율적인 결정 행위를 가능케 하는 참정권 및 의사소통권을 옹호해 왔다.

시민의 사적 자율성을 확보해 주는 기본권이 없다면 시민들이 공민으로서 자신의 공적 자율성을 사용할 수 있는 조건들을 법적으로 제도화할 수 있는 어떤 방법도 없다. 이처럼 사적 자율성과 공적 자율성은 서로가 서로를 전제한다. 즉, 한편으로 공민은 균등하게 확보된 사적 자율성을 토대로 할 때에만 자신의 공적 자율성을 적절히 사용할 수 있으며, 또한 공민으로서 자신의 정치적 자율성을 적절히 사용할 때만 자신들의 사적 자율성에 대한 합의 가능한 조정에 도달할 수 있다.

빨간 약이냐? 파란 약이냐?

네　오 : 제가 나온 영화 〈매트릭스〉를 보셨나요?

진단순 : 아니오. 아저씨 영화배우예요?

네　오 : 하하, 후속편도 나온 꽤 유명한 영화인데, 나중에 시간 되면 한번 보세요.

진단순 : 영화 홍보하러 오신 거예요?

네　오 : 그런 게 아니라 선생님의 초대로 여러분에게 한 가지 질문을 던지려고 왔어요.

장공부 : 질문이요?

네　오 : 예. 영화 속에서 저는 모피어스라는 인물을 만나는데, 그는 저에게 빨간 약과 파란 약 중에서 하나만 선택하라고 요구해요.

모의심 : 빨간 약 파란 약이요?

네　오 : 예. 빨간 약을 먹으면 진실을 알게 되고 자유로워지지만, 지금까지 제가 누려왔던 행복은 사라지고, 괴롭고 구역질나는 현실과 마주하게 돼요. 대신 파란 약을 먹으면 진실을 모른 채 지금까지 진짜라고 믿

영화 〈매트릭스〉의 한 장면입니다.

어 왔던, 조작된 가상현실 속에서 지금까지처럼 맘 편하게 사는 거죠.

진단순 : 그래서 아저씨는 어떻게 했어요?

모의심 : 영화잖아. 스토리가 진행되려면 당연히 빨간 약이겠지.

네　오 : 맞아요! 저는 빨간 약을 택했죠.

진단순 : 에이, 빨간 약 파란 약까진 좋았는데, 선택이 뭔가 식상하다……. 사실 몇 명이나 그런 선택을 하겠어요?

네　오 : 맞아요. 단순이 학생 말대로 현실 속의 수많은 사람들은 그런 선택을 하지 않을지도 몰라요. 저는 어디까지나 영화 주인공이고, 히어로니까. 많은 고민 끝에 빨간 약을 먹고 지금까지 살고 있던 곳, 누려 왔던 모든 행복들이 진짜가 아니라 조작된 가짜 프로그램이라는 것을 알게 되죠.

장공부 : 실제로 그런 선택을 하래도 빨간 약을 먹을 건가요?

네　오 : 글쎄요. 자신은 없네요. 하지만 우리 같은 보통의 사람들은 그런 생각을 잘 안하지만 위대한 철학자들이나 작가, 예술가들은 종종 그런 걸 궁금해 했던 것 같아요. 내가 가지고 있는 의지와 생각과 욕망 등이 정말로 '나의 자유 의지인가'라는 문제 말이에요. 그리고 사람들에게 질문을 던지는 거죠. "넌 정말 자유로우냐? 너는 자유가 주는 짐을 질 준비가 되어 있느냐? 빨간 약이냐, 파란 약이냐?"

1. 자신이 네오라면 어떤 선택을 했을지 결정해 보고, 그 이유를 적어 보자.

2. 자신이 자유롭다고 생각하는 순간을 두 가지 이상 적어 보고, 왜 자유롭다고 느끼는지 이야기해 보자.

3. 자신의 의지대로 행동한다고 생각한 것 중에서 사실은 다른 사회적 요인에 의해 결정된 것이 있는지, 있다면 어떤 것인지 구체적인 사례를 서술해 보자.

05

평등

수행평가? 경제력 평가?

모의심 큰일이다. 이걸 부모님께 어떻게 보여드린담.

진단순 모의심, 너 답지 않게 왜 그렇게 울상이야?

장공부 의심이 이번 수행평가 결과가 많이 안 좋은가봐.

모의심 열심히 자료도 찾고 정리했는데 점수가 정말 왜 이 모양이지? 도대체 선생 님이 이번 수행평가를 제대로 읽고 채점하신 건지 모르겠어.

장공부 단순이 넌 점수 어떻게 나왔어?

진단순
난 좀 잘 나왔는데.

모의심 뭐? 어! 정말이네. 단순이 너는 수학이랑 사회 모두 만점이잖아. 이거 정말 이상한데…….

진단순 야, 내가 잘하면 이상한 거니?

장공부 아니. 평소 단순이 성적 생각하면 그런 생각 들 수도 있지. 단순이 너 수행 평가 한 거 좀 보여 줘 봐.

진단순 뭐, 별 다른 건 없을 텐데. 여기 있으니 얼마든지 보라고.

장공부 우와, 별다른 게 있는데? 여기 수학 서술형 문제를 푼 방식은 나도 처음 보는데, 수업 시간에 선생님이 가르쳐 주신 거랑은 다르네. 단순이처럼 문제 푸는 게 오히려 더 쉬워 보이기도 하고. 이 정도면 만점 받아도 되겠는데.

진단순 에헴, 뭘 이 정도 가지고.

장공부 사회 수행평가도 진짜 잘했네. 나도 열심히 한다고 국회도서관이랑 국립 중앙도서관 자료까지 찾아서 넣었는데, 단순이 거에는 해외 자료까지 있잖아. 사회 선생님도 이렇게까지는 못할 거 같아. 단순이 오늘 따라 새롭게 보이는걸.

모의심 야, 진단순. 그거 정말 네가 한 거 맞아? 어떻게 그렇게 완벽하게 한 거야?

진단순 그렇게 잘한 거야? 사실 수행평가 보조 학원에서 좀 도움을 받긴 했는데, 어쨌든 잘한 거라니 기분이 좋은데.

장공부
 수행평가 보조 학원?

진단순 공부야, 넌 책 좀 그만 보고 세상 돌아가는 정보에도 귀를 기울여야 한다고 내가 누누이 말했잖아. 요즘 뜨고 있는 수행평가 보조 학원도 몰라?

모의심 그거, 지난달인가 우리 학교 후문 쪽에 수행평가 점수 잘 받게 해준다고 광고하던 거 말하는 거야?

진단순 그래. 역시 의심이 네가 좀 낫네. 나도 학원은 정말 싫었지만 엄마 잔소리가 하도 심해서 어쩔 수 없이 다니기 시작했어. 좀 귀찮기는 했지만 이렇게 칭찬받으니 기분이 좋은데.

장공부 학원에서 어떻게 도움을 주는데?

진단순 뭐, 수학 같은 경우는 학원 수학 선생님이 풀이법을 정리해 주셨지. 역시 수학 전공하신 분이라더니 문제를 금방 푸시더라고. 풀이법도 되게 많던걸. 사회 조사는 학원 원장님이 사회 수행평가를 보더니 며칠 뒤에 자료를 다 수집해 오셨더라고. 자료가 너무 많아서 그게 좀 맘에 안 들긴 했지만.

232

모의심
그게 뭐야. 학원에서 다 해주는 거 아냐? 단순이는 그냥 가만히 앉아서 좋은 성적을 받고 나는 열심히 스스로 노력했는데도 성적이 엉망이고……

장공부 의심아. 너무 속상해 하지마. 대신 우리는 자기주도적 학습 방법을 완벽하게 마스터하고 있는 중이잖아. 이렇게 스스로 공부하는 것이 나중에는 분명 도움이 될 거야.

모의심 공부야, 너무 위로하려고 애쓰지 마. 이런 일이 한두 번도 아니고, 단순이너 학원 이용하는 방법으로 점수 잘 받으면 좀 부끄럽지 않니?

진단순 야, 그게 무슨 소리야? 학원에 갈 수 있어서 간 거고, 그리고 결과적으로 도움을 받은 게 뭐가 잘못이야? 그리고 나는 뭐 하나도 노력을 안 한 줄 아니? 듣기 싫은 학원 수업 듣고 정리해 준 자료 편집하는 것도 힘들었다고.

모의심 야, 그건 내가 아무리 하고 싶고 또 노력해도 할 수가 없었던 거라고. 너는 가만히 앉아서 좋은 자료를 편집만 하고 사용할 수 있었겠지만 말이야.

숙제 금지 정책

사회샘 무슨 일인데 이렇게 언성이 높아졌을까? 혹시 싸우는 거야?

장공부 아니에요. 저희는 음, 자기주도적 학습이 얼마나 중요한 것인지에 관해서 이야기를 나누는 중이었어요. 그렇지 얘들아?

진단순 공부야, 아무리 둘러대는 거지만 그건 좀 아니지 않아?

모의심 그래. 할 말은 해야지. 선생님. 이번 수행평가에 대해 상당히 불만이에요.

사회샘 어? 수행평가? 의심이는 뭐가 불만일까?

모의심
선생님! 수행평가는 학생들이 공부한 과정을 평가하는 것 아닌가요? 근데 매번 과외를 받거나 학원에 다니는 애들만 좋은 성적을 받잖아요. 저는 혼자서 얼마나 열심히 하는데, 정말 이건 불평등의 극치야……

진단순 야, 이게 무슨 불평등이야? 그렇다고 과제를 잘 해 온 학생들에게 나쁜 성적을 줄 수는 없잖아. 잘하면 좋은 성적을, 못하면 나쁜 성적을 받는 거지.

사회샘 저런, 의심이가 수행평가 결과 때문에 많이 속상했던 모양이구나. 사실 선생님도 너희들 수행평가 성적을 매길 때마다 고민이 이만저만한 게 아니란다. 주변의 도움을 받았다고는 하지만 평가 기준에 비추어 월등히 잘한 학생들에게 나쁜 점수를 줄 수는 없는 거니까. 되도록 자기 혼자서 할 수 있는 과제를 내려고 노력은 하는데 말이지.

장공부 이런 문제를 해결하기 위해 과제나 숙제를 없앨 수도 없고…….

사회샘 실제로 과제나 숙제를 없애는 경우도 있지.

진단순 숙제를 없앤다고요? 그런 반가운 소식이?

사회샘 마침 수업 때 쓰려고 편집 중인 뉴스가 있는데 함께 볼래?

앵 커 : 프랑스의 올랑드 대통령과 페이옹 교육 장관은 평등한 교육 기회를 제공해 사회 정의를 실현한다는 취지에서 11세 이하 초등학생의 숙제를 없앨 방침이라고 밝혔습니다. 올랑드 대통령은 아동을 지원하고 평등의

프랑스 초등학교에서의 수업 광경입니다.

가치를 재확립하기 위해 숙제는 가정이 아닌 학교에서 끝내야 한다고 말했습니다. 이에 페이옹 교육 장관도 초등학교 수업을 마친 뒤 매일 30분간 학교에서 숙제를 할 수 있는 시간을 두겠다고 밝혔습니다.

프랑스 학부모 연합 관계자 인터뷰 : 경제적으로 여유가 있는 일부 학부모가 자녀에게 과외를 시켜 결국 불평등한 교육 기회를 제공하고 엘리트 교육 체계를 유지하고 있습니다.

페이옹 인터뷰 : 이번 정책으로 사회 정의를 실현해 모든 학생에게 성공할 기회를 균등하게 제공하기를 바랍니다.

앵 커 : 프랑스의 숙제 폐지 방안이 계획대로 시행될 경우, 초등학생들은 오후 3시 30분부터 4시까지 교사의 감독을 받으면서 교실에서 개인 과제를 마친 뒤 과외 활동을 하거나 귀가하게 됩니다. 앞으로 숙제 폐지 방안에 대한 사회적인 논의가 이어질 것으로 예상됩니다.

진단순 에이, 우리나라 얘기가 아니잖아. 이런 좋은 제도는 빨리 도입해야지. 도대체 정치인들은 뭐 하는 거야 정말······.

장공부 근데 숙제를 폐지하면 학생들의 공부하는 양이 줄어들 텐데. 선생님, 이거 프랑스가 특이한 거죠?

사회샘 숙제 폐지 방안이 우리한테는 좀 새롭지만 사실 세계 곳곳에서 이런 움직임들이 나타나고 있단다. 미국의 한 초등학교에서는 방과 후 30분간 독서를 하는 것으로 숙제를 대체하기로 했고, 독일에서도 일부 학교 얘기지만 숙제 폐지를 시범 운영하는 것으로 결정했다는구나.

장공부

선생님, 도대체 숙제를 폐지하는 이유가 뭐죠?

모의심 장공부. 너, 자꾸 질문하는 게 설마 숙제를 폐지하는 게 싫은 거야?

장공부 아니. 꼭 그런 건 아니지만 그래도 수업 시간에 한 걸 집에서 조금씩 복습하고, 또 예습도 하게 하려면 숙제가 조금은 필요하지 않을까? 폐지는 너무 과격하지 않니?

진단순 공부는 역시 모범생 같은 소리만 하고 있구나. 숙제 때문에 나처럼 학원에 가야 하는 학생들이 얼마나 많은데, 학생들의 공부 부담을 덜어 주는 숙제 폐지 방안에 저는 적극적으로 찬성합니다.

모의심 근데 공부 부담을 덜어 주는 거라면 중고등학교 숙제부터 없애야지. 왜 초등학교 숙제를 없앤대? 초등학생들은 숙제할 것도 거의 없던데.

사회샘 그래. 너희들이 지금 숙제를 없앤다는 얘기에 너무 흥분해서 이 얘기의 취지를 잘 생각하지 못한 것 같은데, 뉴스에도 나오지만 숙제 폐지 방안의 일차적인 목적은 학생들의 공부 부담을 줄이는 게 아니지.

장공부 아, 그러고 보니 아까 뉴스에서 교육 기회를 균등하게 제공하기 위해서 숙제를 폐지한다고 했네요.

모의심 학교에서 숙제를 내지 않는다면 숙제하는 시간이 줄어드니까 공부할 수 있는 기회를 더 줄이는 셈 아닌가요?

사선　여기서 포인트는 교육 기회를 '균등하게 제공'한다는 거지. 바로 평등의 측면에서 숙제를 폐지한다는 거야.

진단순　아이고, 점점 더 복잡해지네. 저는 목적은 별로 관심 없는데, 숙제만 없어 지면 되지 평등은 또 무슨 얘기예요.

사회샘　의심이가 수행평가 때문에 기분이 상한 건데, 사실 숙제도 비슷하단다. 숙 제는 집에서 하는 과제니까. 학교가 아니라 집에서 하는 과제는 가족이나 학원 선생님의 도움을 받을 수 있는 거잖아. 돈 많고, 시간적으로도 여유 가 있는 가정의 학생들이 훨씬 유리할 수밖에 없지. 반대로 경제적 사정이 어렵고 부모들이 일하느라 바쁜 가정의 학생들은 숙제할 때에 도움을 받 기 힘들지 않을까?

모의심　음. 결국 가정환경의 차이 때문에 성적에서 차이가 나는 것은 불평등하다는 게 숙제 폐지 정책의 취지라는 거군 요. 이거 완전 내 생각이랑 똑같은데…….

진단순　평등이니 뭐니 잘 모르겠지만 어쨌든 숙제를 없애는 쪽이라면 나도 반대 할 이유는 없지.

장공부　음. 숙제 폐지 정책의 취지가 교육 평등의 실현에 있었군요. 아무래도 나 이가 어린 초등학생들이 주변의 영향을 더 많이 받을 테니까 중고등학생 보다는 초등학생들의 숙제를 먼저 폐지하려는 것도 이해가 되네요.

사회샘　그래. 공부 말이 맞다. 사실 모든 학생들에게 평등한 교육 여건을 제공하 는 건 오늘날 의무교육을 하고, 또 공립학교가 존재하는 이유라고 할 수 있지. 그런데 만약 숙제가 평등한 교육 기회를 제공하려는 공립학교의 목 적에 맞지 않는다면, 숙제를 없애는 것도 고려할 수 있는 거지.

진단순　학교 자체가 생긴 게 평등 때문이라고요? 에이, 평등이 별로 좋은 게 아니네. 평등만 아니었어도 학교 안 와도 되는 건데.

사회샘 글쎄, 지금은 누구나 당연히 학교를 다니니까 단순이가 그렇게 생각할 수 있어. 하지만 평등하지 못해서 학교를 가고 싶어도 학교를 갈 수 없는 상황이라면 어떨까?

모의심 학교에 갈 기회를 주지 않을 정도로 평등하지 못한 사회가 있었나요?

사회샘 그래. 예전에는 인종이나 재산, 신분 등의 이유로 교육받을 기회 자체를 주지 않는 경우도 많았지. 그런 시대를 사셨던 분을 한번 불러 봐야겠구나. 자, 나오세요. (소환기를 작동한다.)

피부색이 다르다는 이유로 교육받을 기회를 주지 않기도 했다

마 셜 마침 내가 시간을 맞춰 왔군요.

진단순 우리 학교에 웬 외국인 할아버지가 오셨어요?

사회샘 이번 주 사회 수업에 도움을 주실 특별 선생님이셔. 서굿 마셜이라는 이름 들어본 사람 있니?

학생들 누구지…….

서굿 마셜
(Thurgood Marshall)

마 셜 미국에는 내 이름으로 된 학교와 공항도 있는데, 한국 아이들에겐 내가 많이 생소한가 보네요.

장공부 우와, 마셜 님 이름으로 된 공항도 있다고요? 도대체 어떤 유명한 일을 하셨는데요?

마 셜 글쎄. 너무 많은 일들이 있어서 어떤 것부터 이야기해야 할지 모르겠네요. 일단 내 개인적인 얘기부터 먼저 해볼까 합니다. 나는 대학교를 우수한 성적으로 졸업했지만 내가 살던 지역의 메릴랜드 법학 대학원에 입학할 수 없었답니다.

진단순 성적이 낮았나 보죠? 그러게 학원에 가서 열심히 좀 하시지…….

마 셜 아니. 당시 내 성적은 다른 지원 학생들에 비해 매우 우수했어요.

진단순 아니. 그런데 왜 떨어지신 거예요? 법학 대학원은 성적순으로 뽑는 게 아
　　　닌가요?

마　설 내가 떨어진 이유는 단 하나, 내 피부가 검다는 거였죠. 당시 메릴랜드 법
　　　학 전문 대학원은 내가 흑인이라는 것만으로 나의 입학을 거부했어요.

모의심 공부를 잘하는 것은 피부색이랑 아무런 관계가 없잖아요. 근데 실력이 있
　　　는 사람을 단지 인종이 다르다는 이유로 탈락시켰다는 말이에요?

마　설 그때는 그랬죠. 어쩔 수 없이 나는 다른 지역에 있는 하워드 법학 대학원
　　　에 가야 했어요. 나는 이를 악물고 열심히 공부했고 결국 수석으로 졸업해
　　　서 나처럼 불평등으로 피해를 입는 사람들을 위해 인권 변호사로 활동하
　　　게 되었답니다.

장공부 열심히 공부하셔서 결국 성공하셨군요. 어려움을 딛고 꿈을 이뤄낸 멋진
　　　이야기네요.

마　설 근데 이야기가 아직 끝난 게 아니에요. 인권 변호사가 된 뒤에 운명처럼
　　　나와 똑같은 경우의 사건을 맡게 된 거죠.

장공부 무슨 사건인데요?

마　설 도널드 머리라는 흑인 학생이 메릴랜드 법학 대학원을 상대로 낸 소송이
　　　었어요.

모의심 메릴랜드 법학 대학원이
　　　면 마셜 님이 입학하려던
　　　그 학교잖아요. 정말 신기
　　　한 일이네요. 결국 마셜
　　　님이 겪었던 상황을 스스
　　　로 변호하게 되신 거네요.
　　　그래서 결과가 어떻게 되
　　　었나요? 예? 예?

마　설 머리 학생은 완벽에 가까

1963년 앨라배마 대학의 첫 흑인 학생 입학을 막기 위
해 서 있는 월러스와 경찰들입니다.(출처 : 위키미디어)

운 졸업 성적을 가지고 있는 훌륭한 학생이었어요. 그런데도 이런 학생을 떨어뜨리는 건 말도 안 되는 일이었죠. 더욱이 그 대학은 자기 지역 학생들에게 교육 기회를 제공하기 위해 설립된 학교였거든요. 그런데도 충분한 자격이 있는 학생을 거부하는 건 누가 봐도 정당하지 않았답니다. 나는 열정적으로 머리 학생을 변호했고 우리는 주법원 판결에서 결국 승리했지요.

진단순

우와, 정의의 승리네요!

사회샘 마셜 님이 변호해서 승리한 이 판결은 미국에서 흑인을 분리하는 정책에 대한 최초의 도전이라고 할 수 있지. 마셜 님께서는 이 판결에서 멈추지 않고 미국에서 여성이나 장애인, 유색 인종과 같은 소수자를 차별하는 수많은 정책에 도전했단다. 사회의 불평등을 바로잡기 위한 이런 노력들을 인정받아서 결국 미국에서 흑인 최초로 24년 동안 연방대법원의 대법관을 지내셨단다.

마 셜 여러분들이 살고 있는 오늘날에는 그런 차별이 많이 없어졌다고 들었어요. 하지만 현재와 같이 대부분의 사람들이 차별 없는 교육을 받기까지 수많은 사람들이 노력했다는 것을 알아주었으면 좋겠어요.

학생들 예.

마 셜 네, 벌써 시간이 이렇게 되었네요. 나는 이만 판결문을 손보러 가봐야겠네요. 기회가 된다면 다음번에는 더 많은 이야기를 들려 주겠어요. 그럼 안녕. (소환 시간이 다 되어 마셜의 형상이 소멸한다.)

돈이 없어서 좋은 교육을 받을 수 없다면……

장공부 마셜 님 같은 분들 덕분에 더욱 많은 사람에게 교육받을 수 있는 기회가 열렸어요.

사회샘 그래. 더 많은 사람들이 행복한 삶을 누릴 수 있는 계기가 되었지.

진단순 선생님, 근데 요즘은 차별을 해서 학교에 입학시켜주지 않는 경우는 없잖아요. 흑인이라고 차별하는 것도 미국 얘기지 우리나라 얘기가 아니고요. 요즘은 나같이 공부하기 싫은 애들도 강제로 학교 나오게 해서 똑같이 공부시키는데, 이 정도면 불평등 문제는 없는 거 아닌가요?

모의심 그건 아니지. 단순이 네가 나보다 수행평가 성적이 좋은 것만 봐도 여전히 불평등이 존재한다고.

진단순 아니. 그 얘기가 왜 또 나와. 그리고 그건 내가 잘 해서 좋은 성적을 받은 거니까 아무런 문제가 없다고. 너한테 학원을 못 다니게 한 것도 아니잖아.

사회샘 빨리 이 문제를 해결하지 않으면 너희들 정말 싸우겠구나. 선생님이 스크랩해 놓은 자료 하나 같이 볼까?

미국 북동부 뉴햄프셔 주에 위치한 필립 엑스터 아카데미는 하버드 고등학교라고 불린다.

재학 중인 학생들의 학력 수준이 매우 뛰어나며, 학교 시설이 웬만한 고급 사립대학 시설과 맞먹는다. 학교 내에 최첨단 시설로는 천문대, 음악관, 스튜디오, 미술관 등이 있다. 특히 학교 도서관은 저명한 건축가 '루이스

미국 뉴햄프셔 주에 위치한 필립스 엑스터 아카데미 고등학교입니다.(출처 : 위키미디어)

칸'이 디자인하였다. 고등학교 도서관 중에서는 세계 최대 규모로 15만 권이 넘는 도서를 보유하고 있다. … (중략) …

그러나 여기서 겨우 1마일 떨어진 곳에는 애너코스티아(Anacostia)로 알려진 다른 세계가 있다. 애너코스티아의 어느 초등학교에서 한 5학년 여학생은 누가 학교에 돈을 기부하면 길가 화단에 꽃을 심고 싶다고 말한다. "학교는 더러워요. 운동장도 없고요. 교장 선생님 책상 뒤 벽에는 구멍이 나 있어요. 우리가 맨 먼저 해야 할 일은 학교를 수리하는 것이에요. 교장실 벽에 난 구멍도 메워야죠. 여학생 화장실 칸에 문도 새로 달아야 해요."

– 『야만적 불평등』, 조너선 코졸, 문예출판사 –

장공부 우와, 달라도 너무 다른데요?

모의심 그러게. 한쪽은 최고의 시설을 갖추었는데, 다른 한쪽의 시설은 너무 열악하고.

진단순 맞아! 무슨 책이 15만 권이나 있지? 완전 책에 파묻히겠다. 아무래도 그렇게 답답한 학교보다는 구멍 뚫린 학교가 훨씬 더 인간적이지.

장공부 단순아, 그런 얘기가 아니잖아.

진단순 하긴 더러운 화장실은 나도 싫어.

사회샘 이 자료의 두 사례가 말하고 있는 게 뭘까?

모의심 학생들에게 평등한 기회가 주어지지 않는 것 같아요.

사회샘 그래. 앞에서 만났던 마셜 님과 같은 많은 분들의 노력으로 오늘날에는 누구나 공부할 수 있는 최소한의 기회는 얻게 되었지. 학교를 안 보내는 경우는 거의 없으니까 말이야. 하지만 이것만으로 평등이 실현되었다고 볼 수 있을까? 즉, 오늘날에도 가난한 집의 자녀들이 부유한 집의 자녀들에 비해 열악한 환경에서 공부하고 있는 상황을 종종 볼 수 있으니까 말이야.

장공부 학교를 다닐 수 있는 기회를 주는 것은 동등하지만 그 학교의 교육 여건이 얼마나 좋은가 하는 것은 다른 문제겠네요. 실제로 열악한 교육 여건에서는 교육받는 것을 포기하는 사람이 더 많이 생길 테니까요.

모의심 과외 덕분에 높은 점수를 받은 단순이와 혼자 준비하느라 낮은 점수를 받은 저의 수행평가 결과도 비슷한 경우인 것 같아요.

진단순 이건 경우가 다르지. 우리는 같은 학교에 다니잖아. 우리 학교는 선생님이나 시설이 모두 훌륭하니까 의심이 네가 더 소외당했다고 할 수 없는 거 아니야?

모의심 같은 학교에서 공부하는 건 사실이지만 학원을 다닐 수 없는 형편 때문에 결국 내 수행평가 성적이 좋지 않은 거잖아.

장공부 이건 의심이 얘기가 맞는 것 같아. 학원을 못가게 한 것은 아니지만, 갈 수 없는 형편의 학생들도 있는 거라고. 그리고 열심히 공부한 것보다는 부모

님의 경제력 때문에 성적 차이가 난다면 이건 불평등하다고 봐야지.

진단순 뭐, 하지만 그렇다고 경제력을 모두 똑같이 만들어 줄 수도 없잖아.

사회샘 경제력을 모두 똑같이 만들어야 한다는 게 아니라 경쟁을 할 수 있는 기본적인 여건을 비슷하게 만들어 주는 거지. 경쟁을 할 때 서로 조건이 달라서 유리한 조건에 있는 사람들이 항상 승리할 수밖에 없는 구조라면 이건 제대로 된 경쟁이라고 할 수가 없겠지. 이건 사실상 기회를 안 주는 것이나 마찬가지니까.

모의심 그럼, 어느 정도나 기회를 주어야 하는 걸까요? 불리한 조건에 있는 사람들을 소외시키지 않는 평등이라는 것은…….

사회샘 모든 구성원들이 고르게 행복한 삶을 살아가도록 도우려는 사회의 노력은 어떤 방식으로 어느 범위까지 확대되어야 할까? 이 문제에 대해 이미 오랜 시간에 걸쳐 많은 사람들이 고민해 왔단다. 오늘 우리도 그 고민 대열에 합류해 볼까?

진단순 아, 또 수업이구나…….

관점에 따라 어떤 것이 평등한가에 대한 답이 달라진다

진단순 선생님. 솔직히 평등은 그렇게 어려운 것도 아닌데, 수업까지 해야 해요?

사회샘 그럴까? 단순이는 평등에 대해 잘 아나 보네.

진단순 참. 선생님도, 평등이 뭐 별 거예요? 그냥 똑같은 거잖아요. 차별 안 하고 똑같이 대해 주면 그게 평등한 거죠.

사회샘 글쎄, 꼭 그렇다고 말할 수 있을까? 여기에 있는 단순이, 의심이, 공부……. 모두 다 다른데 왜 똑같이 대해 줘야 하지?

진단순 사람이니까?

사 선 정말 단순한 대답이구나. 그럼 모두 똑같은 사람이니까 수행평가 성적도 모두 똑같이 주면 그게 평등한 걸까?

242

장공부 그건 아니죠. 열심히 한 사람도 있고 대충 한 사람도 있을 텐데. 모두 똑같은 성적을 주다니요. 그건 평등이 아니에요.

사회샘 그럼, 어떻게 해야 평등한 걸까?

진단순 음. 똑같은 기준으로 대해 주면 되죠. 채점할 때 똑같은 기준으로 하시잖아요. 하하. 내가 생각해도 이번에는 대답을 잘한 것 같아.

사회샘 무조건 똑같은 기준만 고집하는 것도 평등이라고 할 수는 없을 것 같은데.

모의심 맞아요. 똑같이 100m 달리기를 해서 걸린 시간이 20초가 나왔다고 해도 사람에 따라서 평가는 달라질 수 있는 거잖아요. 예를 들면 다리가 불편한 학생이 20초 걸렸다면 그건 칭찬해 주어야겠죠. 하지만 반대로 그 20초가 평소에 11초대를 뛰는 국가 대표선수가 대충 뛰어서 나온 결과라면 이건 야단을 맞아야죠.

진단순 아, 뭐야. 내가 얘기만 하면 다들 트집을 잡네. 그런 특별한 상황을 얘기하니까 이상한 거지. 평소에는 평등 가지고 문제 되는 일은 없잖아요. 괜히 나한테만 그래…….

사회샘 단순아. 특별한 상황에만 국한된 것이 아니라 평소에도 평등의 개념을 둘러싸고 많은 논쟁이 있단다. 세금 문제만 해도 그렇지.

진단순 세금 문제요?

사회샘 그래. 세금을 어떻게 걷는 것이 평등한 걸까?

진단순 세금은 똑같이 걷어야죠.

사회샘 그러니까 어떻게 걷는 게 똑같이, 즉 평등하게 걷는 걸까?

진단순 뭐, 똑같은 금액을 세금으로 걷으면 되지 않을까요? 똑같은 금액을 세금으로 내면 그게 평등한 거잖아요.

사회샘 아까 했던 얘기랑 같은 건데, 그럼 1년에 10억 원을 버는 사람과 1년에 1천만 원 버는 사람이 똑같이 세금을 500만 원씩 낸다고 하면 어떨까? 그게 평등한 걸까?

모의심 그건 1년에 1천만 원 버는 사람한테 너무 불리한 거잖아요.

사회샘 아무래도 좀 그런 생각이 들 수 있겠지. 그럼 어떻게 하는 것이 평등한 걸까?

장공부 버는 돈에 대비해서 세금을 내는 비율을 똑같이 하면 되잖아요. 예를 들면 10%씩만 세금을 낸다고 하면 10억 원 버는 사람은 1억 원을 내고, 1천만 원 버는 사람은 100만 원을 내고.

진단순 맞아, 맞아. 그러면 되겠네.

모의심 아까보다 조금 나아지기는 했지만 10억 원 버는 사람은 여전히 9억 원이 남으니까 살아가는데 문제가 없을지 모르지만 1천만 원 버는 사람이 100만 원을 세금으로 내고 나면 살기가 어려울 수도 있지 않을까요?

사회샘 그래. 물론 그럴 수도 있지. 그래서 누진세라는 게 있지. 돈을 더 많이 버는 사람에게는 세율을 더 높이는 거야. 예를 들면 10억 원 버는 사람은 세율을 30%로 하고, 1천만 원 버는 사람은 세율을 5%나 그 이하로, 아니면 아예 세금을 안 걸 수도 있고.

진단순 그게 평등한 거예요? 저는 오히려 불평등한 거 같은데.

사회샘 그래. 물론 그렇게 생각할 수도 있지. 선생님이 말하고 싶은 것은 같은 상황을 두고도 평등에 대한 생각이 다르면 판단이 달라질 수 있다는 거야. 어떤 사람은 평등하다고 하겠지만 어떤 사람은 평등하지 않다고 생각할 수도 있으니까.

진단순 매번 느끼는 거지만 사회는 정말 너무 복잡해.

장공부 그래도 수업 잘 들으면 이해되는 것도 많잖아. 단순아, 힘내!

사회샘 이제 제대로 된 평등 논의를 시작하는 건데 좀 더 힘내보자.

진단순 예…….

무조건 전부 똑같게 만드는 것이 평등일까?

장공부 선생님, 평등에 대한 논의는 언제부터 시작되었을까요?

사회샘 정말 답하기 어려운 질문이구나. 사실 차별받지 않고 동등하게 대우받고 싶어 하는 것은 인간의 본성이라고도 할 수 있어. 이미 먼 옛날부터 평등은 논쟁의 대상이었지. 교과서에 등장하는 것처럼 고대 그리스에서도 평등에 대한 다양한 관점이 존재했고, 또 논쟁이 이어졌으니까 말이지. 더구나 시대가 바뀌면서 평등에 대한 관점이 계속 바뀌어 왔기 때문에 평등에 대한 논의는 정말 복잡하단다.

진단순 선생님. 설마, 그 복잡한 논의를 다 하시려는 건 아니겠죠? 그건 정말 저같이 공부를 싫어하는 학생들에게 불평등한 조치라고요.

사회샘 물론 평등에 대한 논의를 다 공부할 수는 없겠지. 하지만 평등의 의미에 대해 대략적인 틀은 잡아야 할 텐데 누구를 부르면 좋을까? (아리스토텔레스의 사념이 소환된다.)

아리스토텔레스 평등 얘기를 하려면 나를 불러야지요.

장공부 아니, 선생님은 교과서에서 얼굴을 본 것 같은데……. 혹시 플라톤 님의 제자인 아리스토텔레스 님 아닌가요?

아리스토텔레스 맞아요. 하하. 참 똑똑한 학생이군요. 한국에 철학 학원을 하나 만들까 해서 현장 조사차 학교에 들렀는데, 마침 내가 관심 있는 주제로 이야기를 나누는 것을 듣고 이렇게 왔지요.

아리스토텔레스(Aristotle)

진단순 평등 얘기한다면서 다들 제가 못 알아듣는 이야기만 하는 불평등한 상황이었어요. 아리스토텔레스 님께서 생각하시는 평등을 좀 간단하게 설명해 주실 수 있나요?

아리스토텔레스 평등은 크게 절대적인 평등과 상대적인 평등으로 나눌 수 있어요.

장공부

> 절대적 평등과 상대적 평등이요?

아리스토텔레스 그렇습니다. 절대적 평등은 말 그대로 절대적으로 모든 면에서 동등해야 한다는 거죠.

모의심 잠깐만요. 아까 잠깐 얘기가 나왔지만 인간은 모두 서로 다른데 어떻게 모든 면에서 동등하게 만든다는 거죠?

아리스토텔레스 의심 학생이 질문 잘했습니다. **절대적 평등**은 인간의 의지로 어떻게 할 수 없는 부분은 제외시키는 입장입니다. 그 외에 다른 모든 면에서는 서로를 동등하게 대우해야 한다는 것이지요. 예를 들어 나이를 똑같게 할 수는 없지만 투표에 참여할 권리 같은 것은 똑같이 부여할 수 있겠지요.

모의심 그렇다고 해도 쉽지 않을 것 같은데요.

아리스토텔레스 뭐, 그렇긴 하죠. 절대적 평등은 획일성(uniformity), 일체성(identity), 동일성(sameness) 등으로 표현할 수 있죠. 절대적 평등에서는 '일체의 차별', 일체의 '사회적 불평등'을 거부합니다. 우리가 할 수만 있다면 모든 면을 동등하게 만드는 겁니다. 나는 절대적 평등을 '산술적 평등'이라고 표현하기도 했습니다.

장공부

> 아, 산술적 평등. 들어본 것 같다. 그냥 단순하게 똑같이 대우하는 것을 산술적 평등이라고 배웠던 것 같아요.

아리스토텔레스 네, 여러분들 수준에서는 그렇게 얘기하는 게 더 쉽겠군요.

모의심 그럼, 상대적 평등은 뭐죠?

아리스토텔레스 상대적 평등은 일단 모든 것을 다 동등하게 만들어야 한다는 것에 반대하죠. 그리고 사회적 차별은 불가피하다고 봅니다.

246

모의심   이건 좀 현실적이긴 하네요. 하지만 차별을 받아들이는 걸 평등이라고 할 수 있나요? 이상한데…….

아리스토텔레스   모든 차별을 다 받아들이는 것은 아니고 **상대적 평등**은 개인이 가진 능력, 업적 등이 다르다면 그에 대한 사회적 보상이 달라야 한다는 겁니다. 대신 정당하지 못한 '특권적 차별'만은 거부하지요. 이런 입장에서는 모든 사회적 불평등을 거부하는 것은 아니고 필요하고 정당화될 수 있는 사회적 불평등은 받아들이는 겁니다. 나는 이것을 산술적 평등과 대비해서 '비례적 평등'이라고 표현했습니다.

진단순   평등이면 그냥 평등이지, 비례적이나 산술적이라는 말은 왜 사용하신 거예요? 오히려 헷갈리는데…….

아리스토텔레스   그럴 수도 있겠네요. '비례적'과 '산술적'이라는 말을 좀 더 단순하게 표현해 볼까요? 예를 들어, 갑과 을이라는 두 사람이 있다고 상상해봅시다. 그런데 갑이라는 사람이 어떤 자원을 지나치게 많이 가지고 있다고 해보죠. 이때 갑과 을을 평등한 상태로 만들기 위해서는 어떤 조치가 필요할까요?

진단순   갑이 가지고 있는 자원을 을에게 나눠주면 돼요. 두 사람이 동일한 양만큼 갖게 될 때까지요.

아리스토텔레스   그렇습니다. 단순이 학생 말처럼 두 사람이 가진 자원을 동일한 양으로 조정하는 평등을 산술적 평등이라고 합니다. 산술적 평등은 말 그대로 양적인 개념이 모든 사람에게 동일한 것을 주는 것이지요.

모의심   그럼 비례적 평등은요?

아리스토텔레스   비례적 평등은 시민들을 비교할 수 있는 동일한 척도와 원칙을 정한 뒤에 각자의 공적이나 특성에 따라 다른 몫을 받게 만드는 겁니다. 한 사회의 시민들은 서로 다른 능력과 자질을 가지고 있기 마련인데 이렇게 시민들의 능력과 자질이 다르다면 그에 따라서 받아야 할 지위나 공직, 명예, 보상 등이 달라야겠죠. 이건 앞서 말한 산술적 평등과 비교하면 다소 질적인 개념이라고 할 수 있는 겁니다.

진단순

> 공부를 잘하는 공부에게는 책을 주고, 게임을 잘하는 저에게는 게임기를 주고, 뭐 이런 건가요?

아리스토텔레스 맞습니다. 즉, '비례적 평등'은 '모든 사람에게 자기의 것을 주는 것'이라고 표현할 수 있지요.

장공부

> 아리스토텔레스 님은 그럼 산술적 평등이랑 비례적 평등이랑 어느 쪽이 더 바람직하다고 보시나요?

아리스토텔레스 저는 국가를 구성하는 정당한 의미의 평등은 비례적 평등이라고 생각합니다. 사람들이 가진 '가치' 또는 '품위'라는 척도에 따라 정치적 권력을 다르게 분배하는 것이 국가를 더 조화롭게 구성한다고 믿기 때문이지요.

모의심 산술적 평등은 별로인가요?

아리스토텔레스 예. 제 입장에서는 그렇습니다. 왜냐하면 산술적 평등은 국가에 더 많은 봉사를 한 사람을 부당하게 대우하기 때문입니다. 산술적 평등에 따른다면 국가에 헌신한 사람이 마땅히 더 많은 보상을 받아야 함에도 불구하고 별다른 노력을 하지 않은 사람과 똑같은 양을 받게 됩니다. 국가에 공헌한 사람들이 불공평한 보상을 받게 되면 결과적으로 억울한 사람들이 생길 수밖에 없고 이것이 국가나 정치 체제가 혼란스러워지는 주된 이유라고 할 수 있지요. 정치 체제가 모두의 행복을 보장하려고 한다면 산술적 평등은 받아들일 수 없는 잘못된 평등인 것입니다.

사회샘 아리스토텔레스 님의 주장은 흄 님의 주장과도 통하는 면이 있어요. 흄 님은 '산술적 평등'과 같은 상황을 완전 평등이라고 보고 현실성이 없다고 생

248

각했거든요. 설사 실행이 가능하다 할지라도 불평등을 수정하기 위해서는 막강한 정치권력의 집중이 필요하기 때문에 이러한 정치권력은 무자비한 독재 정치로 타락하기 쉽다고 지적하기도 했고요.

아리스토텔레스 흄 님의 주장까지는 몰랐는데 뭐, 내 주장이랑 비슷한 면이 있기는 하군요. 어쨌든 산술적 평등보다 비례적 평등이 바람직하다는 제 생각은 지금도 변함이 없습니다.

비례적 평등의 비례는 어떤 기준에 따라 결정되어야 하는가?

모의심

그런데요. 산술적 평등은 모든 사람에게 똑같이 나눠주면 되는 거니까 오히려 간단한 것 같은데요. 비례적 평등은 사람에 따라 달라져야 한다면 또 다른 기준이 필요한 거잖아요. 만약 기준이 이상하면 불평등이 더 심화되고 문제가 커질 것 같기도 한데요?

아리스토텔레스 의심이 학생이 정말 좋은 지적을 했네요. 비례적 평등에서는 당연히 그 기준이 중요합니다. 아마 대부분의 사람들은 각자가 가진 '가치'에 따라 자원을 나눠 주어야 한다는 데는 대체로 동의할 수 있을 겁니다. 하지만 구체적으로 '가치'의 내용을 무엇으로 할지에 대해서는 사람들마다 생각이 다른 것이 사실이죠.

장공부 아리스토텔레스 님께서는 가치의 기준이 뭐가 되어야 한다고 생각하세요?

아리스토텔레스 저는 국가의 운영, 즉 정치와 관련된 얘기를 주로 했기 때문에 정치권력을 나누는 기준이 되는 가치를 중심으로 말씀드리죠. 예를 들면 좋은 가문과 부의 소유, 도덕적 정의감과 용기, 높은 수준의 교양과 교육 등이 그런 가치라고 할 수 있습니다. 이렇게 높은 가치를 가진 사람들이 더 많은 정치권력을 분배받는 국가가 진정으로 평등하고 올바른 국가가 되는 것이죠.

사회샘 우리가 지금 얘기하는 평등은 정치권력 말고도 다양한 자원에 관한 것이니까, 비례적 평등의 기준은 충분히 달라질 수 있습니다. 그런 의미에서 단순

아, 너는 비례적 평등의 기준이 되는 '가치'의 내용이 뭐가 되면 좋겠니?

진단순 음, 외모는 어때요? 요즘 사회에서는 외모가 무척 중요하잖아요. 일단 잘
생기고 봐야죠. 하하.

모의심 단순아. 그게 말이 되니? 아무리 자기 맘대로라지만 잘생긴 순서대로 자원
을 배분하다니. 그건 정말 운이잖아. 차라리 IQ가 높고 똑똑한 정도는 어
때? 아무래도 똑똑한 게 중요하지. 이건 아리스토텔레스 님도 찬성하실 것
같은데?

진단순 IQ도 어차피 운인 건 마찬가지잖아. 내가 머리가 안 좋은 게 내 탓이냐고
정말.

장공부 그런 면에서 나는 개인의 노력과 성실성이 가장 중요하지 않을까 싶은데.
왜냐하면 성실하게 노력하고 많은 일을 해낸 사람은 사회에 이로운 사람
이고 사회 발전에도 도움을 줄 테니까 이게 기준이 된다면 많은 사람들이
더 노력을 할 거고 그럼 더 좋은 사회가 될 거 같아.

아리스토텔레스 다들 의견이 재미있네요. 여러분들이 말한 기준들이 다 의미가
있겠군요. 오히려 그중 어느 특정한 하나만 절대적인 기준이 된다고 말하
면 그게 잘못이겠죠. 한쪽으로 치우친 기준은 사회적 혼란을 야기할 수 있
으니까요.

사회샘 무엇을 기준으로 다르게 대우해야 할 것인가의 문제는 아무래도 좀 복잡
하겠군요. 시대나 사회에 따라서 사람들의 생각이 다를 테니까요. 어쨌든
아리스토텔레스 님 얘기를 통해서 비례적 평등에 대해 생각하고, 또 그 기
준이 중요하다는 것은 확실히 이해할 수 있었습니다.

아리스토텔레스 예. 어쨌든 여러분들 논의에 도움을 주어서 나도 기쁩니다. 아주
오래된 내 주장이 아직도 시사하는 바가 있다니 뿌듯하군요. 그럼 나는 이
만 원래 하려던 현장 조사나 하러 가 봐야겠네요. 그럼 안녕히 계세요. (아
리스토텔레스의 형상이 사라진다.)

학생들 안녕히 가세요.

어디까지 평등하게 만들어 줘야 하는가?

모의심 선생님, 아리스토텔레스 님 얘기를 통해서 무조건 똑같게 하는 것만이 평등이 아니라는 것은 알았지만 그러다 보니 '어떻게 다르게 대우할까?'에만 초점이 맞춰진 것 같아요. 이게 평등 논의가 맞나요?

사회샘 그래. 역시 의심이가 예리하구나. 사실 아리스토텔레스 님의 얘기는 평등의 의미를 구분해 준 것이라고 할 수 있지. 실제 내용상으로는 사람들을 다르게 대우하는 비례적 평등은 평등보다는 정의(justice)에 가까운 설명이지. 그에 비해 오늘 우리가 다루는 주제는 어느 정도까지 사람들을 동등하게 대우해야 하는가 하는 것이 핵심이고.

진단순 그래서 도대체 어느 정도나 똑같이 다루어 줘야 하는 게 진짜 평등이에요? 점점 더 복잡해지는 것 같네.

사회샘 어디까지 동등하게 대우하는 것이 진정한 평등인가 하는 문제도 쉽게 해결될 수 없지. 이와 관련해서도 무척 다양한 논의가 존재하니까 말이야.

장공부 그래도 선생님께서 잘 설명해 주시겠죠?

사회샘 일단, 어디까지 평등하게 만들어 주어야 하는가와 관련해서 크게는 세 가지 유형의 평등을 생각해 볼 수 있겠구나.

모의심 세 가지요?

사회샘

그래. 첫 번째는 '기회의 평등(equality of opportunity)'이고, 두 번째는 '조건의 평등(equality of condition)', 그리고 마지막 세 번째는 '결과의 평등(equality of outcome)'이지.

진단순 세 가지씩이나, 아이고……. 머리 아프다.

사회샘 예를 통해 살펴보면 그리 어렵지는 않을 거야.

기회를 동등하게 부여하는 것이 가장 기본적인 평등이다

사회샘 제일 먼저 살펴볼 것은 **기회의 평등**이야. 기회의 평등은 평소에도 많이 들어 봤겠지?

장공부 말 그대로 모든 사람들에게 동등하게 기회를 준다는 거잖아요. 오늘날 민주주의 사회에서 누구나 모든 사회제도의 혜택을 받게 하는 것이 바로 기회의 평등이죠.

사회샘 그래. 공부가 잘 설명해 주었구나. 기회의 평등은 가장 기본적인 의미의 평등이라고 할 수 있지.

모의심

> 모든 사람들에게 동등하게 기회를 부여한다는 얘기는 그 다음에 결과는 달라질 수 있다는 거죠?

사회샘 그렇지. 기회의 평등에서 중요하게 생각하는 것은 보통 능력이나 노력이란다. 모든 개인은 자신의 소질과 능력을 자유롭게 계발할 평등한 권리와 기회를 가질 뿐 아니라 동일한 업적에 대해 동일한 보상이 주어져야 한다고 보는 거지.

장공부 능력에 따라 자유롭게 경쟁하고 성취 정도에 따라 재산을 축적하는 오늘날 자본주의 사회에서 가장 널리 퍼져 있는 평등 개념이라고 할 수 있겠네요.

사회샘 기회를 동등하게 준다는 말이 현대를 살고 있는 너희들에게는 너무나도 당연한 표현처럼 들릴 수도 있어. 오늘날의 사회는 민주주의 사회이고 민주주의라는 게 모든 사람들에게 동등한 권리를 주는 것에서 시작되니까 말이지. 하지만 신분이나 재산, 성별 등에 따라 차별이 심했던 과거에는 이렇게 기회를 동등하게 부여한다는 생각 자체를 하기가 어려웠지.

모의심 아까 나오셨던 마셜 님께서는 흑인이라는 이유로 학교에 입학할 기회조차 없었잖아요.

사회샘 그래 맞아. 피부색을 이유로 기본적인 기회를 주지 않는 것은 기회의 평등에 어긋나는 대표적인 사례라고 할 수 있지.

미국 여성들이 투표할 권리를 요구하며 시위를 하고 있는 모습입니다.

진단순 그래도 잘 해결됐으니까 다행이죠. 근데 마셜 님 사례를 생각하니 기회의 평등은 가장 기본적인 것인데도 그다지 일찍 실현된 건 아닌가 봐요.

사회샘 단순이가 오랜만에 좋은 질문을 해주었구나. 기회의 평등이 가장 기본적인 평등이기는 하지만 기회의 평등조차도 고르게 보장되기 시작한 건 비교적 최근이라고 할 수 있어. 민주주의 사회에서 가장 기본이라고 할 수 있는 투표권을 모두에게 동등하게 부여한 것도 얼마 되지 않았으니까.

장공부

맞아요. 저 같은 여성들이 투표권을 얻은 지 겨우 100년 정도 지났다고 들었어요.

사회샘 그래. 얘기 나온 김에 언제부터 여성이 투표권을 행사하게 되었는지 살펴보는 것도 좋겠구나. 너희들은 영국, 뉴질랜드, 프랑스, 미국 이렇게 네 나라 중에 어느 나라가 여성 투표권을 가장 먼저 인정했을 것 같니?

모의심 저는 프랑스일 것 같아요. 프랑스는 '자유, 평등, 박애'를 외친 프랑스대혁명이 일어난 나라잖아요.

장공부 저는 미국일 것 같은데요. 미국이 세계 최초의 민주 공화국이잖아요. 당연히 여성 투표권도 먼저 인정해줬겠죠.

진단순 뭐야, 내가 하려던 거 다 해버렸네. 설마 뉴질랜드는 아니겠죠? 역사 얘기
할 때 뉴질랜드 나오는 거는 못 봤는데.

사회샘 하하. 각 국가와 관련된 역사적 사건이나 이미지를 떠올려보니, 너희들이
그렇게 생각할 만도 하구나. 하지만 전 세계적으로 여성의 투표권을 가장
먼저 인정한 국가는 바로 뉴질랜드란다.

학생들 우와! 진짜요?

사회샘 그래. 뉴질랜드는 1893년에 여성의 투표권을 인정했지. 그 다음이 영국으
로 1918년, 미국은 영국보다 늦은 1920년에, 프랑스대혁명으로 알려진 프
랑스는 무려 1944년이 되어서야 여성에게 투표할 기회를 부여했단다.

진단순 설마 했는데, 뉴질랜드가 1위라니…….

장공부 오늘날에는 너무나 당연하게 생각하지만 여성들이 투표권을 가지게 된 게
정말 얼마 되지 않았네요. 단지 여성이라는 이유로 자신의 정치적 의견을
표현할 기회조차 갖지 못했다니 같은 여자로서 너무 화가 나네요.

수잔 B. 앤서니(1820~1906)

앤서니 여사는 여성의 투표권 보장을 주장하는
연설을 매해 75회에서 100회까지 약 45년 동안이나
계속했다. 뿐만 아니라 여성의 투표권과 관련한 시
민운동을 조직하고 주도하였다. 이와 같이 열정적인
활동과 노력 덕분에 그녀는 미국 여성 인권운동의
대표 인사가 되었다.

수잔 B. 앤서니
(Susan B. Anthony)

앤서니 여사를 비롯한 많은 사람들의 노력은
1918년에 빛을 보았다. 대통령이 여성 투표권을 연
방헌법에 명문화할 것을 의회에게 요청하였고,
1920년에 추가 수정 조항 제19조로 여성 투표권이 미국 헌법에 명시되었다.

모의심 늦긴 했지만 여성들에게 투표권이 부여되기도 했고 기회의 평등이 보장된
        것은 잘 된 일이네요. 근데 이런 기회의 평등 개념이면 충분한 것 같은데,
        다른 평등 개념이 있다니 기회의 평등 개념이 무슨 문제가 있는 건가요?

사회샘 음. 기회의 평등 자체를 반대하는 사람은 거의 없지. 하지만 다른 평등 개
        념을 주장하는 사람들은 기회의 평등만으로는 부족하다고 생각한단다.

형식적인 기회의 평등만으로는 부족하다

진단순

> 기회의 평등으로 부족하다고요?

장공부 수업 시작할 때 좋은 교육 여건이 갖춰진 학교와 그렇지 않은 학교를 비교
        했었는데 그 문제 아닌가요? 단순히 기회를 똑같이 부여하는 것만으로 평
        등하다고 할 수 없다고 했었잖아요.

사회샘 그래. 잘 기억하고 있구나. 사실 그냥 형식적으로 기회의 평등만을 보장하
        는 것은 오히려 불리한 위치에 있는 사람들에게 더욱 가혹한 조치가 되기
        도 해.

모의심 더 가혹하다고요?

사회샘 응. 그럴 수 있지. 만약 어떤 시각장애인이 대학에 가고 싶어서 시험을 치
        른다고 해보자. 이때 기회의 평등은 뭘까?

진단순

> 뭐, 그 시각장애인도 시험을 치르게 해주는
> 거죠. 눈이 안 보인다고 시험을 못 치게 막으
> 면 안 되겠죠.

사회샘 물론 그렇겠지. 하지만 그 시각장애인에게 똑같이 시험을 치르게 한다고
        해서 시각장애인이 시험을 잘보고 좋은 성적으로 대학에 갈 수 있을까?

장공부 글자가 안 보이는데 어떻게 시험을 잘 치르겠어요?

사회샘 만약 대학에서는 똑같이 시험을 칠 수 있는 기회를 주었으니까 평등한 거

라고 말한다면 이 얘기를 듣는 시각장애인은 어떤 생각을 하게 될까?

진단순 더 가혹할 수 있다는 게 이해가 되네요. 기회가 주어졌다고 남들처럼 잘 해낼 수 있는 건 아니니까요. 저도 어차피 시험을 못 볼 게 뻔한데, 시험을 잘 치면 용돈을 올려 주겠다고 하는 부모님 말씀을 들으면 화가 나더라고요. 놀리는 것도 아니고…….

사회샘 뭐, 그렇게 생각할 수도 있겠네. 어쨌든 이런 이유로 기회의 평등은 형식적인 평등일 뿐 실질적인 평등을 보장하지는 않는다는 비판이 제기된 거야.

모의심 그래서 나온 것이 조건의 평등인가요?

사회샘 그래, 맞아. **조건의 평등**에서는 경쟁에 참여하는 모든 구성원이 동일한 출발점에서 경쟁할 수 있도록 실질적으로 평등한 기회를 부여하는 것을 상조하지.

진단순 자꾸 실질적으로 평등한 기회라고 하시는데, 그게 뭐예요? 알 것 같기도 한데 정확히 잘 이해는 안 되는 것 같아요.

사회샘 방금 얘기한 시각장애인 사례로 생각해 볼까? 시각장애인이 다른 학생들과 동등한 입장에서 시험을 치르기 위해서는 어떤 조치가 필요할까?

장공부 음……. 눈이 안 보이니까 문제를 읽을 수 있으려면 점자 같은 것으로 된 시험지를 제공해야 하지 않을까요? 전에 뉴스에 보니까 우리나라에서도 그렇게 하는 것 같던데.

사회샘 그래. 그런 조치가 필요하겠지. 또 점자로 된 시험지를 읽는 데는 보통 사람들이 시험지를 보는 것보다 더 오랜 시간이 필요하니까 시험 시간도 더 늘려 줄 필요가 있을 것이고.

모의심 그런 조치들을 취하면 시각장애인이라는 불리한 조건을 어느 정도 줄일 수 있겠네요. 그럼 진짜 실력으로 승부하게 되는 거고요.

사회샘 그래. 그게 바로 조건의 평등이라고 할 수 있지. 조금 전에 여성의 투표권 문제를 기회의 평등으로 얘기했는데 사실은 이것도 조건의 평등을 필요로 한단다.

장공부 어떻게요?

사회샘 앞에서 살펴본 것처럼 1900년대 초중반이 지나면서 많은 나라의 여성들이 투표권을 얻게 되었어. 즉, 기회의 평등이 보장된 거지. 하지만 그럼에도 불구하고 여성들의 투표율이 그렇게 높지는 않았단다. 왜 그랬을까?

진단순 여성들이 투표하기를 귀찮아해서 그런 게 아닐까요?

모의심 단순아, 그게 무슨 말이야? 그럴 리가 있니?

장공부

> 투표권은 있는데 투표율이 낮다. 그럼 혹시 실제로 투표하기 어려운 뭔가 다른 이유가 있지 않을까요?

사회샘 그래. 역시 공부가 정확히 이해했구나. 여성의 투표권이 보장되었지만 실제 여성들의 사회적 지위가 높지 않은 상황이어서 여성들이 투표장에 가는 게 쉽지가 않았지. 일단 청소나 육아와 같은 가사 노동을 전담하는 상태에서 투표하러 갈 수 있는 시간적 여유도 많지 않았고 또 여성들의 교육 수준도 낮은 상태여서 투표를 해야 한다는 의식이 있는 여성이 많지 않았으니까. 일부 투표할 생각이 있는 여성들의 경우에도 투표장에 들어설 때 이상하게 쳐다보는 남성들의 시선이 부담스러워서 투표를 포기하는 경우도 있었고.

진단순 그렇게 되면 투표권이 있으나마나잖아요.

사회샘 투표권이 없는 것보다는 낫지만 이것만으로는 너무 부족한 거지. 그런 상황에서 여성들의 의견이 투표를 통해 실질적으로 대표될 수는 없었던 거야.

모의심 그럼 여성들의 투표권이 진정한 의미에서 보장되기 위해서는 어떤 노력이 필요할까요?

사회샘 　먼저 여성의 지위와 가사노동에 대한 사회·문화적 차원의 인식이 개선될 필요가 있어. 그리고 여성들에게 더 많은 교육적 기회가 주어져야지.

장공부 　여성이 주어진 투표권을 제대로 행사할 수 있도록 제반 조건을 갖추어야 한다는 말씀이시군요.

모의심 　여성뿐만 아니라 남성도 사회 구성원으로서 선거와 관련된 권리가 보장되지만 실질적으로 자기 권리를 행사하기 어려운 경우들이 있을 것 같아요. 우리나라 선거에서 조건의 평등 차원의 노력을 보여 주는 제도가 있을까요?

장공부 　아, 선거일을 국가 차원에서 휴업일로 지정한 이유가 조건의 평등을 보장하기 위한 것 아닐까요? 아무래도 쉬는 날이어야 바쁜 일이 많은 사람도 투표하러 가기가 쉬울 테니까요. 지방선거인가는 투표 시간도 더 연장하는 것 같던데.

사회샘 　그래, 맞아. 투표일을 휴업일로 지정하거나 투표 종료 시간을 늦추는 것도 조건의 평등을 실현하기 위한 대표적인 조치 중 하나라고 할 수 있지. 또 공영선거제 역시 조건의 평등을 보장하기 위한 조치란다.

모의심 　공영선거제요?

사회샘 　그래. 공영선거제는 후보자들이 선거운동을 하는 데 사용되는 비용의 일부 또는 전부를 국가가 부담하는 거지.

진단순 　에이, 국가가 선거 비용까지 다 보태 줄 필요가 있어요?

사회샘 　사실 선거는 돈이 많이 들기 때문에 유능하지만 돈이 없어서 선거에 출마하지 못하는 사람이 있기 마련이거든. 그런데 국가가 그런 선거 비용을 보전해 주면 유능하지만 경제적으로나 사회적으로 자원이 부족한 후보자에게 실제로 당선될 수 있는 기회를 제공하는 거라고 할 수 있지. 아무래도 사회적으로나 경제적으로 열악한 조건에 있는 사람들이 정치판에 뛰어든다는 건 큰 모험일 텐데, 공영선거제는 그중 적어도 경제적 부담만큼은 줄여 주는 거니까 조건의 평등을 실현하는 조치인 거지.

한국의 공영선거제

우리나라의 공영선거제는 제3공화국 때부터 실시되고 있다. 현행 선거법에서는 선거 사무원의 수당, 벽보와 인쇄물 작성 비용, 신문·방송 광고 비용, 방송 연설 비용, 합동 연설회 비용, 공개 장소에서의 연설·대담 비용, 투·개표 참관인 수당 등에 소요되는 비용을 국가나 지방자치단체에서

중앙선거관리위원회

부담하도록 하고 있다. 하지만 아직까지 다소간의 한계도 있다. 현재 모든 후보자의 선거 비용을 부담하기에는 재정적인 부담이 있기 때문에 선거 결과 일정한 득표를 한 후보자에 대해서만 선거 비용을 보전해 주고 있다. 그래서 대부분의 후보자는 선거 비용의 상당 부분을 자비로 부담하고 있는 현실이다. 그리고 인터넷 및 전화에 의한 선거운동 비용도 후보자 본인이 부담하고 있다.

결과까지 평등한 것이 진짜 평등 아닐까?

장공부 조건의 평등이 실현되는 것만으로도 상당한 발전인 것 같네요. 하지만 세부적으로 그런 조건들을 다 평등하게 만들어 주는 게 쉬운 일은 아닐 텐데.

사회샘 그래. 조건의 평등을 잘 실현하는 것은 쉬운 일은 아니지. 그런데 이런 조건의 평등보다 더 나아가야 한다는 생각이 바로 결과의 평등이란다.

진단순

그건 결과까지 평등하게 한다는 건가요?

사회샘 쉽게 생각하면 그렇게 말할 수 있지. **결과의 평등**은 법이나 정치적 수단을 동원해서 개인이 가진 가정 배경이나 자연적 능력에 관계없이 모든 사람의 마지막 결과가 동등해지는 것을 추구한단다.

모의심 사람의 생김새가 다 다르듯이 신체적 조건이나 가정 배경, 주어진 성격이나 능력은 모두 다르지 않나요? 그런데 이렇게 서로 다른 사람들을 결과적으로 모두 같게 만들어 준다는 것이 가능할까요?

장공부 그리고 보니 아까 아리스토텔레스 님도 말씀하셨지만 그런 결과의 평등이 가능한가와 별개로 그런 평등은 바람직하지도 않잖아요. 공부를 안 해서 시험을 못 본 단순이와 공부를 열심히 해서 시험을 잘 친 제가 똑같은 성적을 받는다는 거잖아요. 완전 끔찍한데…….

진단순 갑자기 내 얘기가 왜 나와? 나 이번 수행평가는 잘 받았다니까.

사회샘 흔히 결과의 평등이라고 하면 공부가 말한 것처럼 부정적으로 생각하는 경향이 많긴 해. 하지만 결과의 평등은 공장에서 같은 상품을 찍어 내듯이 모든 사회 구성원을 똑같은 모양으로 획일화시킨다는 뜻은 아니야.

모의심 그러면요?

사 선

앞에서 살펴본 기회의 평등이나 조건의 평등은 넓게 보면 모두 동등한 출발점에 서게 하는 것을 중요하게 생각하고 그 다음에는 개인의 노력과 능력으로 결과를 성취해 낼 것을 유도하지. 하지만 개인의 노력이나 능력과는 무관하게 우리 사회에서 함께 살아가는 구성원이라면 동등하게 누려야 할 최소한의 기본적인 수준 같은 게 있지 않을까?

장공부 복지 같은 것을 말씀하시는 건가요?

사회샘 그래. 복지가 그런 최소한의 영역이라고 할 수 있어. 특히 의료 부문이야말로 결과의 평등을 이야기할 때 자주 언급되는 복지 영역이라고 할 수 있지.

우리나라의 경우도 의료 보험 제도를 운영하고 있는데, 적어도 우리 국민이라면 최소한의 의료 수준은 동등하게 보장받는 거잖아. 이런 게 바로 결과의 평등이 추구하는 것이란다.

장공부 그러고 보니 예전에 TV에서 영국의 의료 보험 제도를 소개하는 다큐멘터리를 본 적이 있어요. 거기에서 영국은 의료비를 전액 국가가 부담한다는 것 같던데요? 그 나라 사람이라면 적어도 건강에서만큼은 동등한 결과를 보장받는다는 거니까. 그렇게 생각하면 결과의 평등도 나쁘다고 생각할 필요는 없겠네요.

모의심 결과의 평등에 의료 분야 말고 뭐 다른 것도 있나요?

사회샘 음, 혹시 **적극적 차별 시정 조치**(Affirmative Action)라는 것에 대해 들어 본 적 있니?

진단순 적극적 뭐요?

사회샘 적극적 차별 시정 조치. 성이나 인종, 장애로 인해 소외 받는 소수 집단에게 일종의 결과의 평등을 보장하는 제도지. 주로 미국에서 많이 얘기된 건데 소수 집단 구성원들에게 취업이나 학교 입학에서 혜택을 주는 거지. 미국의 많은 대학에서는 흑인을 비롯한 소수민족 학생들을 반드시 일정 비율 이상은 선발하도록 하고 있단다. 우리나라에서는 기업에서 장애인을 일정 비율 이상 의무적으로 채용하게 하는 식으로 활용되기도 해.

장공부 선생님, 여성 투표권 신장 과정과 연결 지으면요. 여성할당제가 결과의 평등과 관련된 제도인가요? 전체 의석수 중에서 여성 의석수가 차지하는 비율을 미리 정해 놓고 일정 인원 이상의 여성 국회의원을 선출하도록 결과를 보장하는 제도잖아요.

사회샘 그래. 공부가 좋은 예시를 들어 줬구나. 너희들도 알겠지만 국회의원은 국민의 대표잖아. 국민들의 반이 여성이라는 점을 생각하면 국회의원도 여성이 반 정도에 가깝지 않을까 생각하겠지만 여전히 국회의원 중에 여성의원은 많지 않단다. 여성할당제는 바로 이런 문제를 해결하고자 하는 거지.

모의심 우리나라도 여성할당제를 시행하나요?

사회샘 우리나라도 2002년 3월에 개정된 선거법에서 정당에서 광역의회 비례대
표를 선출할 때 50% 이상을 여성으로 공천하도록 의무화하고 있지. 물론
아직 우리나라의 여성 의원 비율은 13.4% 정도로 낮은 편이지만 이런 제
도가 시행되다 보면 앞으로 더 많은 여성 의원들을 볼 수 있겠지.

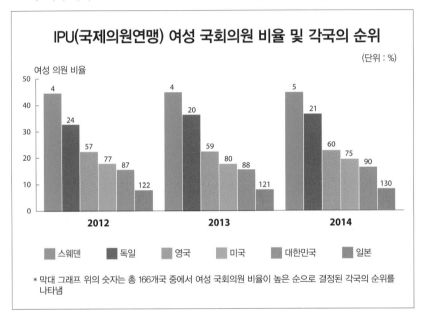

진단순 솔직히 아까 조건의 평등에 대해 들었을 때도 평등이 너무 과한 게 아닌가
생각했거든요. 그런데 결과의 평등이라니. 기회를 동등하게 주는 것을 넘
어서 너무 많은 것을 해주는 것 같은데 굳이 그렇게까지 할 필요가 있나요?

사회샘 단순이가 상당히 중요한 질문을 했구나. 있다가 토론 시간에 더 자세한 이
야기를 할 것이지만, 일단 간단한 문제 제기를 하고 넘어가도록 하자. 기
회의 평등이나 조건의 평등을 보장하려는 노력에도 불구하고 여전히 국회
의원 중에 여성이 남성에 비해 많이 적잖아. 왜 그럴까?

진단순 글쎄요. 그걸 제가 알 리가 없죠.

사회샘 그에 대한 많은 설명이 있겠지만 주된 원인은 기존에 남성 위주의 사회가 오랫동안 지속되면서 실제로 여성들이 자신의 능력을 펼칠 수 있는 기회가 상당히 제한되었다는 데에 있단다. 그러다 보니 공직에서 활동하는 여성들의 숫자가 적었던 거야. 물론 오늘날에는 여성들에게도 동등한 기회와 조건을 보장하고 있지만 사실 오랜 시간 누적된 불평등 자체가 불평등을 재생산하는 경향이 있단다.

모의심 불평등을 재생산한다고요?

사회샘 그래. 예를 들면 국회의원이 된 여성을 보기가 힘드니까 여성들 중에 그런 꿈을 가지는 사람들도 줄어들 수밖에 없지. 또 국회의원은 법을 만드는 사람인데 여성이 없으니 여성을 위한 법이 만들어질 리도 없고. 그러다 보면 사회는 더욱 남성 위주로 갈 것이고, 그러면 다시 여성들이 사회에 진출하기 힘들어지니 이건 악순환이겠지?

장공부 정말 듣고 보니 그러네요. 사회 전체가 그런 구조라면 아무리 기회를 주고, 여건을 마련한다고 해도 여성들이 사회에 진출할 수 있는 평등한 세상이 오기는 정말 힘들 것 같아요.

사회샘 그래서 이런 악순환을 끊어내려면 적극적 차별 시정 조치 같은 특단의 조치가 필요한거야. 사회적·경제적 약자들이 일정 비율 이상 반드시 포함되도록 하는 것은 단기적으로 보면 역차별처럼 보일지 모르지만 장기적으로 누적된 불평등을 개선하는 조치가 될 수 있는 거지. 물론 불평등이 개선된 이후에는 이런 조치를 없앨 수도 있을 거고.

모의심 결과의 평등이라는 것도 나름 의의가 있네요. 그동안은 정말 말도 안 되는 거라고만 생각했었는데 말이죠.

사회샘 그래. 기회의 평등, 조건의 평등, 결과의 평등은 모두 입장이 다르지만 그럼에도 불구하고 각각 나름대로 호소력이 있단다. 그게 아직까지 이 세 가지 평등이 모두 주장되는 이유겠지.

진단순 선생님, 그럼 이제 기회의 평등, 조건의 평등, 결과의 평등 설명 다 끝난 건가요?

사회샘 그래. 이 정도면 기본적인 개념 설명은 된 것 같네. 물론 본격적인 수업은 이제부터 시작이지만……

어디까지 평등하게 해줘야 할까?

모의심

> 선생님 아까부터 궁금한 게 있는데요. 평등의 유형 세 가지, 그러니까 기회의 평등, 조건의 평등, 결과의 평등 중에서 가장 좋은 평등은 어떤 거예요?

사회샘 의심이가 생각하기에는 어떤 평등이 가장 좋은 것 같니?

모의심 글쎄요……. 더 많은 사람에게 확실한 평등을 보장해 주는 건 결과의 평등 같아요. 하지만 기회의 평등이나 조건의 평등도 나름 장점이 있을 테니까…….

사회샘 사실 평등의 유형 세 가지는 서로 동떨어진 개념이 아니란다. 오히려 기회의 평등에서 조금 더 확장된 개념이 조건의 평등이라고 볼 수 있어. 공정한 경쟁을 위해 출발점을 정비해 주는 조건의 평등은 그 안에 기회의 평등을 포함하고 있기 때문이지. 마찬가지로 결과의 평등 또한 조건의 평등을 인정하고 일정 부분 포함하고 있는 개념이야. 말하자면 기회의 평등에서 결과의 평등으로 갈수록 평등의 범위가 넓어지고 그 내용이 심화된다고 볼 수 있는 거란다.

장공부 그럼 의심이의 질문은 '어느 정도의 평등이 가장 적절할까?'라고 바꾸어서 생각해 보는 것이 더 적절하겠네요.

사회샘 그렇지. 그럼, 이제 평등을 둘러싼 입장들 간의 논쟁을 한번 살펴볼까? 먼저 기회의 평등을 주장하는 분부터 불러 봐야겠는데……. (소환기를 작동하자 하이에크의 사념파가 형상화된다.)

프리드리히 하이에크
(Friedrich Hayek)

264

결과의 평등은 개인의 자유와 시장 질서를 파괴할지도 모른다

하이에크 아니, 정말 계속 듣고 있자니 화가 나서 참을 수가 없네.

모의심 선생님은 누구세요?

하이에크 나로 말하면 오스트리아 출신 경제학자인 하이에크라고 합니다.

장공부 우와! 하이에크 님이라면 노벨 경제학상까지 받은 대학자시잖아요. 그런데 뭐가 그리 화가 나신다는 거죠?

하이에크 솔직히 평등 자체를 별로 좋아하지 않기 때문에 오늘 나올까 말까 정말 많이 고민했는데, 이야기 돌아가는 모양새가 영 마음에 들지 않아서 끼어들지 않을 수가 없네요. 도대체 결과의 평등이라뇨? 지금 생각이 있는 겁니까?

장공부

> 아니, 방금 우리가 얘기한 것에 따르면 결과의 평등은 오랫동안 소외받아 왔던 사회·경제적 약자나 소수자들에게 도움을 주는 것으로 긍정적 측면이 큰 것 같은데, 하이에크 님은 생각이 다른가 보죠?

하이에크 이런, 이런……. 교육이 문제라니까. 잘 좀 들어 보세요. 결과의 평등은 개인이 가진 능력이나 노력과 상관없이 모든 구성원을 일정 수준의 도달점에 데려다 놓는 거죠. 근데 알다시피 각 개인이 가진 능력과 처한 상황은 동일하지가 않습니다. 결국 결과의 평등을 보장하려면 사람들 간의 차이를 보완하고 조정하기 위해 정부가 개입해야 하죠. 그러면 우리의 자유는 사라지는 겁니다.

모의심

> 아니. 그래도 기존 사회 질서에 문제가 있다면 정부가 개입해서 바로잡을 수 있는 거 아닌가요?

하이에크 아이고, 이거 문제가 이만저만이 아니군요. 사회에 어떤 문제가 있다고 했을 때 이를 시정하기 위해 정부가 개입하는 것은 상당히 큰 부작용을 초래할 수 있어요. 민주주의 사회는 개인의 자유를 최고로 우선시해야 하는 거 아닙니까? 그렇게 하려면 정부는 간섭을 최소화해야 하는 거예요. 사회에 문제가 있다고 하더라도 그것은 자유로운 개인들의 선택을 바탕으로 시장을 통해 해결되는 것이 바람직하지요.

진단순 시장님이 해결하는 게 좋다고요?

하이에크 아니, 그 시장이 아니라……. 물건을 사고파는 시장 말입니다.

장공부

아, 하이에크 님은 시장 질서를 중시하는 경제학자였죠. 잊고 있었다.

진단순 시장 질서? 시장은 복잡하기만 하던데 질서가 있어요?

하이에크 내가 좀 더 근본적인 부분부터 설명해야겠군요. 여러분들, 시장이 뭐하는 곳입니까?

진단순 뭐, 물건을 사고파는 곳이잖아요.

하이에크 맞습니다. 물건을 사고파는 사람들은 누구나 각자의 이익을 극대화하기 위해 열심히 노력하죠. 그리고 이 과정에서 경쟁이 일어나고 가격은 자연스럽게 결정되지요. 이처럼 개인의 자유와 선택에 모든 것을 맡겼을 때 자연스럽게 질서가 잡히고 조화롭게 유지되는 것이 시장 질서입니다.

진단순 에이, 질서니 조화니 그런 거 교과서에만 나오는 얘기 아니에요? 경제 뉴스만 봐도 맨날 무슨 문제 터지고 사고도 나고 그러던데……

모의심 이번에는 저도 단순이 의견에 어느 정도 동의해요. 솔직히 시장경제체제에서도 많은 문제가 발생한다는 것은 현실에 눈을 돌리면 누구나 알 수 있는 거잖아요. 개인의 자유와 선택에만 맡겨두면 모든 일이 자연스럽게 해결된다는 그런 이상적인 얘기를 순순히 받아들이기는 어렵죠.

하이에크 학생 여러분, 사회라는 것이 어떻게 발전해 왔습니까? 인류는 여러 시행착오를 거치면서 결국 오늘날과 같은 시장경제와 민주주의 사회로 발전해 왔습니다. 그 이유가 무엇일까요? 그것은 다른 무엇보다도 개인의 자유가 중요하다고 생각했기 때문입니다. 만약 개인의 자유를 제한하고 특정한 누군가의 의도나 계획에 따라 사회가 운영된다면 우리는 모두 노예나 다름없는 삶을 살게 될 것입니다. 20세기 출현했던 전체주의 사회만 봐도 알 수 있는 거예요. 그런 의미에서 개인의 자유를 중시하는 시장 질서야말로 가장 중요한 사회 운영 원리인 것입니다.

사회샘 하이에크 님, 시장주의자로서 비장함이 느껴지는데요. 오늘은 평등을 이야기하는 자리이니 하이에크 님의 주장이 평등과 어떤 관계가 있는지만 좀 더 설명해 주시겠어요?

하이에크 뭐, 여전히 맘에는 안 들지만 그렇게까지 말씀하시니 평등을 이야기해 봅시다. 아까 말한 것처럼 평등 자체를 추구하는 것은 이상한 일이에요. 평등에 대한 광적인 집착이 아니고서야 사람들이 이렇게 다른데 평등이라니요? 하지만 제가 좀 양보하면 여러분들이 말하는 기회의 평등 정도는 받아들일 수도 있겠더군요.

진단순 기회의 평등은 괜찮다고요?

하이에크 뭐, 그렇다고 하죠. 일단 시장이라는 것 자체가 누구에게나 문을 열어 두죠. 누구에게는 참여해라, 누구에게는 참여하지 마라, 이렇게 차별하지는

5
장

과거의 시장 모습입니다. 하이에크는 그 누구라도 시장에서는 자유롭게 재화를 사고팔 수 있다는 이유로 시장 질서야말로 가장 중요한 사회 운영의 원리라고 보았습니다.

않지요. 그러니까 시장에 참여할 기회는 누구에게나 열려 있는 것입니다.

장공부 그러고 보니 시장은 기회의 평등이 실현되는 장소네요.

하이에크 맞습니다. 하지만 딱 거기까지지요. 여기서 뭔가 더 평등을 추구하려고 하면, 특히 결과의 평등 같은 것을 추구하다 보면 그때부터는 시장은 사라집니다. 자유로운 거래는 사라지고 우리는 자기가 사기 싫은 것도 사야 하고, 팔기 싫은 것을 억지로 팔아야겠죠. 어휴, 생각만 해도 끔찍하네요.

사회샘 개인의 자유를 중시하시는 하이에크 님의 말씀이 우리 학생들이 공부하는 데 많은 도움이 되리라 봅니다. 말씀 감사합니다.

하이에 예. 부디 평등 논의는 그만하고 자유 논의를 해주기를 마지막으로 부탁합니다. 그럼……. (하이에크 사라지고, 콜먼이 소환된다.)

기회의 평등이 유지되는 것만으로 우리는 만족할 수 있을까?

콜 먼 아니, 사회 선생. 도대체 나는 언제 말하게 해주려고 이렇게 안 부르는 것이오?

사회샘 아, 안 그래도 부를 참이었는데 이렇게 알아서 나와 주시는군요. 여러분 미국 흑인 아동의 학업 성취에 대해 인상적인 연구를 하신 콜먼 님입니다.

모의심 콜먼 님은 무슨 평등을 중시하시기에 나오셨나요?

사회샘 음……. 저는 조건의 평등과 관련해서 이야기해 주실 걸 기대하고 콜먼 님을 모셨습니다만…….

콜 먼 예. 기회의 평등이니, 조건의 평등이니 하는 용어에 익숙하지는 않지만, 아까 여러분들이 하는 얘기를 들어 보니 그렇게 분류하는 것이 좋겠습니다.

장공부 앞에 나오신 하이에크 님은 평등 자체를 매우 싫어하시는 것 같던데, 콜먼 님은 그렇지는 않은가 봐요?

콜 먼 네, 그렇습니다. 평등, 중요하죠. 하이에크 님 얘기도 들었는데, 솔직히 하이에크 님께는 이런 의문을 던지고 싶습니다. 어떤 사회 구성원들의 사회·경제적 조건이 서로 다른 상황에서 경쟁을 한다면 과연 기회의 평등이라는 것이 의미가 있을까요? 저는 그렇지 않다고 봅니다.

모의심 어째서 그렇지 않다는 거죠?

콜먼 보고서(Coleman Report)

제임스 새뮤얼 콜먼
(James Samuel Coleman)

콜먼은 "교육 기회의 평등은 단지 취학에서의 평등을 의미하는 것이 아니다. 다양한 여건과 능력의 학생들에게 효과적인 학교를 평등하게 제공하는 것을 의미한다."라고 말하였다. 이는 과정의 평등을 의미하는 것으로서 교육 기회균등은 사람들에게 학교에 접근할 수 있는 기회를 동등하게 제공하는 것만으로는 불충분하고, 교육시설이나 교사의 질. 교육 과정 등과 같은 교육 조건 등에 있어서 학교 간 차이가 없어야 한다고 주장한다.

교육 기회균등에 관한 연구로 유명한 콜먼 보고서의 원래 목적은 학교 간의 격차에 초점을 두어 학업 성적을 결정하는 제반 교육 조건. 예를 들어 학교에 따라서 도서관, 교과서, 교사의 능력 등이 어떻게 다르며. 이들 조건의 차이가 학생들의 실제 학업성적과 어떤 관련이 있는지를 분석하려 한 것이었다. 그래서 만일 교육 격차가 학교 교육 환경에서 연유한다면 교육 평등 정책은 이런 방향으로 수정되어야 한다는 것을 제시하려고 했던 것이다

그러나 이 연구 결과는 연구 의도와 다른 엉뚱한 결과가 나왔다. 교육 불평등의 원인이 학교 시설이나 재정 환경 등에 있는 것이 아니라 학생의 가정환경과 동료 집단에 있었다. 그중에서도 동료 집단보다 가정환경의 영향이 더 크다는 결론이 나왔다. 이후 젠크스(Jencks, 1972)라는 학자에 의해 콜먼 보고서의 결과는 다시 한 번 입증되었고, 교육 평등에 대한 관심은 가정환경의 결손을 보상하는 방향으로 나아가게 되었다.

콜　먼 동등한 기회를 주는 기회의 평등도 물론 중요합니다. 하지만 자꾸 기회만 강조하는 것은 정말 평등에 대한 의지가 있는 것인지 의심스러울 뿐입니다. 여러분들도 알겠지만 한번 자리 잡은 불평등은 계속해서 재생산되는 경향이 있어요. 가난한 집에서 태어난 것과 재벌 집안에서 태어난 것은 완전 다르지 않습니까?

진단순 뭐, 다르긴 한데 그거랑 기회의 평등이랑 무슨 관계인가요?

콜　먼 하이에크 님 얘기를 들으니 개인의 자유를 중시하고 시장에서 경쟁하게 하자는 거 같던데, 사회적으로 불평등이 심한 상황에서 정말 제대로 된 경쟁이 가능하겠습니까? 재벌가에서 운영하는 빵집이랑 동네 작은 빵집이 경쟁이 되나요? 뭐, 빵집을 열 자유와 기회는 준 것이겠지만 실질적으로 자유와 기회가 주어졌다고 말하기는 힘들죠.

장공부 아까 사회 선생님께서 콜먼 님은 흑인 아동의 학업 성취에 대해 연구하셨다고 했는데, 그것도 평등 문제랑 관련이 있나요?

콜　먼 그렇습니다. 보통 흑인 아동들은 가난한 가정에서 태어난 경우가 많죠. 즉, 경제적으로 약자라는 것인데, 이 학생들에게 주어진 교육 여건이라는 것이 무척이나 열악하죠. 좋은 선생님도 부족하고, 학교 시설도 엉망이고, 더구나 교육에 대한 부모들의 관심도 떨어지기 마련이고, 이런 상황에서 이 학생들이 좋은 교육을 받아 사회에서 성공하는 것은 무척 어렵습니다.

진단순 그럼 어쩌자는 거죠?

콜　먼 저는 다른 영역은 몰라도 교육만큼은 누구나 평등하게 받을 수 있는 여건이 마련되어야 한다고 봅니다. 제대로 된 교육을 받지 못한 학생들은 결국 사회에서도 열악한 지위에 놓이게 될 것이 분명하니까요. 교육은 평등이 실현되어야 할 가장 중요한 영역인 것이죠.

장공부 콜먼 님 말씀에도 일리가 있는 것 같아요. 사실 제가 공부를 좀 잘하거든요. 우리나라에 있는 최고의 고등학교에 가고 싶었는데, 합격할 성적은 되었지만 입학금이나 학자금이 너무 비싸더라고요. 고등학교 동아리 활동이나 수학여행에 참여하는 데 들어가는 돈도 많았고요. 결국 부모님께 부담을 드리기 싫고, 나중에 학교 친구들 사이에서 주눅 들게 될까 걱정되어서 입학 준비를 포기했죠. 고등학교에 입학할 수 있는 기회는 열려 있었지만 이 기회가 주어지는 것만으로는 입학을 결정하기가 어렵더라고요.

콜 먼 공부 학생이 들려준 가슴 아픈 경험이 기회의 평등이 가진 한계를 분명히 보여 주는군요. 기회의 평등만으로는 공부 학생처럼 충분한 능력이 있더라도 이 능력을 제대로 발휘할 수 없게 되는 경우가 생길 수 있지요. 특히 사회에 따라서는 경제적 요인뿐만 아니라 문화적 요인도 자신의 능력을 발휘하는데 장애가 될 수 있어요.

모의심 문화적 요인이요?

콜 먼 네, 예를 하나 더 들어 볼까요? 영국 사회에서는 사회적으로 성공하고 인정받는 데에 말의 억양과 사회적 평판이 중요한 의미를 가집니다. 특히 영국 사회 지배층의 문화를 어느 정도까지 몸에 익혀왔느냐 하는 것이 성공의 결정적인 요인이지요. 그런데 문제는 이런 문화는 대체로 가정환경에 의해 습득된다는 겁니다. 그렇다면 부유한 가정에서 태어난 아이와 그렇지 않은 가정에서 태어난 아이는 성공을 결정하는 요인을 습득하는 조건 자체가 다르다고 할 수 있는 거지요.

장공부 그런 문제를 해결하려면 어떻게 해야 할까요?

콜 먼 그래서 중요한 것이 교육이고 또 학교입니다. 취학 전 아이들의 가정 배경과 학습 수준은 각기 다를지 모릅니다. 하지만 학교에서의 경험은 사회적 합의와 교육적 계획에 의해 평등하게 주어질 수 있습니다. 예를 들어, 모든 학생들에게 양질의 교육 시설과 학습 기회를 제공해 줄 수 있지요. 그리고 가정 배경에 의해 발생한 지적·정서적 결손에 대해서는 추가적인 교육적 지원이나 혜택을 줄 수도 있을 것입니다. 이를 통해서 학생들이 사회에 나가기에 앞서 자신의 꿈을 펼칠 수 있는 충분한 준비의 시간을 학교에서 가질 수 있는 것이지요. 제가 교육에 관심을 갖게 된 이유가 바로 여기에 있습니다.

사회샘 학교 교육이 더 평등해야 한다는 콜먼 님의 진심어린 말씀에 교사인 제 가슴도 뭉클해지네요. 학생들이 조건의 평등에 대해 고민하는 데 콜먼 님의 말씀이 큰 도움이 될 것 같습니다.

콜 먼 그럼 다행이네요. 나는 그럼 학교 여건을 더 개선하기 위해 또 가 봐야겠군요. 다음에 봅시다. (목소리도 점점 작아지고 형체도 희미해지다가 사라진다.)

학생들 안녕히 가세요.

결과의 평등이 꼭 필요할 때가 있다

장공부 하이에크 님이랑 콜먼 님 얘기가 충돌하는 부분이 많지만 그래도 진짜 평등이 어떤 것인지 고민하는 데는 확실히 도움이 되는 것 같아요.

모의심

근데, 내가 보기에는 충돌하기는 하지만 둘 다 궁극적으로는 기회의 평등을 말하는 것 같아. 어떤 것이 진짜 기회냐에 대한 생각은 다르지만 결국 최대한 출발점을 평등하게 설정하는 게 중요하다고 강조하는 것 같아.

사회샘 그래. 의심이 생각이 상당히 일리가 있구나. 그런 면에서 결과의 평등과는 차이가 있지.

진단순 그럼, 이번에 결과의 평등에 관해서 주장하실 분은 누구인가요?

사회샘 이제 도착하실 때가 되었는데……. (소환기를 조작하자 흑인 청년이 형상화된다.)

흑 인 안녕하세요?

진단순 어? 누구세요?

흑 인 예. 저는 미국에서 살고 있는 평범한 흑인 청년입니다. 평등에 관한 논의를 하신다 길래 저희 얘기를 들려 드리려고 왔습니다.

모의심 결과의 평등을 주장하시러 오신 거죠?

흑 인 솔직히 저는 기회의 평등이니 조건의 평등이니 결과의 평등이니 하는 것은 잘 모릅니다. 그냥 평등 논의를 해주는 것이 감사하기도 하고, 하지만 정작 그 논의에 불평등한 위치에서 어려움을 겪고 있는 우리 당사자들의 얘기는 빠져 있는 것 같아서 그 얘기를 드리려고 온 것입니다.

장공부 지금 평등 논의에 당사자들의 이야기가 빠져 있다고요? 그게 무슨 말씀이시죠?

흑 인 앞에서도 이미 좋은 얘기를 많이 해주시긴 했지요. 특히 콜먼 님 같은 경우는 우리 흑인들에게도 좋은 교육을 받게 해주시려고 많은 노력을 기울여 주셔서 무척 감사하게 생각하고 있습니다. 하지만 궁극적으로는 출발점에서의 조건을 고르게 정비하고 평등을 보장했다고 해서 저희들의 어려움이 모두 해결되는 것은 아니에요.

진단순 어떤 어려움이 있는데요?

흑 인 그동안 교육 평등을 위한 수많은 노력이 있었지만 사실 얼마나 평등한 결과를 가져왔는지 묻고 싶습니다. 좋은 교육을 받을 여건 자체는 개선되었는지 몰라도 제 주변을 보면 여전히 학교에 안 다니는 사람도 많고, 제대로 된 교육을 받지 않아서 사회가 돌아가는 것도 잘 이해하지 못하고 그런 사람들이 많습니다. 즉, 흑인이나 소수자들의 삶은 별로 변한 게 없어요. 아마 저와 같은 위치에 있는 대다수의 사람들이 그렇게 생각할 겁니다.

장공부

그러니까 실질적으로 평등해진 것은 별로 없다는 건가요?

흑 인 네, 그렇습니다. 물론 분명히 할 게 제가 교육 평등을 위한 여러 노력들이 무의미하다고 얘기하려는 것은 아닙니다. 하지만 그렇게 여건만 마련하는 것으로는 불평등을 조정하는데 한계가 있다는 거죠. 솔직히 저희와 같은 사회·경제적 약자들이 주류에 속하는 사람들에 비해 열악한 부분이 무엇인지를 열거하려면 끝도 없죠. 그리고 그런 조건들 하나하나를 개선해 나가는 것은 중요하지만 오랜 시간이 걸리고 쉽지 않은 일이죠. 어떤 조건 하나를 개선해도 또 다른 조건에서 부족하다는 것이 밝혀지고 이런 식으로 부족한 조건들이 계속 이어지는 거예요. 우리가 불리한 위치에 있다는 것은 여러 요인들이 사슬처럼 연결되어 있는 거니까요.

진단순 어려운 위치에 있다는 것은 이해가 되는데, 그래서 어쩌자는 거죠? 솔직히 불평등은 알고는 있지만 해결이 어려우니까 지속되는 거잖아요.

흑　인 그럴 수도 있겠습니다. 하지만 제가 얘기하고 싶은 것은 기회를 평등하게 만들기 위해서 애쓰는 것과 함께 사실상 좋은 결과를 나타내게 해주면 그 게 평등을 위한 최선의 조치일 수 있다는 겁니다.

모의심 어떤 면에서 그런지 좀 더 구체적으로 말씀해 주시면 좋겠어요.

흑　인 그러니까 흑인을 비롯한 사회·경제적 약자들이 사회에서 성공할 수 있는 기회나 여건을 만들어 주기 위해 노력하는 게 중요하지만 실제로 사회· 경제적 약자들이 성공하는 결과가 나타나면 그게 불평등을 개선하는 가장 결정적인 계기가 될 수 있다는 겁니다. 기회니 조건이니 자꾸 개선하려고 하지만 그게 결과적으로 우리들의 삶을 개선했다는 분명한 결과로 나타나 지 않으니까 평등을 위한 길이 더 멀어 보이는 겁니다.

장공부

그러니까 결과의 평등이야말로 불평등을 개선하고 평등으로 나아가는 최선의 수단 이라는 말씀인가요?

흑　인 네, 그렇습니다. 저와 같은 흑인들에게 대학에 갈 수 있는 기회나 여건을 주는 것도 중요하지만 실제로 대학에 가지 못한다면 그런 기회나 여건이 상당히 무색해질 수 있다는 거예요. 하지만 만약 우리가 대학에 간다면 그 래서 더 좋은 문화와 환경을 누릴 수 있다면 그런 높은 수준의 삶의 필요 성에 대해서도 이해하게 되고 우리의 현실을 개선해야겠다는 의지도 더 강해질 수 있는 거죠.

여러 흑인들이 적극적 차별 시정 조치(Affirmative action)를 통해 사회적으로 소외받는 소수 집단의 권익을 보호하고 평등을 보장해야 한다고 외치며 가두행진을 벌이고 있습니다.

사회샘 분명 그런 면이 있습니다. 영국에서는 '1944년 교육법(the 1944 Education Act)'을 통해서 중등교육을 보편화하고 무상화하면서 어려운 학생들에게 교육적인 평등을 보장하려고 노력했어요. 하지만 10년 후 오히려 형편이 어려운 학생들의 진학 비율이 더 낮아지는 경향을 보이기도 했죠. 미국에서도 1960년대 이래 흑백 인종 차별 및 경제적 계층에 따른 불평등을 해소하기 위해 고등 교육의 기회를 대폭 확대하고 많은 장학금 혜택과 재정적 지원을 쏟아 부었지만 역시 성과는 나타나지 않았고요.

흑 인 네, 맞습니다. 그동안 교육 평등을 위한 수많은 노력들이 실패로 끝나면서 우리가 얻은 교훈 중 하나는 그러한 여건 하나하나를 개선하는 것보다는 실제로 평등해지는 경험 자체가 실질적인 효과를 낸다는 점입니다. 고등 교육 기관의 졸업자, 고위 공직자, 유명 영화 감독과 같이 사회적으로 영향력 있는 분야의 흑인 구성원 비율이 증가하면서, 흑인에 대한 사회 전반의 인식 좋아지고 불평등한 처우가 더 효과적으로 개선되는 측면이 있었습니다. 뿐만 아니라 흑인 집단 내에서도 자신들의 능력과 가능성에 대한 자신감이 높아지고, 수준 높은 삶에 대한 열망과 노력, 그리고 성공 사례가 훨씬 더 많아 질 수 있었습니다. 그래서 결과를 평등하게 하는 게 중요하다는 겁니다.

모의심 그런데요, 다 좋은 얘기인데 그렇게 결과를 평등하게 만들려면 약자들에 대한 전폭적인 지원이 필요할 거고 이건 결국 능력 있는 사람들에 대한 역차별 아닌가요? 흑인이나 소수민족 학생들을 대학에 입학시키는 게 좋아 보이지만 한편으로는 그런 정책 때문에 능력 있는 백인 학생이 대학에 들어갈 수 있었음에도 떨어져야 한다는 거잖아요.

흑 인 뭐, 그런 반론은 충분히 이해합니다. 저희도 그런 선의의 피해자가 생기는 현실은 똑같이 안타깝습니다. 하지만 하나만 생각해 주세요. 저희는 그런 피해를 수십 년, 수백 년을 겪어 왔고 그런 차별의 역사가 오늘의 불평등을 있게 한 거잖아요. 그렇다면 이 불평등을 개선하기 위해 어느 정도의 불합리한 측면은 참아 주어야 하는 거 아닌가요?

사회샘 정말 말씀 하나하나가 절절하네요. 제가 조금 보충하자면 특히 결과의 평등은 교육에서는 더 중요할 수 있습니다. 교육의 궁극적 목적은 배워야 할 것을 배우는 데 있는 것이죠. 학교 교육을 통해 사회에서 정상적으로 생활하는 시민을 키워 낸다고 할 때 누구나 이러한 목표에 도달할 수 있어야 합니다. 그리고 그런 평등한 결과가 나오는 것이 사회적으로도 이익이 되죠.

장공부 앞에서 결과의 평등이 복지와 관련해서 특히 중요하다고 했는데 그런 점에서 보면 결과의 평등이 꼭 달성되어야 할 중요한 영역들이 있는 것 같아요. 특히 기존에 뿌리 깊은 모순으로 피해를 입은 사람들에게는 더더욱 그렇고요.

흑 인 네, 감사합니다. 이제 저는 제 얘기를 다 했네요. 여러분들의 평등 논의가 실제로 많은 사람들의 삶을 개선하고 더 평등한 사회를 건설하는 데 도움이 되었으면 합니다. 그럼 저는 이만 가볼게요. 안녕히……. (흑인 청년의 형상이 사라진다.)

학생들 안녕히 가세요.

사회샘 기회의 평등, 조건의 평등, 결과의 평등은 모두 입장이 제 각각이지만 그래도 우리가 평등을 고민하는데 있어서 짚어 봐야 할 중요한 논점들을 담고 있지. 너희들도 많은 도움이 되었겠지?

학생들 예.

무엇을 평등하게 분배해야 하는가?

모의심 선생님. 그런데 의문이 하나 생겼어요.

사회샘 그래. 뭔데?

진단순 야, 이제 수업 끝나려는 데 무슨 질문이야?

장공부 단순아, 의심이 얘기 좀 들어 보자. 혹시 중요한 얘기일지도 모르잖아.

모의심 지금까지 한참 논의한 것 같은데 정작 그렇게 해서 무엇을 평등하게 해주어야 하는지에 대해서는 말을 안 한 것 같아요. 어쩌면 이게 가장 중요한 것 같은데 말이에요.

진단순 그게 무슨 말이야? 여태까지 기회냐 조건이냐 아님 결과냐 하는 걸 한참 얘기했잖아.

모의심

아니. 사실 기회, 조건, 결과는 어디까지 평등하게 할 것이냐 하는 정도의 문제라고 했잖아. 내가 묻는 건 정도의 문제가 아니라 그래서 무엇을 평등하게 만들어야 하느냐는 거지.

진단순 아, 무슨 소린지 잘 모르겠는데…….

사회샘 음. 의심이가 묻는 것이 평등 논의에서 또 중요한 한 축이기는 해. 근데 이 부분이 조금 어렵긴 하지. 만약 어떤 공동체의 구성원들이 평등한 사회를 구성하는 데 모두 동의했다고 생각해 보자. 그렇다면 이 사회에서 구성원들을 평등한 사람으로 대우한다는 것은 뭐가 평등해져야 가능한 걸까? 너희들 생각은 어때?

진단순 돈? 집?

모의심 건강? 교육?

동등하게 행복해지는 게 가장 최선 아닐까?

장공부 음……. 저는 조금 포괄적이기는 하지만 행복 아닐까요? 사실 사람들이 삶
　　　 의 목적이 행복인 경우가 많잖아요. 그렇다면 모두가 동등하게 행복할 수
　　　 있는 사회가 좋을 것 같은데, 그렇다면 다른 무엇보다도 행복을 평등하게
　　　 해주어야죠.

사회샘 공부가 말한 행복이면 단순이나 의심이가 말한 것까지 모두 포괄할 수 있
　　　 겠네. 이렇게 사회 구성원들이 모두 동등하게 행복해질 수 있게 하자는
　　　 것, 이게 바로 **복지의 평등**이야.

진단순 복지의 평등이요?

사회샘 그래. 사람들은 모두 주어진 여건이나 상황이 다 다르잖아. 하지만 그렇게
　　　 서로 다른 여건이나 상황에도 불구하고 모두가 동등하게 행복해질 수 있는
　　　 사회가 평등 입장에서 보면 가장 바람직하다는 거지. 복지의 평등을 옹호
　　　 하는 입장에서는 어떤 사람의 선호, 목적, 소망의 성취가 비슷하게 보장되
　　　 어야 하고, 반대로 삶에서 느끼는 불만 같은 것도 비슷하게 줄여 줄 수 있
　　　 어야겠지.

모의심 음……. 복지의 평등 같은 거 필요하다고 봐요. 특히 정신적으로나
신체적으로 장애를 가지고 있는 사람들의 경우에는 웬만해서는 행
복해지기 어렵잖아요. 좋은 사회라면 이런 사람들도 동등한 행복을
누릴 수 있도록 사회적으로 보장해 주는 게 필요하겠죠.

장공부 우와, 약자에 대한 배려 의식이 돋보인다. 의심이 멋진데……. (드워킨이 소
　　　 환된다.)

복지의 평등보다 자원의 평등이 바람직하다

드워킨 그렇게 이상적으로만 생각하면 안 됩니다.

진단순 선생님은 또 누구세요? 수업 끝나야 하는데 왜 자꾸 사람들이 오는 거지?

사회샘 혹시 드워킨 님인가요?

드워킨 네, 맞습니다.

278

사회샘 아, 드워킨 님은 현대 자유주의 사상가로 특히 평등 논의에서 매우 중요한 분이란다. 이렇게 뵙게 되어 반갑습니다.

모의심 드워킨 님, 근데 제 얘기가 뭐가 이상적이라는 거죠?

드워킨 '복지의 평등'이라는 말은 복지의 의미가 불분명한 상황에서는 매력적인 이상으로 보일 수 있어요. 하지만 그 의미를 구체적으로 분석해 보면 복지의 평등은 받아들이기 어려워요.

로널드 드워킨(Ronald Dworkin)

장공부 복지의 의미라고요?

드워킨 네, 흔히 사람들은 복지라는 단어를 크게 두 가지 뜻으로 사용합니다. 첫 번째는 사람의 선호나 목적, 소망을 성취하는 것을 복지라고 하지요. 두 번째는 자기 삶에 대한 만족스러운 느낌이나 의식 상태를 말합니다.

모의심 뭐, 그런 거 같기도 한데 그래서요?

드워킨 복지의 의미가 제가 말한 대로라면 복지를 평등하게 하는 것은 상당히 문제가 있지요.

모의심 그래서 뭐가 문제냐고요?

드워킨 한 세 가지 정도를 얘기할 수 있을 것 같네요. 첫째, 일단 그런 복지를 측정할 수 있을까요?

장공부

행복한 정도를 측정한다는 것은……. 음, 그건 사실상 어렵겠네요. 매우 단순하지만 강력한 문제점이군요.

드워킨 그렇죠. 그리고 둘째, 복지라는 것이 사람들마다 주관적인 것이고 특히 사람들마다 중요하게 생각하는 영역이 다르다는 것을 알아야 합니다. 그런데 만약 복지의 평등을 추구하게 되면 우리는 평균적인 사람들의 복지를 달성하는 데 힘쓰는 나머지 어떤 누구도 진정으로 행복하게 만들지 못할 수도 있죠.

모의심 그건 무슨 말씀이죠?

드워킨 예를 들면 어떤 사회에서는 구성원들이 공부는 중간 정도 잘하고, 그림도 어느 정도 그리고 운동도 적당히 잘하는 사람을 행복하다고 여기고 복지의 평등을 추구한다고 해봅시다. 여기 있는 공부라면 운동을 조금 포기하더라도 공부를 더 잘하고 싶을 수도 있고, 단순이라면 공부를 포기하더라도 그림을 통해 더 행복해질 수도 있을 거예요. 하지만 복지의 평등은 이런 개인의 선택보다는 전체적인 행복의 양을 맞추는 데만 주목하지요. 이건 획일적이고 답답한 사회일 뿐입니다.

진단순 오, 맞아요. 저라면 공부를 더 잘 해서 행복해지는 것은 거의 불가능하다고 보니까 억지로 제가 공부 잘하게 맞춘다면 어휴, 끔찍하네요.

모의심 복지가 측정이 어렵고 또 획일적일 수 있다는 것은 이해가 되네요. 그럼 드워킨 님은 다른 좋은 대안이 있나요?

드워킨 나는 복지의 평등과 대비해서 **자원의 평등**이 바람직하다고 생각합니다.

장공부 자원의 평등이라고요?

드워킨 네, 이때 말하는 자원은 우리가 행복해지기 위해서 필요로 하는 돈이나 재화, 건강, 권리, 존중 등 많은 것을 포괄하는 개념입니다. 우리는 행복을 비슷하게 맞출 수는 없지만 행복해지기 위해 필요한 여러 가지 것들을 사람들에게 동등하게 나눠줄 수 있어요. 그리고 사람들은 그런 자원을 동등하게 가진 상태에서 자신의 행복을 위해 노력하는 겁니다.

진단순 에이, 뭐. 복지의 평등만큼이나 이상적인 것 같은데?

모의심 드워킨 님. 그런데 자원을 그렇게 보면 자원이 아닌 게 없을 것 같고, 이렇게 포괄적인 자원이라면 측정이 어려운 것도 마찬가지 아니에요?

드워킨 물론 상당히 많은 것이 자원이 될 수 있고 또 자원 역시 측정하는 게 쉬운 일은 아닙니다. 하지만 적어도 자원의 평등은 복지의 평등보다 훨씬 더 현실적이고 바람직합니다.

장공부 어떤 의미에서 그렇죠?

드워킨 일단 대부분의 자원은 우리 사회에서 돈으로 환산할 수 있지요. 그렇다면 우리는 가상적으로 최초에 모든 사람에게 똑같은 금액의 돈을 나눠주는 식으로 자원을 동등하게 분배할 수 있다는 거죠.

모의심 자원을 돈과 교환 가능하다고 보면 그렇긴 하네요. 돈을 동등하게 나눠준다는 거면, 그 다음은요?

드워킨 그 다음에는 그 돈을 가지고 자기가 원하는 물건을 사거나 교환하는 일종의 경매를 할 수 있어요. 그렇다면 사람들은 자기에게 주어진 돈으로 자신의 행복을 위한 최선의 물건을 사게 됩니다. 이건 누구나 자기가 원하는 물건을 사서 원하는 삶을 살고 또 자신이 원하는 행복을 추구하는 거니까 개인의 자유도 존중하는 매우 바람직한 결과라고 할 수 있지요.

진단순 근데 그럼 모두가 다른 삶을 사는 건데, 그게 평등이에요?

드워킨 각자 가진 물건은 다르겠지만 어쨌든 모두가 최초에 평등하게 분배받은 것은 사실이니까요. 그리고 다르게 갖고 있는 물건들이 시장에서 공정하게 거래되었다면 그 물건들의 교환가치는 모두 동일할 거라고 예상할 수 있겠지요.

사회샘

드워킨 님의 주장은 모든 사람들에게 평등한 조건을 만들어 주면서도 개인의 자유를 지키려는 노력으로 이해할 수 있겠네요. 자원을 평등하게 나눠 준다면 여전히 그 자원을 어떻게 쓸 것인가라는 개인의 선택은 남아 있는 거니까요.

드워킨 네, 사회 선생님이 잘 설명해 주셨네요. 복지의 평등보다는 자원의 평등이 바람직하다는 나의 주장을 여러분들이 잊지 않았으면 합니다. 그럼, 저는 이만……. (아쉬운 표정을 지으며 드워킨의 형상이 사라진다.)

학생들 안녕히 가세요.

장공부 드워킨 님 말씀을 듣고 보니 자원의 평등이 복지의 평등보다 더 바람직한
　　　 것 같네요. 개인의 자유도 존중하니까…….

모의심 난 그래도 복지의 평등이 더 좋은 것 같은데 자원만으로 행복해지는 것은
　　　 아니잖아. (센이 소환되어 형상화된다.)

자원의 평등을 넘어 역량의 평등이 필요하다

센　　 자원의 평등만으로는 부족합니다. 여러분,
　　　 내 의견도 들어 주세요.

사회샘 조금 늦어지시는 것 같아 기다렸는데 이제
　　　 오셨군요. 얘들아, 이 분은 아마티아 센이
　　　 라는 경제학자란다. 이 분도 노벨 경제학상
　　　 을 받으셨지.

진단순 오, 노벨상. 오늘 노벨상을 받은 분을 두 명
　　　 이나 보네요. 근데 어째 센 님은 다른 분들
　　　 이랑 좀 달라 보이는 게…….

아마티아 센
(Amartya Kumar Sen)

센　　 글쎄, 뭐가 다르다고 느끼는 걸까요?

진단순 여기 오시는 분들 대부분 서양 분인데 선생님은 동양 분인 것 같은데요?

센　　 아, 맞아요. 저는 인도 출신의 경제학자입니다.

모의심 근데 경제학하신 분이면 아까 하이에크 님처럼 평등 별로 안 좋아하시겠
　　　 네요. 개인의 자유에 맡기는 시장이 바람직하다. 뭐 이런 거 아닌가요?

사회샘 의심아. 그렇지 않아. 아마티아 센 님은 경제학자이지만 정치 철학자에 가
　　　 깝다는 평가를 받는 분이기도 해. 특히 숫자 중심의 경제학을 인간 존엄성
　　　 을 중심으로 하는 휴먼 경제학으로 바꿔 놓으셨다는 평가를 받는 분이지.
　　　 경제학의 마더 테레사라는 별명까지 있는 훌륭한 분이란다.

센　　 그렇게까지 이야기해 주시니 감사합니다.

282

장공부 센 님이 말하는 인간적인 경제학이라는 것은 어떤 건가요? 무척 궁금한데요.

센 내가 경제학을 공부하게 된 것은 우리 인도에 수많은 빈곤한 사람들이 겪는 가슴 아픈 상황을 해결해 보고 싶어서였습니다. 다행히 내가 공부한 것이 효과가 있었던지 유엔에서도 나의 주장을 받아들여서 현재 많은 국가의 빈곤 퇴치에 힘을 쏟고 있지요.

진단순 그래서 센 님은 자원의 평등이 문제라는 건가요? 그럼 복지의 평등 편인가 보네요?

센 아, 그렇지는 않습니다. 복지의 평등이 갖는 여러 가지 문제에 대해서는 드워킨 님이 얘기한 것에 나도 동의합니다. 복지의 평등을 달성하는 것이 개인의 자유를 침해할 수 있고 또 비현실적인 측면이 강하기 때문에 그에 대한 자원의 평등 측의 지적은 옳지요. 문제는 자원의 평등으로는 부족한 면이 있다는 거예요.

모의심 그게 뭔가요?

센 이건 우리 인도를 보면서 느낀 생각인데요. 우리 인도에는 아직도 가난한 사람들이 수없이 있습니다. 그리고 이 사람들에게 다른 세계 사람들과 동등한 삶의 수준을 누리도록 세계적으로 수많은 경제적 지원이 이어져왔지요. 하지만 그런 경제적 지원으로도 여전히 우리 인도 국민들은 높은 삶의 수준을 누리지 못하고 있어요. 여러분들은 그 이유가 뭐라고 생각하나요?

장공부 음. 수많은 경제적 지원이라고 말씀하시니 자원을 더 주어서 해결되는 문제는 아니라는 거겠죠?

센 네, 그렇습니다.

모의심 자원을 주는 게 아니라면 뭐죠? 설명해 주세요.

센 저는 인도에서 발생하는 빈곤의 문제가 단순히 자원의 문제가 아니라 그 자원을 어떻게 활용할 수 있는가 하는 **능력이나 역량의 문제**라고 생각했습니다. 왜냐하면 수많은 가난한 사람들은 자신에게 주어진 자원을 이용해서 더 높은 삶의 수준으로 발전해 나갈 수 있는 의지나 비전, 방법이 부족한 상황에 처해 있습니다. 그리고 이 점이야말로 그들이 계속 가난한 채로 머무르는 주된 원인이었지요.

진단순　물고기를 주는 게 아니라 물고기 잡는 방법을 가르쳐 주어라. 뭐 이런 건가요?

센　뭐, 그런 식의 말과도 비슷한 측면이 있겠네요. 어쨌든 단순히 자원만 던져주는 것으로 가난한 사람들의 삶을 결정적으로 개선할 수는 없다는 겁니다.

모의심　그렇다면 무엇을 어떻게 해야 하나요?

센　정답은 바로 교육에 있지요. 교육이야말로 주어진 자원을 잘 활용할 수 있는 능력을 길러주는 것이니까요.

장공부　아, 그럼 센 님은 교육을 강조하시는군요.

센　네, 이 점을 좀 더 자세히 설명해 보겠습니다. 원래 사람들은 저마다 다른 기능을 가지고 있지요. 참……. 기능이라는 말이 어려우니까 사람들마다 재능이나 자질이 다르다고 합시다. 이런 상황에서 사람들에게 단순히 자원만 동등하게 던져주는 것이 평등은 아니라는 거예요. 어떤 사람들은 그 자원을 활용할 수 있는 능력이 뛰어나서 그 자원을 10배, 100배 더 크게 만들 수 있는 반면, 어떤 사람들은 그 자원을 제대로 활용하지 못해서 받은 것을 그냥 날려버리는 사람이 있을 수 있죠. 그래서 진정한 평등이란 그런 자원을 최대한 활용하는 것까지

유엔난민기구. 더반 난민 아이들을 위한 보육 교육 프로그램 모습입니다.

보장하는데 있다는 겁니다. 저는 이것을 **역량의 평등**이라고 합니다.

진단순

> 역량의 평등이요? 자원이나 복지라는 말은 그나마 들어 보던 말이지만 역량이라는 말은 좀 어려운데.

센 제가 말하는 역량은 어떤 개인이 자신이 가진 기능을 갖고 발휘할 수 있는 잠재성과 관련됩니다. 이런 잠재성들을 다 모으면 그게 바로 역량이지요. 이런 역량이 커지면 커질수록 사람들은 자기가 하고 싶은 일들을 잘 수행할 수 있는 '자유'를 얻게 되는 겁니다.

모의심 역량이 발휘되도록 사회가 지원을 해준다는 취지는 정말 좋은데요, 아까 복지의 평등과 마찬가지로 개인이 가진 역량을 어떻게 측정하고 사회는 구체적으로 어떻게 지원해 주어야 하나요? 다소 막연해 보이는데요.

센 물론 이를 현실화하는 작업은 쉽지는 않습니다. 하지만 저는 불평등한 현실로 인해 특히 기아와 빈곤으로 고통을 겪고 있는 사람들에게 많은 관심을 갖고 있습니다. 과학과 기술의 발전으로 전 세계적으로 풍요의 시대를 누리고 있다고 하지만, 여전히 기아와 빈부 격차의 문제가 커지고 있죠. 이런 상황에서 나는 인간의 안전을 보장하고 인간이 지닌 잠재 능력을 계발하도록 유엔을 통해 여러 가지 실질적인 노력을 해왔습니다.

사회샘

> 센지수라는 게 개발되기도 했고 실제 유엔에서는 인간의 역량과 관련된 부분을 나라별로 비교한 결과를 제공하고 있어요. 또한 역량 개발이 부족한 나라를 지원하기도 하죠.

센 네, 여러분들도 전 세계적인 불평등 현상에 많은 관심을 기울이고 이를 개선하기 위한 노력에 동참했으면 합니다. 그럼 저는 이만 가볼게요. 안녕히…… (소환 시간이 다 되어 센의 형상이 소멸된다.)

학생들 안녕히 가세요.

평등한 세상으로

사회샘 애들아 어때? 오늘 수업을 통해서 평등에 대해 좀 더 잘 이해하게 되었니? 간단히 자기 소감을 얘기하면서 정리해 볼까? 공부는 오늘 어떤 게 가장 인상적이었니?

장공부 음, 어느 정도까지 평등을 실현해야 하는가와 관련해서 기회의 평등, 조건의 평등, 결과의 평등에 대해서 알게 된 게 가장 큰 소득 같아요. 이전까지는 기회의 평등만 바람직한 거라고 생각했었거든요. 기회의 평등만으로 해결되지 않는 여러 가지 사례들을 알 수 있었고, 경우에 따라 조건의 평등이나 결과의 평등도 추구할 필요가 있다는 것을 알게 되었어요.

사회샘

그래. 각각의 주장이 갖는 함의를 이해하는 게 중요하지.

모의심 저는 복지의 평등, 자원의 평등, 역량의 평등 논의가 좀 어렵기는 했지만 인상적이었어요. 가장 바람직한 게 복지의 평등이라는 제 생각은 여전히 변함이 없어요. 하지만 드워킨 님의 말씀을 듣고 나니, 복지의 평등이 가진 현실적 문제점을 어떻게 극복할 것인지에 대해서 더 고민해야 할 필요가 있다는 생각이 들었어요. 그리고 센 님께서 실제로 많은 사람들이 더욱 평등한 세상에서 살 수 있도록 많은 실천적인 대안을 제안하신 것도 인상적이었어요. 그 모습을 본받아서 더 많은 사람들이 평등한 대우를 받고 행복하게 생활할 수 있는 사회를 만드는 데 기여하고 싶다는 생각이 들었고요.

사회샘 이야, 의심이가 더 좋은 사회를 위해 노력해야겠다는 의욕이 생겼다니, 선생님도 보람되는구나. 단순이는 어때?

진단순 평등하면 무조건 똑같이 나누는 거라고 단순하게 생각했는데, 이렇게 많은 내용들이 있을 줄은 몰랐어요. 이제 평등 가지고 싸우는 일은 안 할래요. 정말 복잡해요. 그리고 제가 다른 아이들과 동등하게 이해해야 한다는 평등에 대한 집착은 선생님도 좀 버리셔야 할 듯해요. 저는 제가 원하는 다른 영역에서 충분히 자유롭고 행복하면 되니까요.

사회샘 이야, 단순이가 평등에 대한 이해를 바탕으로 자기 입장을 옹호하는 실력
　　　 이 많이 늘었구나. 하하. 그럼 오늘 수업은 이걸로 마치자.

학생들 안녕히 가세요.

모의심 단순아. 아까 수행평가 점수 가지고 화냈던 건 미안해.

진단순 뭐, 그런 거 가지고. 나도 아까 감정적으로 반응했는데, 오늘 평등에 대해
　　　 배우고 나니 아무래도 내가 좀 유리한 입장에서 수행평가를 받은 것 같기
　　　 는 해.

모의심 그래, 그렇다고 학원을 안 갈 수도 없고……

진단순 의심이 너는 앞으로 수행평가는 어떻게 할 거야? 계속 낮은 점수 받으면
　　　 안 되잖아.

장공부 아까 교무실에 갔다가 들은 건데 학교에서 방과 후 수업도 하고, 자원봉사
　　　 대학생들을 통해 개인지도도 해주는 프로그램이 있는 것 같더라고. 또 저
　　　 소득층 학생들에게는 바우처 같은 걸로 학원 수강료를 덜어 주기도 하는
　　　 것 같고.

진단순 뭐야, 그걸 이제 얘기하니? 의심아, 바우처 제도 이용해서 나랑 같이 학원
　　　 다니자.

모의심 아니야. 나는 오늘 선생님께서 말씀해 주셨던 숙제 폐지 정책이 상당히 마
　　　 음에 드는걸. 아예 집에서 수행평가 해오는 일이 없으면 이런 일도 없을
　　　 테니까. 나도 프랑스로 이민이나 가버릴까?

장공부
안 돼, 의심이 없으면 단순이랑 나는 중요한 사회적 관계를 잃게
되고 센 님 주장처럼 역량도 감소하게 될 거야. 우리 곁에서 다
양하고 예리한 질문으로 생각의 폭을 넓혀 줘.

진단순 그래. 의심아 가지마!

5장

아리스토텔레스, 「정치론」, 제5권 혁명과 정체 변화의 원인

1301b29 평등에는 두 가지 유형이 있다. 하나는 수에 따르는 평등이고 나머지는 공과(가치)에 따른 비례적 평등이다. 수에 따르는 평등은 배분 받는 것의 부피나 수량이 동일하고 균등한 것을 의미한다. 가치에 따른 비례적 평등은 비율의 동등함에 따라 대우받는 것을 의미한다.

아리스토텔레스, 「니코마코스 윤리학」, 제5권

1131a19–1131a30 그러므로 옳음은 적어도 네 개의 항을 포함한다. 관련된 당사자가 둘이어야 하고, 그들이 분배 받는 사물 역시 둘이어야 한다. 그리고 두 번째 쌍인 사물들 사이의 관계가 사람들 사이에서의 관계와 같아지는 만큼, 사람들 사이와 사물들 사이가 균등해질 것이다. 만약 두 사람이 서로 동등하지 않다면, 그들은 동등하게 분배 받지 않아야 한다. 그런데 동등한 사람들이 동등하지 않게 분배 받거나, 동등하지 않은 사람들이 동등하게 분배 받을 때 분쟁과 비난이 생겨난다. 많은 사람들이 분배에서의 옳음은 공과(가치, merit)에 따라야 한다고 동

아리스토텔레스가 쓴 「니코마코스 윤리학」

의하기 때문에. '공과에 따르는' 분배의 문제는 분명한 것이다. 그러나 공과가 어떤 것이냐에 대해서는 모든 사람이 동일하게 생각하지 않는다. 민주정 지지자의 공과는 자유민의 신분에 있고, 과두정을 지지하는 사람들은 부, 또는 좋은 혈통에 가치를 두며, 귀족정을 지지하는 사람들은 탁월함에 가치를 둔다. …(중략)…

1131b17 1131b20 그러므로 옳음은 비례적인 것이고 옳지 않은 것은 비례가 깨어

지는 것이다. 어떤 사람이 너무 많이 가지고 다른 사람은 너무 적게 가지는 일이 실제로 발생한다. 부정의하게 행동하는 사람은 너무 많은 이익(혹은 좋음, good)을 얻고, 옳지 않은 대우를 받는 사람은 지나치게 적게 분배 받는다. 불이익(나쁨, bad)에 대해서는 그 반대다.

아마티아 센, 『불평등의 재검토』, 한울아카데미

평등을 분석하고 평가하는 데 중심 문제는 '무엇에 대한 평등인가'하는 점이다. 실제로 오랜 시간 동안 생명력을 유지했던 사회 체계에 대한 온갖 윤리적 접근은 공통적으로 어떤 것, 즉 이론에 따라 중요한 지위를 차지하는 것에 대해 평등을 요구한다. 소득 평등주의자는 균등한 소득을 요구하고, 복지 평등주의자는 균등한 후생수준을 요구한다. 아울러 고전적 공리주의자는 모든 사람의 효용에 대해 동등한 가중치를 주장하며, 순수한 자유주의자는 온갖 종류의 자유와 권리에 대해 평등을 요구한다.

이들은 모두 어떤 본질적인 의미에서 '평등주의자'이다. 왜냐하면 누구나 반드시 가져야 하는 것, 그러면서도 독자적인 이론 내부에서 아주 중요하게 취급하는 것에 대해 단호하게 평등을 주장하기 때문이다. 많은 문헌에서 드러나듯이 평등에 대한 논쟁을 평등 '옹호'론자와 '반대'론자의 싸움으로 본다면, 핵심 주제를 놓치는 셈이다.

이 장에서 필자는 '능력' 관점에서 1) 복지와 2) 복지를 추구할 수 있는 자유를 평가하는 방식에 대해 살펴볼 것이다. …(중략)…

개인의 복지는 그 존재의 질(말 그대로 '좋음(wellness)')로 이해될 수 있다. 삶은 상호 관련된 행위와 존재로 구성된 '기능'집합으로 이루어진 것으로 여겨질 수 있다. 이런 측면에서 개인의 성취 수준은 개인의 기능 벡터로 여겨질 수 있다. 적절한 기능은 적절한 영양 섭취, 좋은 건강 유지, 나쁜 병에 걸리지 않는 것과 조기사망에서 벗어나는 것과 같은 기본적인 것에서 행복한 생활, 자기 존중 확보, 공동체 생활에 참여하는 것과 같은 좀 더 복잡한 성취 수준에 이르기까지 다양할 수 있다. 필자가 주장하는 바는 이러한 기능들이 개인의 존재를 구성하므로 이런 구성요소들을 평가하는 형태로 복지 평가가 이루어져야 한다는 점이다.

알렉스 캘리니코스, 「평등」, 울력

  코헨은 다음과 같이 논평한다. "드워킨은 평등주의를 위해, 사실상 반평등주의적 권리의 창고 속에 들어 있던 가장 강력한 이념, 즉 선택과 책임의 이념을 평등주의 내에서 통합하는 데 중요한 기여를 하였다." 그러나 선택과 선호 그리고 환경 사이의 관계는 복합적이다. 우선 우리가 이미 마주쳤던, 적응하는 선호의 문제가 있다. 드워킨은 개인들이 그러한 선호와 그들 자신을 동일시하는 한 그들은 선호에 대해 책임이 있다고 주장한다. 그러나 로머는 사람들에게 "자신의 선택에 대해 책임을 지도록 하는 것은, 비록 그러한 선택이 부분적으로 또는 전적으로 이끌려 나온 것이라 해도, 잘못된 것이라고 반박한다. 선호는 종종 개인이 불가피하다고 잘못 생각한 것에 순응하며, 동시에 사회는 선호가 작용하여 일으키는 결과를 수용함으로써 그 개인에게 아무런 힘도 되지 못하고 있다."

  둘째, 개인들은 자신들이 통제할 수 없는 이유 때문에 동일하게 할당된 자원의 몫과 차이 나는 이득을 얻게 될 것이다. 센은 다음과 같은 A와 B 두 사람을 생각하고 있다. "신체 장애인 A는 기쁨을 획득하는 데 놀라운 재능을 지닌 B가 자신의 주어진 소득 수준에서 획득하는 공리의 절반을 얻고 있다" 롤스의 차등의 원칙이나 드워킨의 자원의 평등 그 어느 것도 A에게 책임을 지우는 것이 불합리한 그러한 것으로서 "공리의 손실(utility disadvantage)"을 고려하지 않고 있다. 그러한 경우 "가치(goods)를 발전 능력(capabilities)으로 전환하는 데에는 사람마다 실질적으로 차이가 있으며 가치의 평등은 아마도 발전 능력의 평등과는 여전히 전혀 다른 것"이라는 일반적인 사실을 설명해 준다.

290

평등이란 무엇인가?

〈자료〉

■ 평등은 단순히 똑같음을 의미하지 않는다.

1. 〈자료〉에서 세 사람의 차이점은 무엇인가?

2. 〈자료〉에서 나무 상자가 의미하는 것은 무엇인가?

3. 위 그림은 각각 기회의 평등, 조건의 평등, 결과의 평등 중에서 어느 것에 해당하는가?
   그렇게 생각한 이유는 무엇인가?

4. 복지의 평등, 자원의 평등, 역량의 평등 관점 중 하나의 관점을 선택하여 우리 사회의 불
   평등을 해소하기 위한 자신의 주장을 전개해 보시오.